高等继续教育财经类专业精品系列教材

JINGJIFA

经济法

王磊　主编

东北财经大学出版社
Dongbei University of Finance & Economics Press
大连

图书在版编目（CIP）数据

经济法 / 王磊主编. —大连：东北财经大学出版社，2025.1. —（高等继续教育财经类专业精品系列教材）. —ISBN 978-7-5654-5480-6

Ⅰ.D922.29

中国国家版本馆CIP数据核字第2024Z81712号

东北财经大学出版社出版

（大连市黑石礁尖山街217号　邮政编码　116025）

网　址：http://www.dufep.cn

读者信箱：dufep@dufe.edu.cn

大连雪莲彩印有限公司印刷　　东北财经大学出版社发行

幅面尺寸：185mm×260mm　　字数：318千字　　印张：15

2025年1月第1版　　2025年1月第1次印刷

责任编辑：张晓鹏　宋雪凌　龚小晖　　责任校对：郭海雷

封面设计：原　皓　　版式设计：原　皓

定价：31.00元

教学支持　售后服务　　联系电话：（0411）84710309

如有印装质量问题，请联系营销部：（0411）84710711

前 言

以习近平同志为核心的党中央坚定不移地实施科教兴国战略和人才强国战略，党的二十大报告对“办好人民满意的教育”做出部署，为我们在新时代、新征程中推动继续教育改革发展，提供了根本遵循。

为积极落实《教育部关于推进新时代普通高等学校学历继续教育改革的实施意见》，推动高等学历继续教育提质增效、内涵式发展，山东财经大学组织相关专家和一线教师，编写了这套高等继续教育财经类专业精品系列教材。

该系列教材的编写，依托学校雄厚的学科实力，紧密结合高等学历继续教育教学工作实际，突出优势，深入开展教学研究，不断凝练教育改革经验，及时进行内容更新，努力将教学成果固化到系列教材中，将站在学科前沿的新技术、新理论补充到教材中，将思政元素和创新元素融入教材中，较好地实现了教材系统性和科学性、创新性和实践性的有机结合。

该系列教材注重适应财经类专业教学改革和发展趋势，针对高等学历继续教育的特质，在内容上紧扣财经类专业课程设置和教学大纲，科学、系统地阐述财经类专业教学的基本内容，并以此为基础，建设完成了覆盖所有开设专业的线上课程，适用于经济、管理学科，尤其是经济学、会计学、金融学和工商管理等专业高等学历继续教育的教学，对指导和帮助学生获取专业基础知识和基本技能具有较强的针对性。该系列教材在提升高等学历继续教育财经类专业人才培养质量方面发挥着基础性作用，在使用范围和地域上，具有广泛的适应性。

在财经类专业的课程体系中，“经济法”是一门专业基础课，也是通识教育的核心内容之一。本课程对高等学历继续教育学生掌握最新财经法律、法规具有重要的基础性作用，也有利于培养其较强的法治意识，能为其合法、合规开展工作和创业打下重要基础。

在本教材的编写过程中，编者注重突出与办学定位、人才培养目标的一致性与适应性，遵循继续教育的一般规律，按照高等继续教育财经类专业教学的特殊要求，科学安排教材内容。本教材包括以下内容：经济法概述、个人独资企业法与合伙企业法、公司法、合同法、担保法、证券法、消费者权益保护法、反不正当竞争法、反垄断法。本教材全面涵盖了财经类专业所需的法律知识，尤其是企业法、合同法、担保法是企业经营所必备的。

本教材具有以下特色：

（1）突出专业知识的实用性。编者为兼职执业律师，为多家企业提供法律服务，较为了解企业经营所面临的法律风险。本教材突出企业经营所需的常用法律知识，强调实用性，所编写的引导案例也是企业常见纠纷，能为学生沉浸式研读提供条件。

（2）强调相关规定的时效性。本教材很大的特色在于内容涵盖了最新的法律、法规和司法解释。如公司法一章全面介绍了2024年7月1日起施行的新《公司法》；合同法一章写入了自2023年12月5日起施行的《最高人民法院关于适用〈中华人民共和国民法典〉合同编通则若干问题的解释》；证券法一章则着重介绍了近三年证监会的最新规定以及自2022年1月22日起施行的《最高人民法院关于审理证券市场虚假陈述侵权民事赔偿案件的若干规定》。

（3）强调相关规定的对比分析。如公司资本制度及公司组织机构，本教材对1993年、2005年、2013年、2023年《公司法》的相关规定进行了全面对比和细致分析，让学生通过知识梳理，探索公司立法理念的变迁，继而能在实践中较好地贯彻落实。

本教材由山东财经大学法学院王磊主编，编写过程中参阅了大量书籍、杂志、网站等的文字资料，在此向所有的原作者致谢！

由于编者水平有限，书中难免有疏漏之处，恳请各位专家和读者批评指正。

编　者

2024年11月

目　录

第一章　经济法概述　1
■ 学习目标　1
■ 引导案例　1
第一节　经济法的概念、调整对象与渊源　1
第二节　经济法律关系　2
■ 同步测试　3
第二章　个人独资企业法与合伙企业法　5
■ 学习目标　5
■ 引导案例　5
第一节　个人独资企业法　5
第二节　合伙企业法　9
■ 同步测试　23
第三章　公司法　25
■ 学习目标　25
■ 引导案例　25
第一节　公司法概述　25
第二节　公司登记　33
第三节　有限责任公司　34
第四节　股份有限公司　48
第五节　国家出资公司组织机构的特别规定　69
第六节　公司董事、监事、高级管理人员的资格和义务　71
第七节　公司债券　74
第八节　公司财务、会计　76
第九节　公司合并、分立、增资、减资　78
第十节　公司解散和清算　80
第十一节　外国公司的分支机构　82
■ 同步测试　83

第四章　合同法 85
■ 学习目标 85
■ 引导案例 85
第一节　合同法概述 85
第二节　合同的订立 87
第三节　合同的效力 92
第四节　合同的履行 99
第五节　合同的保全 107
第六节　合同的变更和转让 111
第七节　合同权利、义务的终止 113
第八节　违约责任 118
第九节　几种典型合同 123
■ 同步测试 133
第五章　担保法 135
■ 学习目标 135
■ 引导案例 135
第一节　一般规定 136
第二节　担保物权 140
第三节　保证 152
■ 同步测试 155
第六章　证券法 157
■ 学习目标 157
■ 引导案例 157
第一节　证券法概述 158
第二节　证券发行 159
第三节　证券交易 169
第四节　上市公司的收购 175
第五节　信息披露 177
第六节　投资者保护 185
■ 同步测试 186
第七章　消费者权益保护法 188
■ 学习目标 188
■ 引导案例 188
第一节　消费者权益保护法概述 188
第二节　消费者的权利 189
第三节　经营者的义务 192
第四节　国家对消费者合法权益的保护 197

第五节 消费者组织 198
第六节 争议的解决 199
第七节 法律责任 201
■ 同步测试 204
第八章 反不正当竞争法 206
■ 学习目标 206
■ 引导案例 206
第一节 反不正当竞争法概述 206
第二节 不正当竞争行为 208
第三节 对涉嫌不正当竞争行为的调查 215
第四节 法律责任 216
■ 同步测试 218
第九章 反垄断法 220
■ 学习目标 220
■ 引导案例 220
第一节 反垄断法概述 221
第二节 垄断协议 222
第三节 滥用市场支配地位 223
第四节 经营者集中 224
第五节 滥用行政权力排除、限制竞争 225
第六节 对涉嫌垄断行为的调查 226
■ 同步测试 227
参考文献 229

第一章

经济法概述

学习目标

知识目标：

（1）了解经济法的调整对象，掌握我国经济法的渊源；

（2）掌握经济法律关系的要素及其内在联系。

能力目标：

（1）培养学生对各个部门法调整对象的总结提炼能力；

（2）通过法律事实概念，培养对因果关系的辨识能力。

素养目标：

（1）充分认识我国立法工作的发展与进步；

（2）坚定拥护和支持全面推进依法治国。

引导案例

某高校学生因为打架斗殴被所在学院纪律处分。该学生不服，认为学院无处分权。而学院认为，处分学生依据的是学校的学生违纪处分条例，该条例赋予学院处分学生的权力，学院是在依法办事。双方对该条例的效力发生了争执。本纠纷该如何处理呢？

第一节　经济法的概念、调整对象与渊源

一、经济法的概念

经济法有广义、狭义之分。广义的经济法是指调整经济活动形成的法律关系有关法律规范的总称，只要是调整经济法律关系的法律规范，均属于此范畴，范围上包括公法和私法。狭义的经济法指的是调整国家对经济管理和调控过程中形成的法律关系相关法律规范的总称，性质上属于公法。本书涉及的是经济实践较为常用的广义经

济法。

二、经济法的调整对象

依据调整对象和调整方法不同，我们可以把法划分为多个法律部门即部门法。经济法是我国一个重要的法律部门。经济法的调整对象即经济法所调整的社会关系。广义经济法调整的是包括平等主体在内的经济法律主体之间的权利义务关系即经济法律关系，而狭义经济法调整的是国家对经济进行管理、调控过程中形成的经济法律关系，如市场管理、宏观调控等形成的经济法律关系。

三、经济法的渊源

法的渊源是具有法律效力的法的具体表现形式，经济法的渊源就是经济法的表现形式。一般认为，我国经济法的渊源包括：①宪法。宪法是我国根本法，制定和修改有特殊程序，其效力处于最高层次。②法律。由全国人民代表大会及其常务委员会制定，全国人民代表大会制定的是基本法律，全国人大常委会制定的是非基本法律。③行政法规。行政法规由国务院制定。④地方性法规。《中华人民共和国立法法》第八十条规定："省、自治区、直辖市的人民代表大会及其常务委员会根据本行政区域的具体情况和实际需要，在不同宪法、法律、行政法规相抵触的前提下，可以制定地方性法规。"第八十一条规定："设区的市的人民代表大会及其常务委员会根据本市的具体情况和实际需要，在不同宪法、法律、行政法规和本省、自治区的地方性法规相抵触的前提下，可以对城乡建设与管理、生态文明建设、历史文化保护、基层治理等方面的事项制定地方性法规，法律对设区的市制定地方性法规的事项另有规定的，从其规定。设区的市的地方性法规须报省、自治区的人民代表大会常务委员会批准后施行。"⑤自治条例和单行条例。《中华人民共和国立法法》第八十五条规定："民族自治地方的人民代表大会有权依照当地民族的政治、经济和文化的特点，制定自治条例和单行条例。自治区的自治条例和单行条例，报全国人民代表大会常务委员会批准后生效。自治州、自治县的自治条例和单行条例，报省、自治区、直辖市的人民代表大会常务委员会批准后生效。"⑥政府规章。包括国务院各部委制定的部门规章和有权地方人民政府制定的地方政府规章。⑦国际条约。我国与其他国家或国际组织缔结的相关协议。

第二节　经济法律关系

一、经济法律关系的概念

法律关系是基于法律调整在法律主体之间形成的权利义务关系。经济法律关系属于法律关系的一种，是基于经济法律调整在经济法律关系主体之间形成的以权利义务为主要内容的社会关系。任何法律关系都有主体、客体、内容三个要素，经济法律关系也不例外。

二、经济法律关系主体

经济法律关系主体是经济法律关系的参与者，是经济权利的享有者与经济义务的承担者。广义的经济法律关系主体是所有经济法律关系的参与者，而狭义的经济法律关系主体仅包括国家对经济管理形成的法律关系的参加者，包括国家和被管理对象。具体来讲，经济法律关系主体包括自然人、法人、非法人组织。

三、经济法律关系内容

法律关系的内容是主体享有的法律权利和法律义务。简单讲，法律权利是法律主体享有的为或不为一定行为的选择性，而法律义务则是法律主体负有的为或不为一定行为的必要性。经济法律关系内容是经济法律关系主体所享有的经济权利和负担的经济义务，简言之，法律关系内容即权利与义务。

经济权利包括但不限于经济管理权、财产所有权、经营自主权、缔结合同权、债权等。而经济义务包括合法监管、守法经营、诚信履约、依法纳税、保护利益相关者合法权益等。经济权利与经济义务往往是对应的，一方享有的权利往往是另一方所承担的义务。权利与义务具有对应性，数量上往往又具有等量性。当然，这不是绝对的，比如有些合同是单务合同，双方权利义务极不对等。

四、经济法律关系客体

经济法律关系客体是经济权利与经济义务共同指向的对象。一般认为，经济法律关系客体主要包括：①物；②行为；③智力成果、精神财富。随着科技进步，虚拟财产也成为客体重要类型。

五、经济法律事实

法律关系不是凭空产生的。能够引起法律关系产生、变更、终止的客观情况是法律事实。因此，经济法律事实是指能够引起经济法律关系产生、变更、终止的客观情况。

根据是否以人的意志为转移，可以将经济法律事实分为行为和事件。行为是受意志所控制，能够引起经济法律关系产生、变更、终止的法律事实，包括法律行为和事实行为。而事件是不受人的意志控制的，能够引起经济法律关系产生、变更、终止的法律事实，包括自然原因引起的法律事实（如地震、海啸等）和社会原因导致的法律事实（如战争、罢工等）。

同步测试

一、单项选择题

1.行政法规由（　　）制定。

A.全国人民代表大会　　B.全国人大常委会

C.国务院　　D.国务院各部委

2.狭义的经济法属于（　　）。

A.私法　　B.公法　　C.任意法　　D.自治法

3.经济法律事实中的事件包括（　　）。

A.法律行为　　B.事实行为　　C.战争　　D.订立合同

二、多项选择题

1.经济法律关系的要素包括（　　）。

A.主体　　B.客体　　C.内容　　D.法律事实

2.经济法律关系的客体包括（　　）。

A.物　　B.行为　　C.智力成果　　D.虚拟财产

三、思考题

1.经济法律关系的要素有哪些？这些要素之间有何内在联系？

2.经济法律事实包括哪些？它们会对经济法律关系及其结果产生何种影响？

3.我国经济法的正式渊源包括哪些？各立法主体是谁？

第二章

个人独资企业法与合伙企业法

学习目标

知识目标：

(1) 了解我国企业类型及各自特点；

(2) 掌握合伙企业相关知识尤其是合伙人的责任与义务。

能力目标：

(1) 培养学生辨识各类企业优缺点进而学会选择创业企业的能力；

(2) 通过普通合伙企业与有限合伙企业的对比，培养学生总体归纳能力。

素养目标：

(1) 通过企业立法历程，坚定制度自信；

(2) 基于普通合伙人责任与义务，培养企业家精神。

引导案例

甲、乙二人是A普通合伙企业的合伙人，由于经营不善，该合伙企业欠债权人丙100万元。甲、乙签订了债务清偿协议，约定甲承担20万元，剩下的80万元由乙承担。丙要求甲清偿A企业全部债务100万元，甲声称已经与乙就债务清偿达成协议，自己只需要负担20万元。A企业的债务应如何清偿呢？

第一节　个人独资企业法

一、个人独资企业概述

1.个人独资企业概念

根据《中华人民共和国个人独资企业法》（以下简称《个人独资企业法》）第二条，本法所称个人独资企业，是指依照本法在中国境内设立，由一个自然人投资，财产为投资人个人所有，投资人以其个人财产对企业债务承担无限责任的经营实体。

2.个人独资企业的特征

（1）由一个自然人设立

该自然人须为完全民事行为能力人，且是中国公民，根据《个人独资企业法》第十六条，法律、行政法规禁止从事营利性活动的人，不得作为投资人申请设立个人独资企业。

（2）个人独资企业财产为个人所有

企业财产归投资人个人所有，这一点与合伙企业、公司明显不同。个人独资企业人格与出资人个人人格高度混同，当然，个人独资企业毕竟是个经营性组织，与纯粹意义上的个人还是不同的。《个人独资企业法》第十七条规定，个人独资企业投资人对本企业的财产依法享有所有权，其有关权利可以依法进行转让或继承。

（3）投资人个人对企业债务承担无限责任

由于企业与个人人格的混同，个人独资企业不具有法人资格，不能独立承担民事责任，其债务由投资人承担无限责任，与个人偿债风险无限性相对应的是其经营的高度自主性。另外，根据《个人独资企业法》第十八条，个人独资企业投资人在申请企业设立登记时明确以其家庭共有财产作为个人出资的，应当依法以家庭共有财产对企业债务承担无限责任。

二、个人独资企业的设立条件

《个人独资企业法》第八条明确规定了个人独资企业的设立条件，主要包括：

1.投资人为一个自然人

首先，强调的是数量上只是一个投资人。需要注意的是，个人独资企业与个体工商户是两个不同概念，不应混淆；其次，投资人须是自然人，不是法人或非法人组织；再次，该自然人有行为能力要求，并应具有中国国籍。

2.有合法的企业名称

企业名称必须规范，一般应包含行政区划、商号、行业性质、组织形式。尤其需要注意的是，个人独资企业属于非法人企业，因此，名称中不能含有“有限”“有限责任”“公司”等字样，以免引起混淆。《个人独资企业法》第三十四条规定：“违反本法规定，个人独资企业使用的名称与其在登记机关登记的名称不相符合的，责令限期改正，处以两千元以下的罚款。”

3.有投资人申报的出资

相关法律、法规仅要求有投资人出资即可，没有最低额的要求。对于出资方式，也没有特别要求，理论上讲，货币、实物、知识产权、土地使用权或者其他财产权利乃至劳务，均可作为出资方式。对于出资期限，未规定认缴制还是实缴制及具体出资期限。出资方面的灵活性，是个人独资企业的重要优势。

4.有固定的生产经营场所和必要的生产经营条件

《个人独资企业法》第三条要求，个人独资企业以其主要办事机构所在地为住所。本条件“固定的生产经营场所和必要的生产经营条件”与住所是不同的概念。市场经济立法如公司法，比较重视住所的要求，对生产经营场所是否固定并无特别要求。

5.有必要的从业人员

法律仅要求有必要的从业人员，但没有最低数量的要求。《个人独资企业法》第六条规定："个人独资企业应当依法招用职工。职工的合法权益受法律保护。个人独资企业职工依法建立工会，工会依法开展活动。"第二十二条规定："个人独资企业招用职工的，应当依法与职工签订劳动合同，保障职工的劳动安全，按时、足额发放职工工资。"第二十三条规定："个人独资企业应当按照国家规定参加社会保险，为职工缴纳社会保险费。"第三十九条规定："个人独资企业违反本法规定，侵犯职工合法权益，未保障职工劳动安全，不缴纳社会保险费用的，按照有关法律、行政法规予以处罚，并追究有关责任人员的责任。"可见，《个人独资企业法》比较重视职工利益保护。另外，个人独资企业应该按照《劳动合同法》等法律法规，与劳动者签订书面劳动合同，创造良好劳动环境和条件，切实维护劳动者合法权益。

满足上述设立条件时，按照《个人独资企业法》的规定，申请设立个人独资企业，应当由投资人或者其委托的代理人向个人独资企业所在地的登记机关提交设立申请书、投资人身份证明、生产经营场所使用证明等文件。委托代理人申请设立登记时，应当出具投资人的委托书和代理人的合法证明。个人独资企业不得从事法律、行政法规禁止经营的业务；从事法律、行政法规规定须报经有关部门审批的业务，应当在申请设立登记时提交有关部门的批准文件。登记机关应当在收到设立申请文件之日起十五日内，对符合本法规定条件的，予以登记，发给营业执照；对不符合本法规定条件的，不予登记，并应当给予书面答复，说明理由。个人独资企业的营业执照的签发日期，为个人独资企业成立日期。在领取个人独资企业营业执照前，投资人不得以个人独资企业名义从事经营活动。

需要明确的是，尽管个人独资企业是最简易的企业形式，但其依旧可以根据实际经营需要设立分支机构。《个人独资企业法》十四条规定："个人独资企业设立分支机构，应当由投资人或者其委托的代理人向分支机构所在地的登记机关申请登记，领取营业执照。分支机构经核准登记后，应将登记情况报该分支机构隶属的个人独资企业的登记机关备案。分支机构的民事责任由设立该分支机构的个人独资企业承担。"当然，个人独资企业的民事责任又由投资人承担无限责任。

三、个人独资企业的事务管理

个人独资企业的事务管理方式比较灵活，可以由投资人自行管理，也可以委托或聘用他人进行管理。《个人独资企业法》第十九条对此有详细规定："个人独资企业投资人可以自行管理企业事务，也可以委托或者聘用其他具有民事行为能力的人负责企业的事务管理。投资人委托或者聘用他人管理个人独资企业事务，应当与受托人或者被聘用的人签订书面合同，明确委托的具体内容和授予的权利范围。受托人或者被聘用的人员应当履行诚信、勤勉义务，按照与投资人签订的合同负责个人独资企业的事务管理。投资人对受托人或者被聘用的人员职权的限制，不得对抗善意第三人。"

此处，建议将“善意第三人”的措辞和《民法典》相统一，改为“善意相对人”。2023年修订通过的新《公司法》即采用了“善意相对人”这一用语。

为了规范相关管理人员的行为，《个人独资企业法》采取列举方式，明确其禁止从事的行为。其第二十条规定：“投资人委托或者聘用的管理个人独资企业事务的人员不得有下列行为：①利用职务上的便利，索取或者收受贿赂；②利用职务或者工作上的便利侵占企业财产；③挪用企业的资金归个人使用或者借贷给他人；④擅自将企业资金以个人名义或者以他人名义开立账户储存；⑤擅自以企业财产提供担保；⑥未经投资人同意，从事与本企业相竞争的业务；⑦未经投资人同意，同本企业订立合同或者进行交易；⑧未经投资人同意，擅自将企业商标或者其他知识产权转让给他人使用；⑨泄露本企业的商业秘密；⑩法律、行政法规禁止的其他行为。”

四、个人独资企业的解散与清算

（一）个人独资企业的解散

个人独资企业解散是由于出现法定事由，个人独资企业丧失民事主体资格。解散与设立是相反的过程。《个人独资企业法》列举了个人独资企业应当解散的具体情形，其第二十六条规定：“个人独资企业有下列情形之一时，应当解散：①投资人决定解散；②投资人死亡或者被宣告死亡，无继承人或者继承人决定放弃继承；③被依法吊销营业执照；④法律、行政法规规定的其他情形。”

（二）个人独资企业的清算

清算需要对债权债务进行清理，对剩余财产进行分配，并办理相应的注销登记。清算程序如下：

1.清算人的确定

《个人独资企业法》规定，个人独资企业解散，由投资人自行清算或者由债权人申请人民法院指定清算人进行清算。

2.通知、公告债权人

为了充分保护债权人利益，《个人独资企业法》规定，投资人自行清算的，应当在清算前十五日内书面通知债权人，无法通知的，应当予以公告。债权人应当在接到通知之日起三十日内，未接到通知的应当在公告之日起六十日内，向投资人申报其债权。

3.剩余财产分配

《个人独资企业法》第二十九条规定了解散时剩余财产的分配顺序，个人独资企业解散的，财产应当按照下列顺序清偿：①所欠职工工资和社会保险费用；②所欠税款；③其他债务。

该条需要完善的地方是，应该与《合伙企业法》《公司法》相一致，将清算费用优先支出。当然，由于个人独资企业的财产归个人所有，因此，依上述顺序清偿后剩余的也归投资人个人所有。

基于个人独资企业出资人责任的无限性，《个人独资企业法》规定，企业财产不足以清偿债务的，投资人应当以其个人的其他财产予以清偿。为了早日稳定经济关系并敦促债权人及时行使权利，《个人独资企业法》第二十八条规定，个人独资企业解散后，原投资人对个人独资企业存续期间的债务仍应承担偿还责任，但债权人在五年内未向债务人提出偿债请求的，该责任消灭。要注意，该五年为除斥期间，不发生中止、中断或延长。

遵循企业清算的一般规则，《个人独资企业法》第三十条要求清算期间，个人独资企业不得开展与清算目的无关的经营活动。在按前条规定清偿债务前，投资人不得转移、隐匿财产。

4.办理注销登记

依据《个人独资企业法》的规定，个人独资企业清算结束后，投资人或者人民法院指定的清算人应当编制清算报告，并于十五日内到登记机关办理注销登记。只有办理了注销登记，企业主体资格才真正消灭。

第二节 合伙企业法

一、合伙企业法概述

（一）合伙企业的概念和分类

《中华人民共和国民法典》规定："合伙合同是两个以上合伙人为了共同的事业目的，订立的共享利益、共担风险的协议。"合伙人应当按照约定的出资方式、数额和缴付期限，履行出资义务。合伙企业是以营利为目的的合伙，其组织形式是企业。

《中华人民共和国合伙企业法》明确了合伙企业的概念：合伙企业，是指自然人、法人和其他组织依照本法在中国境内设立的普通合伙企业和有限合伙企业。从这一规定可以看出，合伙人包括自然人、法人或其他组织（非法人组织），我国的合伙企业分为普通合伙企业和有限合伙企业两种。

（二）我国合伙企业立法情况

广义的合伙企业法是规范合伙企业相关制度的所有法律规范的总称，包括法律、行政法规、政府规章等。狭义的合伙企业法特指《中华人民共和国合伙企业法》，该法1997年2月23日第八届全国人民代表大会常务委员会第二十四次会议通过，2006年8月27日第十届全国人民代表大会常务委员会第二十三次会议修订，自2007年6月1日起施行。

二、普通合伙企业

（一）普通合伙企业的概念与特征

1.普通合伙企业的概念

普通合伙企业与有限合伙企业最明显的区别在于合伙人组成和合伙人责任两个方面。普通合伙企业是由普通合伙人组成、各合伙人对合伙企业债务承担无限连带责任的合伙企业。

2.普通合伙企业的特征

（1）普通合伙企业均由普通合伙人组成，不像有限合伙企业还有有限合伙人组成。普通合伙人可以是自然人、法人以及其他组织（非法人组织）。

（2）各合伙人对企业债务承担无限连带责任。合伙企业不具有法人资格，不能独立承担民事责任，其债务由普通合伙人无限连带承担。因此，普通合伙人比有限合伙人偿债风险明显高。当然，特殊情况下，普通合伙人也可能只承担有限责任，如符合特定情形的特殊普通合伙。

（二）普通合伙企业的设立

《合伙企业法》第十四条规定了设立合伙企业应当具备的条件：

1.有两个以上合伙人

合伙人为自然人的，应当具有完全民事行为能力。《合伙企业法》第三条排除了一些组织机构担任普通合伙人：国有独资公司、国有企业、上市公司以及公益性的事业单位、社会团体不得成为普通合伙人。这与《公司法》第十四条“公司可以向其他企业投资。法律规定公司不得成为对所投资企业的债务承担连带责任的出资人的，从其规定”形成呼应。

2.有书面合伙协议

合伙协议是合伙人签署的合伙企业最重要的法律文件，《合伙企业法》第四条要求：合伙协议依法由全体合伙人协商一致、以书面形式订立。其第五条要求：订立合伙协议、设立合伙企业，应当遵循自愿、平等、公平、诚实信用原则。合伙协议约定了合伙企业的重要事项。《合伙企业法》第十八条明确了合伙协议应当载明的事项：①合伙企业的名称和主要经营场所的地点；②合伙目的和合伙经营范围；③合伙人的姓名或者名称、住所；④合伙人的出资方式、数额和缴付期限；⑤利润分配、亏损分担方式；⑥合伙事务的执行；⑦入伙与退伙；⑧争议解决办法；⑨合伙企业的解散与清算；⑩违约责任。

《合伙企业法》规定：合伙协议经全体合伙人签名、盖章后生效。合伙人按照合伙协议享有权利，履行义务。修改或者补充合伙协议，应当经全体合伙人一致同意；但是，合伙协议另有约定的除外。合伙协议未约定或者约定不明确的事项，由合伙人协商决定；协商不成的，依照本法和其他有关法律、行政法规的规定处理。

3.有合伙人认缴或者实际缴付的出资

《合伙企业法》第十六条列举了普通合伙人的出资方式：合伙人可以用货币、实物、知识产权、土地使用权或者其他财产权利出资，也可以用劳务出资。合伙人以实物、知识产权、土地使用权或者其他财产权利出资，需要评估作价的，可以由全体合伙人协商确定，也可以由全体合伙人委托法定评估机构评估。合伙人以劳务出资的，其评估办法由全体合伙人协商确定，并在合伙协议中载明。需要说明的是，之所以普通合伙人可以以劳务出资，而有限合伙人及公司股东不能以劳务出资，核心原因在于普通合伙人对合伙企业债务承担无限连带责任。即使合伙企业设立时没有以实际财产出资，但终究逃避不了财产责任。

《合伙企业法》第十七条要求合伙人应当按照合伙协议约定的出资方式、数额和缴付期限，履行出资义务。以非货币财产出资的，依照法律、行政法规的规定，需要办理财产权转移手续的，应当依法办理。这里，应该借鉴公司立法，要求未按时全额出资的合伙人尽快全额出资到位，向合伙企业承担赔偿责任，并向其他合伙人承担违约责任。其他合伙人应当在该合伙人未出资到位的范围承担连带责任。另外，该法第三十四条规定："合伙人按照合伙协议的约定或者经全体合伙人决定，可以增加或者减少对合伙企业的出资。"

4.有合伙企业的名称和生产经营场所

合伙企业名称中应当标明"普通合伙"字样，同时，不应含有"有限""有限责任""公司"字样，以免引起混淆。关于生产经营场所，由于企业可能存在多个生产经营场所，应根据现代立法要求，将企业主要办事机构所在地即住所作为设立条件。《中华人民共和国合伙企业登记管理办法》第八条规定："经企业登记机关登记的合伙企业主要经营场所只能有一个，并且应当在其企业登记机关登记管辖区域内。"

5.法律、行政法规规定的其他条件

关于合伙企业的设立，《合伙企业法》还规定：申请设立合伙企业，应当向企业登记机关提交登记申请书、合伙协议书、合伙人身份证明等文件。合伙企业的经营范围中有属于法律、行政法规规定在登记前须经批准的项目的，该项经营业务应当依法经过批准，并在登记时提交批准文件。申请人提交的登记申请材料齐全、符合法定形式，企业登记机关能够当场登记的，应予当场登记，发给营业执照。除前款规定情形外，企业登记机关应当自受理申请之日起二十日内，作出是否登记的决定。予以登记的，发给营业执照；不予登记的，应当给予书面答复，并说明理由。合伙企业的营业执照签发日期，为合伙企业成立日期。合伙企业领取营业执照前，合伙人不得以合伙企业名义从事合伙业务。合伙企业设立分支机构，应当向分支机构所在地的企业登记机关申请登记，领取营业执照。合伙企业登记事项发生变更的，执行合伙事务的合伙人应当自作出变更决定或者发生变更事由之日起十五日内，向企业登记机关申请办理变更登记。

（三）合伙企业财产

1.合伙企业财产的构成

合伙企业的财产包括合伙人的出资、以合伙企业名义取得的收益和依法取得的其他财产。需要注意的是，尽管个人独资企业和合伙企业都属于非法人企业，但个人独资企业财产归投资人个人所有，而合伙企业财产在合伙企业存续期间归合伙企业所有。《合伙企业法》规定，合伙企业及其合伙人的合法财产及其权益受法律保护。合伙企业及其合伙人必须遵守法律、行政法规，遵守社会公德、商业道德，承担社会责任。合伙企业的生产经营所得和其他所得，按照国家有关税收规定，由合伙人分别缴纳所得税。

合伙企业的财产主要由三部分组成：一是合伙人的出资，包括货币、实物、知识产权、土地使用权或者其他财产权利。非货币财产不仅需要交付给企业使用，需要办理转移登记的还需办理登记手续。未交付或未过户均构成对合伙企业财产权的侵害；二是合伙企业取得的收益。合伙企业是依法设立的以营利为目的的经营性组织，获取收益是合伙人的首要目标，所取得的收益在分配之前归企业所有；三是以合伙企业名义取得的其他财产，如受赠的财产、获得的补贴等。

2.合伙财产的处分

（1）合伙财产的分割

由于合伙财产归合伙企业所有，具有整体性，故对于合伙财产分割有严格规定。《合伙企业法》第二十一条要求："合伙人在合伙企业清算前，不得请求分割合伙企业的财产；但是，本法另有规定的除外。合伙人在合伙企业清算前私自转移或者处分合伙企业财产的，合伙企业不得以此对抗善意第三人。"

（2）财产份额的转让

合伙企业尤其是普通合伙，具有最强的人合性，极其强调合伙人之间的信任与合作。合伙人在合伙企业中财产份额的转让，往往导致新合伙人的加入，对现有合作框架可能产生较大冲击，故法律对合伙份额转让有严格限制。《合伙企业法》规定：除合伙协议另有约定外，合伙人向合伙人以外的人转让其在合伙企业中的全部或者部分财产份额时，须经其他合伙人一致同意。合伙人向合伙人以外的人转让其在合伙企业中的财产份额的，在同等条件下，其他合伙人有优先购买权；但是，合伙协议另有约定的除外。合伙人以外的人依法受让合伙人在合伙企业中的财产份额的，经修改合伙协议即成为合伙企业的合伙人，依照本法和修改后的合伙协议享有权利，履行义务。

当然，合伙人之间的转让不涉及其他合伙人权利义务的实质性影响，故没有上述要求。《合伙企业法》仅规定：合伙人之间转让在合伙企业中的全部或者部分财产份额时，应当通知其他合伙人。因此，合伙人内部转让，仅须履行通知义务，无需取得其他合伙人同意。

（3）合伙财产的出质

《合伙企业法》规定：合伙人以其在合伙企业中的财产份额出质的，须经其他合伙人一致同意；未经其他合伙人一致同意，其行为无效，由此给善意第三人造成损失的，由行为人依法承担赔偿责任。

担保会使担保人财产处于风险状态。典型担保方式包括保证、抵押、质押、留置、定金，合伙企业相关法律并未明确此处的"出质"具体是哪种担保方式。一般认为，出质是质押担保。合伙人以其在合伙企业中的财产份额出质，可能是动产质押，此时需要转移质物的占有。也可能以权利质押，根据所质押的权利不同，可能需要转移占有或办理质押登记。无论何种质押，均可能导致债务人不履行债务时，质物被拍卖、变卖或折价，所得价款由质权人优先受偿。一旦该财产份额被他人取得，继而成为普通合伙人，将直接实质性影响其他合伙人的利益。因此，合伙人以其在合伙企业中的财产份额出质的，须像对外转让财产份额一样经其他合伙人一致同意。未履行此程序，该出质行为无效，无法达到质押的效果。如因该出质行为无效给不知情的第三人造成损失，出质行为人应当予以赔偿。

笔者认为，此处第三人的义务仅是形式审查义务，即应当审核出质行为是否有其他合伙人的认可，而证明则是出质人提供的书面认可材料，无义务确认该书面材料的真实性。

此外，对“出质”行为应当作广义理解。出质不应仅限于质押，抵押同样会有导致其他合伙人利益受损的可能，继而产生与质押相同的后果，因此此处的“出质”应进行扩张性解释，包括质押、抵押。

（四）合伙事务执行

合伙企业尤其普通合伙特别强调合伙人的共同经营，这是合伙企业极强的人合性决定的。所以，在合伙企业经营中更注重普通合伙人的平等参与，而不像公司那样实行资本多数决。除非有特别约定，否则对于合伙事务，普通合伙人有相同的管理与执行权利，各普通合伙人对企业事务实行一人一票。当然，在私法领域，法律并不禁止合伙企业根据实际需要由部分合伙人执行合伙事务，甚至可以聘任合伙人以外的人担任企业的经营管理人员。

1.部分合伙人执行合伙事务

委托部分合伙人执行合伙事务时，其他合伙人有监督权。《合伙企业法》规定：合伙人对执行合伙事务享有同等的权利。按照合伙协议的约定或者经全体合伙人决定，可以委托一个或者数个合伙人对外代表合伙企业，执行合伙事务。作为合伙人的法人、其他组织执行合伙事务的，由其委派的代表执行。委托一个或者数个合伙人执行合伙事务的，其他合伙人不再执行合伙事务。不执行合伙事务的合伙人有权监督执行事务合伙人执行合伙事务的情况。

执行合伙事务的合伙人应当及时、主动、全面、真实报告合伙事务执行情况。《合伙企业法》规定：由一个或者数个合伙人执行合伙事务的，执行事务合伙人应当定期向其他合伙人报告事务执行情况以及合伙企业的经营和财务状况，其执行合伙事务所产生的收益归合伙企业，所产生的费用和亏损由合伙企业承担。合伙人为了解合伙企业的经营状况和财务状况，有权查阅合伙企业会计账簿等财务资料。基于合伙企业比公司更强调人合性，合伙企业立法应当借鉴公司法，大大扩展合伙人的知情权，比如将会计凭证等资料也纳入可查阅范围。《合伙企业法》也要求合伙企业依照法律、行政法规的规定建立企业财务、会计制度。

2.各合伙人分别执行

《合伙企业法》规定：合伙人分别执行合伙事务的，执行事务合伙人可以对其他合伙人执行的事务提出异议。提出异议时，应当暂停该项事务的执行。受委托执行合伙事务的合伙人不按照合伙协议或者全体合伙人的决定执行事务的，其他合伙人可以决定撤销该委托。

3.合伙人以外的人执行

合伙企业可以聘任合伙人以外的人担任企业的经营管理人员，执行合伙事务。由于该事项对合伙企业及合伙人有较大影响，故需要合伙人一致同意。《合伙企业法》规定：被聘任的合伙企业的经营管理人员应当在合伙企业授权范围内履行职务。被聘任的合伙企业的经营管理人员，超越合伙企业授权范围履行职务，或者在履行职务过程中因故意或者重大过失给合伙企业造成损失的，依法承担赔偿责任。

（五）合伙事务的表决

合伙事务也有巨细大小、轻重缓急之分。对于普通事项，一般只需过半数合伙人同意即可。《合伙企业法》第三十条规定："合伙人对合伙企业有关事项作出决议，按照合伙协议约定的表决办法办理。合伙协议未约定或者约定不明确的，实行合伙人一人一票并经全体合伙人过半数通过的表决办法。本法对合伙企业的表决办法另有规定的，从其规定。"但《合伙企业法》也列举了合伙企业的"大事"，这些事项需要合伙人全体一致同意。这意味着每一个普通合伙人对该类相关事项均有否决权，集中体现了合伙企业人合性特征。第三十一条规定："除合伙协议另有约定外，合伙企业的下列事项应当经全体合伙人一致同意：①改变合伙企业的名称；②改变合伙企业的经营范围、主要经营场所的地点；③处分合伙企业的不动产；④转让或者处分合伙企业的知识产权和其他财产权利；⑤以合伙企业名义为他人提供担保；⑥聘任合伙人以外的人担任合伙企业的经营管理人员。"

当然，此处仅是比较集中地列举了全体一致同意的事项，其他规定也散见需要一致同意的事项，如合伙人与本企业进行交易。

（六）合伙人与本企业竞争

因普通合伙人有权利对合伙经营施加重大影响，并能广泛深入掌握企业各类信息，故合伙企业对普通合伙人从事与本企业相竞争的业务持反对态度，合伙企业有关法律对此也是明确禁止。另外合伙人也可能利用职务之便，与企业进行有损于企业利益的交易，因此对于普通合伙人与本企业进行交易，合伙企业一般也是持反对态度。当然，考虑到合伙企业事务的复杂性及私法自治要求，尤其是与企业的交易未必就必然损害企业利益，故法律对此并未绝对禁止。《合伙企业法》第三十二条对上述合伙人与企业竞争和交易进行了明确规定："合伙人不得自营或者同他人合作经营与本合伙企业相竞争的业务。除合伙协议另有约定或者经全体合伙人一致同意外，合伙人不得同本合伙企业进行交易。合伙人不得从事损害本合伙企业利益的活动。"

（七）合伙企业的利润分配、亏损分担

在我国，有限责任公司和股份有限公司均为资合公司，如无特别约定，表决与分红实行资本多数决。合伙企业则不是这样，其主要是通过协议方式就包括利润分配、亏损分担在内的有关事项进行约定，更大程度上体现了人的合作，对平等性要求更高。利润分配及亏损分担事宜涉及合伙企业合伙人"共享收益、共担风险"的核心要素，属于合伙协议应当载明的事项。

《合伙企业法》对此亦有较为严谨的规定，该法第三十三条规定："合伙企业的利润分配、亏损分担，按照合伙协议的约定办理；合伙协议未约定或者约定不明确的，由合伙人协商决定；协商不成的，由合伙人按照实缴出资比例分配、分担；无法确定出资比例的，由合伙人平均分配、分担。合伙协议不得约定将全部利润分配给部分合伙人或者由部分合伙人承担全部亏损。”该条规定充分体现了法律的科学严密性，就合伙企业的利润分配、亏损分担设计了“合伙协议→协商→出资比例→平均”递进式的解决方案。当然，在司法实践中，建议企业设立时合伙协议就此进行明确约定，以免日后可能出现的纠纷。

（八）合伙企业与第三人关系

此处的第三人是合伙企业与合伙人之外的法律主体，合伙企业与第三人的关系即指合伙企业与合伙人之外的人的关系，简言之即合伙企业的外部关系。主要涉及以下问题：

1.合伙企业对外代表权

合伙企业对外代表权即对外以合伙企业名义为法律行为其后果由合伙企业承担的权利。根据合伙事务执行情况不同，合伙企业对外代表权亦有不同。全体合伙人共同执行合伙事务的，每个合伙人均有权对外代表企业；各合伙人分别执行合伙事务的，在其执行事务范围即授权范围内代表合伙企业；根据委托由一个或数个合伙人执行合伙事务的，则由受托的合伙人对外代表企业。

受合伙企业经营状况及合伙人能力、信誉等因素影响，合伙企业对执行事务的合伙人对外代表权进行必要限制常见且合理。这种限制往往体现为合伙人的私下协议或合伙企业的内部决议，并未通过必要形式对外公示。在企业登记事项有限导致公示效果不足的情形下，为保护企业善意相对人的合法权益，必须认可合伙人符合条件的对外代表行为的效力，该条件即相对人不知情。对此，《合伙企业法》作了规定：合伙企业对合伙人执行合伙事务以及对外代表合伙企业权利的限制，不得对抗善意第三人。

2.合伙企业债务与合伙人

合伙企业存续期间，包括合伙人的出资、以合伙企业名义取得的收益及以其他合伙名义获得的财产在内的合伙财产归企业所有。合伙企业的债务由合伙企业承担无限责任，普通合伙人对此承担无限连带责任。合伙企业不能清偿到期债务的，其债权人有权要求任一合伙人承担全部债务。对此，《合伙企业法》规定，合伙企业对其债务，应先以其全部财产进行清偿。合伙企业不能清偿到期债务的，合伙人承担无限连带责任。合伙人由于承担无限连带责任，清偿数额超过规定的其亏损分担比例的，有权向其他合伙人追偿。需要注意的是，合伙人内部对于企业债务分担的约定对全体合伙人有效，但不能对抗合伙企业的债权人，除非得到债权人的同意。对于企业债务相关约定，须区分对内效力和对外效力，不可混淆进而损害企业债权人的合法权益。被企业债权人要求承担了全部清偿责任的部分合伙人，可以根据约定要求其他合伙人承担各自应当承担的部分。根据《合伙企业法》第三十三条，合伙协议未约定或者约定不明确的，由合伙人协商决定；协商不成的，由合伙人按照实缴出资比例分担；无法确定出资比例的，由合伙人平均分担。

3.合伙人债务与合伙企业

合伙人个人债务由其个人清偿，合伙企业无须为其承担责任。《合伙企业法》规定：合伙人发生与合伙企业无关的债务，相关债权人不得以其债权抵销其对合伙企业的债务；也不得代位行使合伙人在合伙企业中的权利。

合伙人在合伙企业中的收益以及财产份额属于合伙人个人财产，可以用于清偿其个人债务。但收益和财产份额的处置对合伙企业影响不同，合伙人从企业获得的收益纯属财产范畴，与合伙人资格无关，将该收益清偿给合伙人的债权人不能导致其成为合伙人从而对企业经营及其他合伙人利益产生实质影响。但处分合伙人在企业的财产份额会导致受让人成为合伙人，因此需要履行类似自愿转让财产份额时的必要程序。《合伙企业法》第四十二条规定："合伙人的自有财产不足清偿其与合伙企业无关的债务的，该合伙人可以以其从合伙企业中分取的收益用于清偿；债权人也可以依法请求人民法院强制执行该合伙人在合伙企业中的财产份额用于清偿。人民法院强制执行合伙人的财产份额时，应当通知全体合伙人，其他合伙人有优先购买权；其他合伙人未购买，又不同意将该财产份额转让给他人的，依照本法第五十一条的规定为该合伙人办理退伙结算，或者办理削减该合伙人相应财产份额的结算。"第五十一条规定："合伙人退伙，其他合伙人应当与该退伙人按照退伙时的合伙企业财产状况进行结算，退还退伙人的财产份额。退伙人对给合伙企业造成的损失负有赔偿责任的，相应扣减其应当赔偿的数额。退伙时有未了结的合伙企业事务的，待该事务了结后进行结算。"

（九）入伙、退伙

入伙、退伙均为合伙企业常见现象，要注意入伙、退伙的法定程序，并关注合伙人相关权利义务。

1.入伙

入伙是合伙人以外的人加入合伙企业，成为合伙人的行为。

《合伙企业法》规定，新合伙人入伙，除合伙协议另有约定外，应当经全体合伙人一致同意，并依法订立书面入伙协议。订立入伙协议时，原合伙人应当向新合伙人如实告知原合伙企业的经营状况和财务状况。

入伙的新合伙人与原合伙人享有同等权利，承担同等责任。入伙协议另有约定的，从其约定。尤其要注意的是，新合伙人对入伙前合伙企业的债务承担无限连带责任。

2.退伙

退伙是合伙人退出合伙企业，从而丧失合伙人资格的行为。退伙与入伙程序相反，但都体现着合伙企业人合性特征。退伙分为自愿退伙和法定退伙。

（1）自愿退伙

自愿退伙是基于退伙人自己的意思表示退出合伙企业，原则上不是必须经过其他合伙人的同意。根据是否体现其他合伙人的意愿，可将自愿退伙又分为协议退伙和声明退伙。

协议退伙是基于全体合伙人的意思一致而退伙。根据《合伙企业法》的规定，合伙协议约定合伙期限的，在合伙企业存续期间，有下列情形之一的，合伙人可以退伙：①合伙协议约定的退伙事由出现；②经全体合伙人一致同意；③发生合伙人难以继续参加合伙的事由；④其他合伙人严重违反合伙协议约定的义务。

声明退伙是完全基于退伙人单方意思而退出合伙企业，无须征得其他合伙人的同意。根据规定，合伙协议未约定合伙期限的，合伙人在不给合伙企业事务执行造成不利影响的情况下，可以退伙，但应当提前三十日通知其他合伙人。合伙人违反有关规定退伙的，应当赔偿由此给合伙企业造成的损失。声明退伙是退伙人不愿再继续担任合伙人，即便其他合伙人愿意与其继续合伙。

（2）法定退伙

法定退伙是法律规定的退伙情形，无须经过合伙人协商。它又分为当然退伙和除名退伙。

当然退伙是出现法律规定的情形，合伙人不得不退出合伙企业，即便该合伙人希望继续做合伙人，且其他合伙人也愿意让其依旧担任合伙人。《合伙企业法》规定，合伙人有下列情形之一的，当然退伙：①作为合伙人的自然人死亡或者被依法宣告死亡；②个人丧失偿债能力；③作为合伙人的法人或者其他组织依法被吊销营业执照、责令关闭、撤销，或者被宣告破产；④法律规定或者合伙协议约定合伙人必须具有相关资格而丧失该资格；⑤合伙人在合伙企业中的全部财产份额被人民法院强制执行。合伙人被依法认定为无民事行为能力人或者限制民事行为能力人的，经其他合伙人一致同意，可以依法转为有限合伙人，普通合伙企业依法转为有限合伙企业。其他合伙人未能一致同意的，该无民事行为能力或者限制民事行为能力的合伙人退伙。退伙事由实际发生之日为退伙生效日。合伙人死亡或者被依法宣告死亡的，对该合伙人在合伙企业中的财产份额享有合法继承权的继承人，按照合伙协议的约定或者经全体合伙人一致同意，从继承开始之日起，取得该合伙企业的合伙人资格。有下列情形之一的，合伙企业应当向合伙人的继承人退还被继承合伙人的财产份额：①继承人不愿意成为合伙人；②法律规定或者合伙协议约定合伙人必须具有相关资格，而该继承人未取得该资格；③合伙协议约定不能成为合伙人的其他情形。合伙人的继承人为无民事行为能力人或者限制民事行为能力人的，经全体合伙人一致同意，可以依法成为有限合伙人，普通合伙企业依法转为有限合伙企业。全体合伙人未能一致同意的，合伙企业应当将被继承合伙人的财产份额退还该继承人。

除名退伙是由于合伙人有损于合伙企业或其他合伙人利益，被其他合伙人除名，从而丧失合伙人资格。除名退伙情形下，退伙的合伙人可能愿意继续担任合伙人，但其他合伙人不允许。根据规定，合伙人有下列情形之一的，经其他合伙人一致同意，可以决议将其除名：①未履行出资义务；②因故意或者重大过失给合伙企业造成损失；③执行合伙事务时有不正当行为；④发生合伙协议约定的事由。对合伙人的除名决议应当书面通知被除名人。被除名人接到除名通知之日，除名生效，被除名人退伙。被除名人对除名决议有异议的，可以自接到除名通知之日起三十日内，向人民法院起诉。合伙人退伙，其他合伙人应当与该退伙人按照退伙时的合伙企业财产状况进行结算，退还退伙人的财产份额。退伙人对给合伙企业造成的损失负有赔偿责任的，相应扣减其应当赔偿的数额。

另外，根据《合伙企业法》规定，退伙时有未了结的合伙企业事务的，待该事务了结后进行结算。退伙人在合伙企业中财产份额的退还办法，由合伙协议约定或者由全体合伙人决定，可以退还货币，也可以退还实物。退伙人对基于其退伙前的原因发生的合伙企业债务，承担无限连带责任。合伙人退伙时，合伙企业财产少于合伙企业债务的，退伙人应当依照本法第三十三条第一款的规定分担亏损，即合伙企业的利润分配、亏损分担，按照合伙协议的约定办理；合伙协议未约定或者约定不明确的，由合伙人协商决定；协商不成的，由合伙人按照实缴出资比例分配、分担；无法确定出资比例的，由合伙人平均分配、分担。

（十）特殊的普通合伙企业

特殊的普通合伙企业是以专业知识和专门技能为客户提供有偿服务的专业服务机构，如会计师事务所、律师事务所等，也称为有限责任合伙。需要注意的是，有限责任公司简称有限公司，股份有限公司简称股份公司，但有限责任合伙不能称为有限合伙，因为有限责任合伙仅仅是普通合伙的一种，普通合伙与有限合伙是并列关系。特殊的普通合伙企业名称中应当标明“特殊普通合伙”字样。

特殊的普通合伙依旧由普通合伙人组成，常态下各合伙人对合伙企业债务仍承担无限连带责任。其之所以特殊，主要在于，特定情况下，部分合伙人虽身为普通合伙人，却仅需要对合伙债务承担有限责任。《合伙企业法》规定，一个合伙人或者数个合伙人在执业活动中因故意或者重大过失造成合伙企业债务的，应当承担无限责任或者无限连带责任，其他合伙人以其在合伙企业中的财产份额为限承担责任。合伙人在执业活动中非因故意或者重大过失造成的合伙企业债务以及合伙企业的其他债务，由全体合伙人承担无限连带责任。合伙人执业活动中因故意或者重大过失造成的合伙企业债务，以合伙企业财产对外承担责任后，该合伙人应当按照合伙协议的约定对给合伙企业造成的损失承担赔偿责任。

特殊普通合伙“特”在普通合伙人可能对合伙债务承担有限责任，但有两个前提：一是该合伙必须是以专业知识和专门技能为客户提供有偿服务的专业服务机构，其他类型的普通合伙，合伙人均对合伙债务承担无限连带责任，最多牵扯到对有过错合伙人的追偿问题；二是合伙企业债务由一个合伙人或者数个合伙人在执业活动中因故意或者重大过失造成，如果是正常经营导致的债务，则全体合伙人仍应承担无限连带责任。

为了防止合伙人执业中可能的风险，《合伙企业法》规定了职业保险等制度。特殊的普通合伙企业应当建立执业风险基金、办理职业保险。执业风险基金用于偿付合伙人执业活动造成的债务。执业风险基金应当单独立户管理。具体管理办法由国务院规定。

另外，根据规定，非企业专业服务机构依据有关法律采取合伙制的，其合伙人承担责任的形式可以适用关于特殊的普通合伙企业合伙人承担责任的规定。

三、有限合伙企业

（一）有限合伙企业的概念

有限合伙企业是由普通合伙人与有限合伙人共同组成，普通合伙人对企业债务承担无限连带责任，有限合伙人以其认缴的出资额为限对企业债务承担责任的合伙企业。与普通合伙相比，其在合伙人组成及责任承担方面差异较大。

（二）有限合伙企业的设立条件

1.合伙人的要求

有限合伙企业由两个以上五十个以下合伙人设立；但是，法律另有规定的除外。有限合伙企业至少应当有一个普通合伙人。普通合伙企业没有合伙人人数上限。

2.有合伙企业的名称和生产经营场所

有限合伙企业名称中应当标明“有限合伙”字样。当然，不能有“公司”字样。

3.合伙人的出资

根据法律规定，有限合伙人可以用货币、实物、知识产权、土地使用权或者其他财产权利作价出资。有限合伙人不得以劳务出资。有限合伙人应当按照合伙协议的约定按期足额缴纳出资；未按期足额缴纳的，应当承担补缴义务，并对其他合伙人承担违约责任。有限合伙企业登记事项中应当载明有限合伙人的姓名或者名称及认缴的出资数额。

4.合伙人共同签署合伙协议

《合伙企业法》规定，合伙协议除符合第十八条的规定外，还应当载明下列事项：①普通合伙人和有限合伙人的姓名或者名称、住所；②执行事务合伙人应具备的条件和选择程序；③执行事务合伙人权限与违约处理办法；④执行事务合伙人的除名条件和更换程序；⑤有限合伙人入伙、退伙的条件、程序以及相关责任；⑥有限合伙人和普通合伙人相互转变程序。

5.法律、行政法规规定的其他条件

（三）有限合伙事务的执行

普通合伙人与有限合伙人对合伙债务承担责任不同，普通合伙人面临更大的偿债风险，企业经营结果对两种合伙人有较大的不同影响。因此，在企业事务执行方面，应赋予普通合伙人这一核心权利，对有限合伙人则应予以限制。《合伙企业法》明确规定，有限合伙企业由普通合伙人执行合伙事务。执行事务合伙人可以要求在合伙协议中确定执行事务的报酬及报酬提取方式。有限合伙人不执行合伙事务，不得对外代表有限合伙企业。但有限合伙人的下列行为，不视为执行合伙事务：①参与决定普通合伙人入伙、退伙；②对企业的经营管理提出建议；③参与选择承办有限合伙企业审计业务的会计师事务所；④获取经审计的有限合伙企业财务会计报告；⑤对涉及自身利益的情况，查阅有限合伙企业财务会计账簿等财务资料；⑥在有限合伙企业中的利益受到侵害时，向有责任的合伙人主张权利或者提起诉讼；⑦执行事务合伙人怠于行使权利时，督促其行使权利或者为了本企业的利益以自己的名义提起诉讼；⑧依法为本企业提供担保。

（四）有限合伙人的特殊规定

1.亏损分担

《合伙企业法》规定：有限合伙企业不得将全部利润分配给部分合伙人；但是，合伙协议另有约定的除外。之所以没有禁止由部分合伙人承担亏损，是因为有限合伙中本身就是普通合伙人对合伙企业债务承担无限连带责任。

2.同业竞争、自我交易与财产出质

《合伙企业法》规定：有限合伙人可以同本有限合伙企业进行交易；但是，合伙协议另有约定的除外。有限合伙人可以自营或者同他人合作经营与本有限合伙企业相竞争的业务；但是，合伙协议另有约定的除外。有限合伙人可以将其在有限合伙企业中的财产份额出质；但是，合伙协议另有约定的除外。

与禁止普通合伙人同业竞争相比，有限合伙人可以自营或者同他人合作经营与本有限合伙企业相竞争的业务。同时，法律原则上禁止普通合伙人与本企业交易或将其在合伙企业中的财产份额出质，但有限合伙人可以，除非另有约定。这种差异化对待，根本原因在于，有限合伙人不执行合伙事务，对企业关键事宜无表决权，不能对企业产生实质性影响。

3.有限合伙人财产份额的转让

有限合伙人转让其在合伙中的财产份额无需其他合伙人的同意。根据《合伙企业法》，有限合伙人可以按照合伙协议的约定向合伙人以外的人转让其在有限合伙企业中的财产份额，但应当提前三十日通知其他合伙人。有限合伙人的自有财产不足清偿其与合伙企业无关的债务的，该合伙人可以以其从有限合伙企业中分取的收益用于清偿；债权人也可以依法请求人民法院强制执行该合伙人在有限合伙企业中的财产份额用于清偿。人民法院强制执行有限合伙人的财产份额时，应当通知全体合伙人。在同等条件下，其他合伙人有优先购买权。

4.合伙人人数变化的影响

根据规定，有限合伙企业仅剩有限合伙人的，应当解散；有限合伙企业仅剩普通合伙人的，转为普通合伙企业。

5.有限合伙人与第三人的关系

第三人有理由相信有限合伙人为普通合伙人并与其交易的，该有限合伙人对该笔交易承担与普通合伙人同样的责任。有限合伙人未经授权以有限合伙企业名义与他人进行交易，给有限合伙企业或者其他合伙人造成损失的，该有限合伙人应当承担赔偿责任。

（五）有限合伙的入伙、退伙

有限合伙人的入伙、退伙对企业产生的影响有限，故对此没有普通合伙人那么严格。《合伙企业法》规定，新入伙的有限合伙人对入伙前有限合伙企业的债务，以其认缴的出资额为限承担责任。有限合伙人有合伙企业法第四十八条第一款第一项、第三项至第五项所列情形之一的，当然退伙。作为有限合伙人的自然人在有限合伙企业存续期间丧失民事行为能力的，其他合伙人不得因此要求其退伙。作为有限合伙人的自然人死亡、被依法宣告死亡或者作为有限合伙人的法人及其他组织终止时，其继承人或者权利承受人可以依法取得该有限合伙人在有限合伙企业中的资格。有限合伙人退伙后，对基于其退伙前的原因发生的有限合伙企业债务，以其退伙时从有限合伙企业中取回的财产承担责任。除合伙协议另有约定外，普通合伙人转变为有限合伙人，或者有限合伙人转变为普通合伙人，应当经全体合伙人一致同意。有限合伙人转变为普通合伙人的，对其作为有限合伙人期间有限合伙企业发生的债务承担无限连带责任。普通合伙人转变为有限合伙人的，对其作为普通合伙人期间合伙企业发生的债务承担无限连带责任。

四、合伙企业的解散与清算

（一）合伙企业的解散

合伙企业解散是由于法定情形的出现，让合伙企业消灭的行为。《合伙企业法》第八十五条规定："合伙企业有下列情形之一的，应当解散：①合伙期限届满，合伙人决定不再经营；②合伙协议约定的解散事由出现；③全体合伙人决定解散；④合伙人已不具备法定人数满三十天；⑤合伙协议约定的合伙目的已经实现或者无法实现；⑥依法被吊销营业执照、责令关闭或者被撤销；⑦法律、行政法规规定的其他原因。"

这里需要特别关注情形④，合伙企业原相关法律规定的是"合伙人已不具备法定人数"，按照原规定，合伙企业只要不符合法定人数，则须立即解散，这明显不利于商事主体的稳定，且容易造成社会资源的浪费。现行法律留出了三十日的宽限期，较为合理。

（二）合伙企业的清算

清算是清理合伙企业的财产，了结有关债权债务，并对合伙企业财产进行分配的活动。

1.清算人的确定

《合伙企业法》规定，合伙企业解散，应当由清算人进行清算。清算人由全体合伙人担任；经全体合伙人过半数同意，可以自合伙企业解散事由出现后十五日内指定一个或者数个合伙人，或者委托第三人，担任清算人。自合伙企业解散事由出现之日起十五日内未确定清算人的，合伙人或者其他利害关系人可以申请人民法院指定清算人。

2.清算人的职责

《合伙企业法》规定，清算人在清算期间执行下列事务：①清理合伙企业财产，分别编制资产负债表和财产清单；②处理与清算有关的合伙企业未了结事务；③清缴所欠税款；④清理债权、债务；⑤处理合伙企业清偿债务后的剩余财产；⑥代表合伙企业参加诉讼或者仲裁活动。

清算人自被确定之日起十日内将合伙企业解散事项通知债权人，并于六十日内在报纸上公告。债权人应当自接到通知书之日起三十日内，未接到通知书的自公告之日起四十五日内，向清算人申报债权。债权人申报债权，应当说明债权的有关事项，并提供证明材料。清算人应当对债权进行登记。清算期间，合伙企业存续，但不得开展与清算无关的经营活动。

3.合伙财产的分配

合伙企业解散时剩余的财产往往很有限，分配顺序直接影响相关主体的权利实现。根据《合伙企业法》，合伙企业财产在支付清算费用和职工工资、社会保险费用、法定补偿金以及缴纳所欠税款、清偿债务后的剩余财产，依照本法第三十三条第一款的规定进行分配，即“合伙企业的利润分配、亏损分担，按照合伙协议的约定办理；合伙协议未约定或者约定不明确的，由合伙人协商决定；协商不成的，由合伙人按照实缴出资比例分配、分担；无法确定出资比例的，由合伙人平均分配、分担”。

4.注销登记

只有办理企业注销登记，合伙企业主体资格才真正消灭。《合伙企业法》要求，清算结束，清算人应当编制清算报告，经全体合伙人签名、盖章后，在十五日内向企业登记机关报送清算报告，申请办理合伙企业注销登记。

5.剩余债务的清偿

《合伙企业法》规定，合伙企业注销后，原普通合伙人对合伙企业存续期间的债务仍应承担无限连带责任。合伙企业不能清偿到期债务的，债权人可以依法向人民法院提出破产清算申请，也可以要求普通合伙人清偿。合伙企业依法被宣告破产的，普通合伙人对合伙企业债务仍应承担无限连带责任。

五、法律责任

《合伙企业法》对违法行为所应承担的不利后果做了规定。违反规定，提交虚假文件或者采取其他欺骗手段，取得合伙企业登记的，由企业登记机关责令改正，处以五千元以上五万元以下的罚款；情节严重的，撤销企业登记，并处以五万元以上二十万元以下的罚款。

违反规定，合伙企业未在其名称中标明“普通合伙”、“特殊普通合伙”或者“有限合伙”字样的，由企业登记机关责令限期改正，处以两千元以上一万元以下的罚款。违反规定，未领取营业执照，而以合伙企业或者合伙企业分支机构名义从事合伙业务的，由企业登记机关责令停止，处以五千元以上五万元以下的罚款。合伙企业登记事项发生变更时，未依照规定办理变更登记的，由企业登记机关责令限期登记；逾期不登记的，处以两千元以上二万元以下的罚款。合伙企业登记事项发生变更，执行合伙事务的合伙人未按期申请办理变更登记的，应当赔偿由此给合伙企业、其他合伙人或者善意第三人造成的损失。

合伙人执行合伙事务，或者合伙企业从业人员利用职务上的便利，将应当归合伙企业的利益据为己有的，或者采取其他手段侵占合伙企业财产的，应当将该利益和财产退还合伙企业；给合伙企业或者其他合伙人造成损失的，依法承担赔偿责任。

合伙人对规定或者合伙协议约定必须经全体合伙人一致同意始得执行的事务擅自处理，给合伙企业或者其他合伙人造成损失的，依法承担赔偿责任。

不具有事务执行权的合伙人擅自执行合伙事务，给合伙企业或者其他合伙人造成损失的，依法承担赔偿责任。

合伙人违反规定或者合伙协议的约定，从事与本合伙企业相竞争的业务或者与本合伙企业进行交易的，该收益归合伙企业所有；给合伙企业或者其他合伙人造成损失的，依法承担赔偿责任。

清算人未依照规定向企业登记机关报送清算报告，或者报送清算报告隐瞒重要事实，或者有重大遗漏的，由企业登记机关责令改正。由此产生的费用和损失，由清算人承担和赔偿。

清算人执行清算事务，牟取非法收入或者侵占合伙企业财产的，应当将该收入和侵占的财产退还合伙企业；给合伙企业或者其他合伙人造成损失的，依法承担赔偿责任。

清算人违反规定，隐匿、转移合伙企业财产，对资产负债表或者财产清单作虚假记载，或者在未清偿债务前分配财产，损害债权人利益的，依法承担赔偿责任。

合伙人违反合伙协议的，应当依法承担违约责任。

合伙人履行合伙协议发生争议的，合伙人可以通过协商或者调解解决。不愿通过协商、调解解决或者协商、调解不成的，可以按照合伙协议约定的仲裁条款或者事后达成的书面仲裁协议，向仲裁机构申请仲裁。合伙协议中未订立仲裁条款，事后又没有达成书面仲裁协议的，可以向人民法院起诉。

有关行政管理机关的工作人员违反规定，滥用职权、徇私舞弊、收受贿赂、侵害合伙企业合法权益的，依法给予行政处分。

违反规定，构成犯罪的，依法追究刑事责任。

违反规定，应当承担民事赔偿责任和缴纳罚款、罚金，其财产不足以同时支付的，先承担民事赔偿责任。

同步测试

一、单项选择题

1.有限合伙企业合伙人人数为（　　）。

A.1～50　　B.2～50　　C.2～30　　D.1～30

2.清算结束，清算人应当编制清算报告，经全体合伙人签名、盖章后，在（　　）日内向企业登记机关报送清算报告，申请办理合伙企业注销登记。

A.10　　B.15　　C.30　　D.60

3.在普通合伙企业名称中，属于可以出现的字样是（　　）。

A.有限　　B.有限公司　　C.公司　　D.普通合伙

二、多项选择题

1.有限合伙人可以以（　　）作为出资方式。

A.货币　　B.实物　　C.知识产权　　D.劳务

2.下列属于当然退伙的情形的有（　　）。

A.作为合伙人的自然人死亡或者被依法宣告死亡

B.个人丧失偿债能力

C.法律规定或者合伙协议约定合伙人必须具有相关资格而丧失该资格

D.其他合伙人严重违反合伙协议约定的义务

3.下列属于合伙企业解散情形的有（　）。

A.合伙期限届满，合伙人决定不再经营

B.合伙协议约定的解散事由出现

C.全体合伙人决定解散

D.合伙人已不具备法定人数

三、思考题

1.有限合伙企业的设立条件包括哪些？

2.有限合伙人与普通合伙人相比，在权利与义务方面有何不同？试分析内在原因。

第三章

公司法

学习目标

知识目标：

（1）掌握公司设立条件；

（2）掌握我国公司法对于公司组织机构的立法变迁。

能力目标：

（1）培养学生对公司资本制度的总结提炼能力；

（2）基于公司立法变化，培养学生因地制宜设计组织机构的能力。

素养目标：

（1）基于公司董、监、高责任方面的立法，强化学生的社会责任意识；

（2）领会我国公司法对公司长远、健康发展的期望，坚定树立企业家精神。

引导案例

A有限责任公司有甲、乙、丙3个股东，公司设立时分别认缴20%、30%、50%的出资。公司成立后，甲、乙均依约按期足额缴纳了出资，但丙以资金困难为由一直拖延不予出资，严重影响了公司的正常运营。甲、乙该如何处理此事？公司董事会及董事有何义务？

第一节　公司法概述

一、公司的概念与特征

（一）公司的概念

《中华人民共和国公司法》第二条规定：“本法所称公司，是指依照本法在中华人民共和国境内设立的有限责任公司和股份有限公司。”此处关于公司的解释，实际上是我国公司的分类。一般认为，我国公司是依法在我国境内设立的以营利为目的的、股东共同出资，并以认缴的出资额或认购的股份为限承担责任的企业法人。

（二）公司的特征

1.营利性

公司的成立与经营是为了谋取利益，股东出资是为了获取资本回报。

2.法人性

公司是企业法人，能够独立承担民事责任，正常情况下无需股东用个人财产为公司偿债。公司具有法人资格与股东承担有限责任表达的是同一规则，只是角度不同而已。公司的法人性是公司与个人独资企业、合伙企业的最重要区别，也是公司最大的吸引力。当然，个人独资企业、合伙企业亦有诸多优势，比如设立门槛低、运行比较灵活等，故现实中这两类企业也广泛存在。《公司法》规定，公司是企业法人，有独立的法人财产，享有法人财产权。公司以其全部财产对公司的债务承担责任。公司的合法权益受法律保护，不受侵犯。有限责任公司的股东以其认缴的出资额为限对公司承担责任；股份有限公司的股东以其认购的股份为限对公司承担责任。

3.规范性

与个人独资企业、合伙企业相比，公司在设立、运行等方面要求比较严格，比如组织机构方面，公司原则上有股东会、董事会、监事会这些机构，但另外两种企业没有这一要求。规范运行可能是企业发展的压力，但更是长久发展所必需。

4.社团性

公司往往有两个以上的股东，一定程度上，如有限公司，强调股东之间的信任与合作，体现了社团性。当然，由于有限公司和股份公司均可以只有一个股东，这使得公司的社团性受到一定影响，但绝大多数公司股东为两人以上，故总体来讲，社团性依旧存在。另外，评价公司社团性不应仅依据股东人数，公司管理层及员工也应在广义上被考虑在内。

二、公司的分类

依据不同标准，公司可以有多种分类。

（一）有限责任公司、股份有限公司、无限公司、两合公司、股份两合公司

该分类以公司的资本结构和股东对公司债务承担责任的方式为标准。

有限责任公司是股东出资不划分为等额股份，股东以其认缴的出资额为限对公司承担有限责任，公司以其全部资产对公司债务承担无限责任的企业法人。

股份有限公司是指公司全部资本划分为等额股份，股东以其所持股份为限对公司承担有限责任，公司以其全部资产对公司债务承担无限责任的企业法人。

无限公司是股东对公司债务承担无限连带责任的公司，比较强调人合性。与普通合伙类似，但仍存在诸多不同。

两合公司是由承担有限责任的股东和无限连带责任的股东共同出资设立的公司，与有限合伙相似。

股份两合公司是股份公司与两合公司的结合。

我国公司类型为有限责任公司和股份有限公司。两种公司股东均对公司债务承担有限责任，有限公司股东是以其认缴的出资额为限对公司承担责任，股份公司股东则以其所持股份为限对公司承担责任。两者最大的区别在于出资或股份是否均等或者说具有等额性，有限公司股东出资不具有等额性，而股份公司股东的股份却具有该特性。我们认为，是否具有等额性是人为设置的区分，不能体现两种公司的自身属性。建议将公司分为封闭公司与开放公司，现行公司法所指的有限公司与发起设立的股份公司股东人数往往较少，比较强调股东之间的紧密合作，对外影响较小，可以划入封闭公司的范畴，制定符合其特点的规则，赋予其更多的自治权。而现有的募集设立的股份公司尤其上市公司归入开放公司的范畴，因其影响范围较广，应制定比较严格的管理制度。

（二）人合公司、资合公司、人合兼资合公司

这种分类是以公司信用基础为标准划分的。人合公司是以股东个人财产、信誉等为信用基础的公司，该类公司由股东承担无限连带责任，股东是公司责任的最终保障。无限公司是典型的人合公司。资合公司是以公司财产作为信用基础的公司，股东仅对公司债务承担有限责任的公司。股份公司是典型的资合公司。人合兼资合公司是以股东个人信用和公司财产共同作为信用基础的公司，两合公司是典型的人合兼资合公司。需要指出的是，有限责任公司是以公司财产为信用基础的，故有限公司也是资合公司。之所以被错误地归入人合兼资合公司范畴，是因为将“人合性”与此处的“人合”混淆了。“人合性”的“人合”强调是股东信任与合作关系，是从股东关系角度来讲的；而“人合公司”的“人合”是从公司对外信用基础角度来看，强调的是公司对外责任基础是股东个人信用。两处的“人合”不是一个概念。

（三）母公司、子公司

这是以公司的控制与依附关系为标准划分的。能够控股或者通过协议方式控制另一个公司的公司是母公司，被控制的公司则是子公司。当然，子公司可能是母公司直接投资设立并控股，也可能是受让之前母公司的股权或股份而成为新的母公司。需要注意的是，母公司、子公司都是独立法人，均能够独立承担民事责任。

（四）总公司、分公司

这种分类的依据是公司内部组织隶属关系。总公司即本公司，是具有法人资格，能对其内部各分支机构进行管辖的公司。分公司是指公司在其住所以外设立的分支机构。总公司是独立法人，但分公司不具有法人资格，其民事责任由总公司承担。分公司需在分公司所在地办理营业执照。分公司虽不具有法人资格，但有权签订合同甚至作为诉讼主体。

三、公司法的概念与性质

（一）公司法的概念

公司法是规定公司设立、运行、解散等行为的法律规范的总称。广义的公司法是所有规定公司设立、运行、解散等行为的法律规范的总称，狭义的公司法则特指的是

《中华人民共和国公司法》。我国公司法立法历程主要为：1993年12月29日第八届全国人民代表大会常务委员会第五次会议通过，根据1999年12月25日第九届全国人民代表大会常务委员会第十三次会议《关于修改〈中华人民共和国公司法〉的决定》第一次修正，根据2004年8月28日第十届全国人民代表大会常务委员会第十一次会议《关于修改〈中华人民共和国公司法〉的决定》第二次修正，2005年10月27日第十届全国人民代表大会常务委员会第十八次会议第一次修订，根据2013年12月28日第十二届全国人民代表大会常务委员会第六次会议《关于修改〈中华人民共和国海洋环境保护法〉等七部法律的决定》第三次修正，根据2018年10月26日第十三届全国人民代表大会常务委员会第六次会议《关于修改〈中华人民共和国公司法〉的决定》第四次修正，2023年12月29日第十四届全国人民代表大会常务委员会第七次会议第二次修订。

（二）公司法的性质

1.公司法兼具公司私法性质，主要是私法

2.公司法兼有强行法与任意法，主要是任意法

3.公司法兼具实体法与程序法，主要是实体法

四、公司的经营范围

《公司法》规定：公司的经营范围由公司章程规定。公司可以修改公司章程，变更经营范围。公司的经营范围中属于法律、行政法规规定须经批准的项目，应当依法经过批准。

需要注意的是，公司超越经营范围订立的合同未必无效，《中华人民共和国民法典》第五百零五条规定，当事人超越经营范围订立的合同的效力，应当依照民事法律行为的效力和合同编的有关规定确定，不得仅以超越经营范围确认合同无效。

五、公司的法定代表人

（一）法定代表人的概念

根据《民法典》的规定，依照法律或者法人章程的规定，代表法人从事民事活动的负责人，为法人的法定代表人。公司的法定代表人是法律规定的，由公司章程确定的对外代表公司从事民事活动的负责人。一般情况下，法定代表人以公司名义所为行为，应视为公司行为，对公司有约束力。

（二）法定代表人的产生办法

2023年《公司法》规定了法定代表人的产生办法：公司的法定代表人按照公司章程的规定，由代表公司执行公司事务的董事或者经理担任。

1993年《公司法》规定的是：董事长为公司的法定代表人。这实际上确定的是法定代表人由法律规定。其弊端是：一是仅规定董事长是法定代表人，范围太窄。有些规模较小或股东人数较少的公司不设董事会，就没有董事长。虽然该法也规定了有限责任公司，股东人数较少和规模较小的，可以设一名执行董事，不设立董事会。执行

董事可以兼任公司经理。有限责任公司不设董事会的，执行董事为公司的法定代表人，但至少从立法技术看不严谨。二是法定代表人直接法定，限制了公司的自治权。因此，2005年《公司法》进行了调整：公司法定代表人依照公司章程的规定，由董事长、执行董事或者经理担任，并依法登记。公司法定代表人变更，应当办理变更登记。2023年《公司法》将董事长、执行董事的范围直接改为了执行公司事务的董事，公司的法定代表人按照公司章程的规定，由代表公司执行公司事务的董事或者经理担任。

（三）法定代表人的辞任

《公司法》规定：担任法定代表人的董事或者经理辞任的，视为同时辞去法定代表人。这避免了两次辞任的烦琐，提升了公司的运行效率。

（四）法定代表人的强制补任、短暂空缺

法定代表人辞任的，公司应当在法定代表人辞任之日起三十日内确定新的法定代表人。

（五）法定代表人的行为效力与后果

《公司法》规定：法定代表人以公司名义从事的民事活动，其法律后果由公司承受。公司章程或者股东会对法定代表人职权的限制，不得对抗善意相对人。法定代表人因执行职务造成他人损害的，由公司承担民事责任。公司承担民事责任后，依照法律或者公司章程的规定，可以向有过错的法定代表人追偿。这与《民法典》“法定代表人以法人名义从事的民事活动，其法律后果由法人承受。法人章程或者法人权力机构对法定代表人代表权的限制，不得对抗善意相对人。法定代表人因执行职务造成他人损害的，由法人承担民事责任。法人承担民事责任后，依照法律或者法人章程的规定，可以向有过错的法定代表人追偿”等的相关规定相统一。

六、公司组织形式的变更

我国存在有限公司、股份公司两种公司形式，两者之间可以根据需要进行转换，尤其是有上市要求的有限公司。根据规定，有限责任公司变更为股份有限公司，应当符合本法规定的股份有限公司的条件。股份有限公司变更为有限责任公司，应当符合本法规定的有限责任公司的条件。有限责任公司变更为股份有限公司的，或者股份有限公司变更为有限责任公司的，公司变更前的债权、债务由变更后的公司承继。

七、公司对外投资与担保

《公司法》第十四条规定：“公司可以向其他企业投资。法律规定公司不得成为对所投资企业的债务承担连带责任的出资人的，从其规定。”《合伙企业法》所规定的“国有独资公司、国有企业、上市公司以及公益性事业单位、社会团体不得成为普通合伙人”便属于情形。

其第十五条规定：“公司向其他企业投资或者为他人提供担保，按照公司章程的规定，由董事会或者股东会决议；公司章程对投资或者担保的总额及单项投资或者担保的数额有限额规定的，不得超过规定的限额。公司为公司股东或者实际控制人提供担保的，应当经股东会决议。该股东或者受该实际控制人支配的股东，不得参加该事项的表决。该项表决由出席会议的其他股东所持表决权的过半数通过。”

八、职工利益的保护

《公司法》十分重视公司职工利益的保护，规定：公司应当保护职工的合法权益，依法与职工签订劳动合同，参加社会保险，加强劳动保护，实现安全生产。公司应当采用多种形式，加强公司职工的职业教育和岗位培训，提高职工素质。

公司职工依照《中华人民共和国工会法》组织工会，开展工会活动，维护职工合法权益。公司应当为本公司工会提供必要的活动条件。公司工会代表职工就职工的劳动报酬、工作时间、休息休假、劳动安全卫生和保险福利等事项依法与公司签订集体合同。公司依照宪法和有关法律的规定，建立健全以职工代表大会为基本形式的民主管理制度，通过职工代表大会或者其他形式，实行民主管理。公司研究决定改制、解散、申请破产以及经营方面的重大问题、制定重要的规章制度时，应当听取公司工会的意见，并通过职工代表大会或者其他形式听取职工的意见和建议。

这些规定与《劳动合同法》等法律法规形成了呼应，需要在实践中进行有效落实。

九、中国共产党的组织与活动

在公司中，根据中国共产党章程的规定，设立中国共产党的组织，开展党的活动。公司应当为党组织的活动提供必要条件。

十、合法经营义务与社会责任

《公司法》要求公司从事经营活动应当遵守法律、法规，遵守社会公德、商业道德，诚实守信，接受政府和社会公众的监督。公司从事经营活动，应当充分考虑公司职工、消费者等利益相关者的利益以及生态环境保护等社会公共利益，承担社会责任。国家鼓励公司参与社会公益活动，公布社会责任报告。

十一、公司法人人格否认

公司具有法人资格，能够独立承担民事责任。但当股东滥用公司法人资格，符合法定情形时，则需要对公司债务承担连带责任，此时公司的法人人格和股东的有限责任被否认，以保护公司债权人的合法权利，这便是公司法人人格否认制度。2005年《公司法》第二十条在我国确立了该制度：公司股东应当遵守法律、行政法规和公司章程，依法行使股东权利，不得滥用股东权利损害公司或者其他股东的利益；不得滥用公司法人独立地位和股东有限责任损害公司债权人的利益。公司股东滥用股东权利给公司或者其他股东造成损失的，应当依法承担赔偿责任。公司股东滥用公司法人独立地位和股东有限责任，逃避债务，严重损害公司债权人利益的，应当对公司债务承担连带责任。2023年《公司法》对该制度进行了扩展：公司股东应当遵守法律、行政法规和公司章程，依法行使股东权利，不得滥用股东权利损害公司或者其他股东的利益。公司股东滥用股东权利给公司或者其他股东造成损失的，应当承担赔偿责任。公司的控股股东、实际控制人、董事、监事、高级管理人员不得利用关联关系损害公司利益。违反上述规定，给公司造成损失的，应当承担赔偿责任。公司股东滥用公司法人独立地位和股东有限责任，逃避债务，严重损害公司债权人利益的，应当对公司债务承担连带责任。股东利用其控制的两个以上公司实施前款规定行为的，各公司应当对任一公司的债务承担连带责任。只有一个股东的公司，股东不能证明公司财产独立于股东自己的财产的，应当对公司债务承担连带责任。理论上，“公司股东滥用公司法人独立地位和股东有限责任，逃避债务，严重损害公司债权人利益的，应当对公司债务承担连带责任”规定的公司法人人格否认是“正向穿透”，而2023年《公司法》除了“正向穿透”外，还规定了“股东利用其控制的两个以上公司实施前款规定行为的，各公司应当对任一公司的债务承担连带责任”，此谓“横向穿透”。

十二、一人公司

一人公司是只有一个股东的公司。1993年《公司法》没有允许设立一人公司的规定，要求股东人数为两人以上，国有独资公司除外。当时之所以不允许设立一人公司，主要考虑一人公司股东只有一个，缺少必要的监督与制约，股东可能会滥用股东权利，严重损害公司及公司债权人的合法权益。2005年《公司法》允许设立一人公司，但为了保护债权人利益，专门设置了针对性条款：一人有限责任公司，是指只有一个自然人股东或者一个法人股东的有限责任公司。一人有限责任公司的注册资本最低限额为人民币十万元。股东应当一次足额缴纳公司章程规定的出资额。一个自然人只能投资设立一个一人有限责任公司。该一人有限责任公司不能投资设立新的一人有限责任公司。一人有限责任公司应当在公司登记中注明自然人独资或者法人独资，并在公司营业执照中载明。一人有限责任公司章程由股东制定。一人有限责任公司应当在每一会计年度终了时编制财务会计报告，并经会计师事务所审计。一人有限责任公司的股东不能证明公司财产独立于股东自己的财产的，应当对公司债务承担连带责任。2023年《公司法》对一人公司立法发生了重要变化：一是放宽一人公司的设立限制，除了一人有限责任公司，也允许设立一人股份有限公司；二是一人公司的股东不限于自然人或法人，非法人组织也可以成为股东；三是仅保留了“只有一个股东的公司，股东不能证明公司财产独立于股东自己的财产的，应当对公司债务承担连带责任”这一条款，继续实行一人公司法人人格否认的举证责任倒置，其他限制性条款则基本去除。

十三、公司决议制度

2023年《公司法》吸收了2005年《公司法》和相关司法解释的成果，对公司决议效力进行了比较系统的规定：

（一）电子通信表决

公司股东会、董事会、监事会召开会议和表决可以采用电子通信方式，公司章程另有规定的除外。

（二）问题决议的情形

1.决议无效

公司股东会、董事会的决议内容违反法律、行政法规的无效。对无效的理解，应结合《最高人民法院关于适用〈中华人民共和国民法典〉合同编通则若干问题的解释》相关规定。其第十六条规定：合同违反法律、行政法规的强制性规定，有下列情形之一，由行为人承担行政责任或者刑事责任能够实现强制性规定的立法目的的，人民法院可以依据民法典第一百五十三条第一款关于“该强制性规定不导致该民事法律行为无效的除外”的规定认定该合同不因违反强制性规定无效：①强制性规定虽然旨在维护社会公共秩序，但是合同的实际履行对社会公共秩序造成的影响显著轻微，认定合同无效将导致案件处理结果有失公平公正；②强制性规定旨在维护政府的税收、土地出让金等国家利益或者其他民事主体的合法利益而非合同当事人的民事权益，认定合同有效不会影响该规范目的的实现；③强制性规定旨在要求当事人一方加强风险控制、内部管理等，对方无能力或者无义务审查合同是否违反强制性规定，认定合同无效将使其承担不利后果；④当事人一方虽然在订立合同时违反强制性规定，但是在合同订立后其已经具备补正违反强制性规定的条件却违背诚信原则不予补正；⑤法律、司法解释规定的其他情形。

法律、行政法规的强制性规定旨在规制合同订立后的履行行为，当事人以合同违反强制性规定为由请求认定合同无效的，人民法院不予支持。但是，合同履行必然导致违反强制性规定或者法律、司法解释另有规定的除外。

依据前两款认定合同有效，但是当事人的违法行为未经处理的，人民法院应当向有关行政管理部门提出司法建议。当事人的行为涉嫌犯罪的，应当将案件线索移送刑事侦查机关；属于刑事自诉案件的，应当告知当事人可以向有管辖权的人民法院另行提起诉讼。

其第十七条规定：合同虽然不违反法律、行政法规的强制性规定，但是有下列情形之一，人民法院应当依据民法典第一百五十三条第二款的规定认定合同无效：①合同影响政治安全、经济安全、军事安全等国家安全的；②合同影响社会稳定、公平竞争秩序或者损害社会公共利益等违背社会公共秩序的；③合同背离社会公德、家庭伦理或者有损人格尊严等违背善良风俗的。

人民法院在认定合同是否违背公序良俗时，应当以社会主义核心价值观为导向，综合考虑当事人的主观动机和交易目的、政府部门的监管强度、一定期限内当事人从事类似交易的频次、行为的社会后果等因素，并在裁判文书中充分说理。当事人确因生活需要进行交易，未给社会公共秩序造成重大影响，且不影响国家安全，也不违背善良风俗的，人民法院不应当认定合同无效。

2.决议可撤销

公司股东会、董事会的会议召集程序、表决方式违反法律、行政法规或者公司章程，或者决议内容违反公司章程的，股东自决议作出之日起六十日内，可以请求人民法院撤销。但是，股东会、董事会的会议召集程序或者表决方式仅有轻微瑕疵，对决议未产生实质影响的除外。未被通知参加股东会会议的股东自知道或者应当知道股东会决议作出之日起六十日内，可以请求人民法院撤销；自决议作出之日起一年内没有行使撤销权的，撤销权消灭。需要注意的是，2023年《公司法》取消了原来的“股东依照前款规定提起诉讼的，人民法院可以应公司的请求，要求股东提供相应担保”相关规定。

3.决议不成立

有下列情形之一的，公司股东会、董事会的决议不成立：①未召开股东会、董事会会议作出决议；②股东会、董事会会议未对决议事项进行表决；③出席会议的人数或者所持表决权数未达到本法或者公司章程规定的人数或者所持表决权数；④同意决议事项的人数或者所持表决权数未达到本法或者公司章程规定的人数或者所持表决权数。例外情况是，根据《公司法》第五十九条规定，对股东会职权范围事项股东以书面形式一致表示同意的，可以不召开股东会会议，直接作出决定，并由全体股东在决定文件上签名或者盖章。

（三）问题决议的后果

《公司法》第二十八条规定了问题决议的后果：一是公司股东会、董事会决议被人民法院宣告无效、撤销或者确认不成立的，公司应当向公司登记机关申请撤销根据该决议已办理的登记。二是股东会、董事会决议被人民法院宣告无效、撤销或者确认不成立的，公司根据该决议与善意相对人形成的民事法律关系不受影响。

第二节　公司登记

《公司法》第二章专章规定了公司登记制度，顺应了社会经济发展的要求，吸纳了科技进步的成果，体现了对公司登记的重视。

（一）设立登记

根据《公司法》，设立公司，应当依法向公司登记机关申请设立登记。法律、行政法规规定设立公司必须报经批准的，应当在公司登记前依法办理批准手续。申请设立公司，应当提交设立登记申请书、公司章程等文件，提交的相关材料应当真实、合法和有效。

申请材料不齐全或者不符合法定形式的，公司登记机关应当一次性告知需要补正的材料。申请设立公司，符合本法规定的设立条件的，由公司登记机关分别登记为有限责任公司或者股份有限公司；不符合本法规定的设立条件的，不得登记为有限责任公司或者股份有限公司。

公司登记事项包括：①名称；②住所；③注册资本；④经营范围；⑤法定代表人的姓名；⑥有限责任公司股东、股份有限公司发起人的姓名或者名称。公司登记机关应当将公司登记事项通过国家企业信用信息公示系统向社会公示。

依法设立的公司，由公司登记机关发给公司营业执照。公司营业执照签发日期为公司成立日期。公司营业执照应当载明公司的名称、住所、注册资本、经营范围、法定代表人姓名等事项。公司登记机关可以发给电子营业执照。电子营业执照与纸质营业执照具有同等法律效力。

（二）变更登记

《公司法》要求：公司登记事项发生变更的，应当依法办理变更登记。公司登记事项未经登记或者未经变更登记，不得对抗善意相对人。

公司申请变更登记，应当向公司登记机关提交公司法定代表人签署的变更登记申请书、依法作出的变更决议或者决定等文件。公司变更登记事项涉及修改公司章程的，应当提交修改后的公司章程。公司变更法定代表人的，变更登记申请书由变更后的法定代表人签署。

公司营业执照记载的事项发生变更的，公司办理变更登记后，由公司登记机关换发营业执照。公司设立分公司，应当向公司登记机关申请登记，领取营业执照。

（三）注销登记

根据《公司法》要求，公司因解散、被宣告破产或者其他法定事由需要终止的，应当依法向公司登记机关申请注销登记，由公司登记机关公告公司终止。

办理了注销登记，公司主体资格才真正消灭。

（四）撤销登记

《公司法》第三十九条规定："虚报注册资本、提交虚假材料或者采取其他欺诈手段隐瞒重要事实取得公司设立登记的，公司登记机关应当依照法律、行政法规的规定予以撤销。"

（五）登记公示

为了提高查询便利，进一步保障交易安全，《公司法》对登记事项的公示也作出了明确规定。公司应当按照规定通过国家企业信用信息公示系统公示下列事项：①有限责任公司股东认缴和实缴的出资额、出资方式和出资日期，股份有限公司发起人认购的股份数；②有限责任公司股东、股份有限公司发起人的股权、股份变更信息；③行政许可取得、变更、注销等信息；④法律、行政法规规定的其他信息。公司应当确保前款公示信息真实、准确、完整。

另外，《公司法》还要求：公司登记机关应当优化公司登记办理流程，提高公司登记效率，加强信息化建设，推行网上办理等便捷方式，提升公司登记便利化水平。

第三节　有限责任公司

一、有限责任公司的概念与特点

（一）有限责任公司的概念

有限责任公司是股东共同出资的、出资不划分为等额股份，股东以其认缴的出资额为限对公司承担责任，公司以其全部资产对公司债务承担责任的企业法人。

（二）有限责任公司的特点

除了公司的一般特征外，有限责任公司还具有如下特点：

（1）有限责任公司的股东具有数量要求。股东人数为1～50人，而股份有限公司股东人数没有上限。

（2）股东出资没有等额性，不发行股票。

（3）股东的出资实行认缴制。《公司法》规定：有限责任公司的注册资本为在公司登记机关登记的全体股东认缴的出资额。全体股东认缴的出资额由股东按照公司章程的规定自公司成立之日起五年内缴足。法律、行政法规以及国务院决定对有限责任公司注册资本实缴、注册资本最低限额、股东出资期限另有规定的，从其规定。

（4）有限责任公司封闭性较强。有限责任公司股东较少，绝大多数有限责任公司股东为三人以下，比较强调股东之间的合作，即有较强的人合性。

二、有限责任公司的设立条件

（一）有限责任公司由一个以上五十个以下股东出资设立

这是数量要求，股东可以是自然人、法人、非法人组织。股东是自然人的，没有像个人独资企业的出资人和合伙企业中的普通合伙人一样要求必须具有完全民事行为能力。

（二）有公司章程

公司章程是公司设立时全体股东制定的规定公司重要事项和基本制度的法律文件，在公司中具有举足轻重的地位。

《公司法》规定：设立有限责任公司，应当由股东共同制定公司章程。有限责任公司章程应当载明下列事项：①公司名称和住所；②公司经营范围；③公司注册资本；④股东的姓名或者名称；⑤股东的出资额、出资方式和出资日期；⑥公司的机构及其产生办法、职权、议事规则；⑦公司法定代表人的产生、变更办法；⑧股东会认为需要规定的其他事项。股东应当在公司章程上签名或者盖章。公司章程对公司、股东、董事、监事、高级管理人员具有约束力。

公司章程与股东协议不同，股东协议往往是公司设立之前，发起人就设立事宜尤其是各自权利义务进行的内部约定，对各发起人有约束力。原公司法司法解释给发起人下了定义：为设立公司而签署公司章程、向公司认购出资或者股份并履行公司设立职责的人，应当认定为公司的发起人，包括有限责任公司设立时的股东。《公司法》第四十三条规定："有限责任公司设立时的股东可以签订设立协议，明确各自在公司设立过程中的权利和义务。"

对于公司设立过程中所产生的债务，有比较清晰的规定。原公司法司法解释三规定得比较详细：发起人为设立公司以自己名义对外签订合同，合同相对人请求该发起人承担合同责任的，人民法院应予支持。公司成立后对前款规定的合同予以确认，或者已经实际享有合同权利或者履行合同义务，合同相对人请求公司承担合同责任的，人民法院应予支持。发起人以设立中公司名义对外签订合同，公司成立后合同相对人请求公司承担合同责任的，人民法院应予支持。公司成立后有证据证明发起人利用设立中公司的名义为自己的利益与相对人签订合同，公司以此为由主张不承担合同责任的，人民法院应予支持，但相对人为善意的除外。公司因故未成立，债权人请求全体或者部分发起人对设立公司行为所产生的费用和债务承担连带清偿责任的，人民法院应予支持。部分发起人依照前款规定承担责任后，请求其他发起人分担的，人民法院应当判令其他发起人按照约定的责任承担比例分担责任；没有约定责任承担比例的，按照约定的出资比例分担责任；没有约定出资比例的，按照均等份额分担责任。因部分发起人的过错导致公司未成立，其他发起人主张其承担设立行为所产生的费用和债务的，人民法院应当根据过错情况，确定过错一方的责任范围。发起人因履行公司设立职责造成他人损害，公司成立后受害人请求公司承担侵权赔偿责任的，人民法院应予支持；公司未成立，受害人请求全体发起人承担连带赔偿责任的，人民法院应予支持。公司或者无过错的发起人承担赔偿责任后，可以向有过错的发起人追偿。2023年《公司法》第四十四条规定："有限责任公司设立时的股东为设立公司从事的民事活动，其法律后果由公司承受。公司未成立的，其法律后果由公司设立时的股东承受；设立时的股东为二人以上的，享有连带债权，承担连带债务。设立时的股东为设立公司以自己的名义从事民事活动产生的民事责任，第三人有权选择请求公司或者公司设立时的股东承担。设立时的股东因履行公司设立职责造成他人损害的，公司或者无过错的股东承担赔偿责任后，可以向有过错的股东追偿。"

（三）有股东出资

1.最低出资额与出资期限

对于注册资本，我国公司法不同时期有不同的要求。

1993年《公司法》规定，有限责任公司的注册资本不得少于下列最低限额：①以生产经营为主的公司人民币五十万元；②以商品批发为主的公司人民币五十万元；③以商业零售为主的公司人民币三十万元；④科技开发、咨询、服务性公司人民币十万元。特定行业的有限责任公司注册资本最低限额需高于前款所定限额的，由法律、行政法规另行规定。有限责任公司的注册资本为在公司登记机关登记的全体股东实缴的出资额。这个规定弊端在于设立门槛太高，公司类型界限不明，容易导致资金浪费等。

2005年《公司法》大大降低了注册资本的要求：有限责任公司的注册资本为在公司登记机关登记的全体股东认缴的出资额。公司全体股东的首次出资额不得低于注册资本的百分之二十，也不得低于法定的注册资本最低限额，其余部分由股东自公司成立之日起两年内缴足；其中，投资公司可以在五年内缴足。有限责任公司注册资本的最低限额为人民币三万元。法律、行政法规对有限责任公司注册资本的最低限额有较高规定的，从其规定。

2013年《公司法》取消了最低注册资本的要求，且对出资期限也没有要求：有限责任公司的注册资本为在公司登记机关登记的全体股东认缴的出资额。法律、行政法规以及国务院决定对有限责任公司注册资本实缴、注册资本最低限额另有规定的，从其规定。这一规定更加降低了公司设立门槛，有利于提升干事创业的热情，但也一定范围出现了部分股东缺乏出资诚意、公司债权人利益保护不力的结果。

2023年《公司法》规定须有股东出资，但没有最低额的要求：有限责任公司的注册资本为在公司登记机关登记的全体股东认缴的出资额。全体股东认缴的出资额由股东按照公司章程的规定自公司成立之日起五年内缴足。法律、行政法规以及国务院决定对有限责任公司注册资本实缴、注册资本最低限额、股东出资期限另有规定的，从其规定。需要注意的是这并不是回归了注册资本实缴制，而是有期限的认缴制。法律还规定：2023年《公司法》施行前已登记设立的公司，出资期限超过规定的期限的，除法律、行政法规或者国务院另有规定外，应当逐步调整至规定的期限以内；对于出资期限、出资额明显异常的，公司登记机关可以依法要求其及时调整。具体实施办法由国务院规定。

2.出资方式

1993年《公司法》对股东出资方式是这样规定的：股东可以用货币出资，也可以用实物、工业产权、非专利技术、土地使用权作价出资。对作为出资的实物、工业产权、非专利技术或者土地使用权，必须进行评估作价，核实财产，不得高估或者低估作价。土地使用权的评估作价，依照法律、行政法规的规定办理。以工业产权、非专利技术作价出资的金额不得超过有限责任公司注册资本的百分之二十，国家对采用高新技术成果有特别规定的除外。股东应当足额缴纳公司章程中规定的各自所认缴的出资额。股东以货币出资的，应当将货币出资足额存入准备设立的有限责任公司在银行开设的临时账户；以实物、工业产权、非专利技术或者土地使用权出资的，应当依法办理其财产权的转移手续。股东不按照规定缴纳所认缴的出资，应当向已足额缴纳出资的股东承担违约责任。股东全部缴纳出资后，必须经法定的验资机构验资并出具证明。可见，当时法律使用的是“工业产权”，而不是“知识产权”。对以工业产权、非专利技术作价出资的金额有比例限制，并须有验资证明。

2005年《公司法》规定：股东可以用货币出资，也可以用实物、知识产权、土地使用权等可以用货币估价并可以依法转让的非货币财产作价出资；但是，法律、行政法规规定不得作为出资的财产除外。对作为出资的非货币财产应当评估作价，核实财产，不得高估或者低估作价。法律、行政法规对评估作价有规定的，从其规定。全体股东的货币出资金额不得低于有限责任公司注册资本的百分之三十。股东应当按期足额缴纳公司章程中规定的各自所认缴的出资额。股东以货币出资的，应当将货币出资足额存入有限责任公司在银行开设的账户；以非货币财产出资的，应当依法办理其财产权的转移手续。股东不按照规定缴纳出资的，除应当向公司足额缴纳外，还应当向已按期足额缴纳出资的股东承担违约责任。股东缴纳出资后，必须经依法设立的验资机构验资并出具证明。这个规定，比较明显的变化是将“工业产权、非专利技术”变为“知识产权”，另外，对于货币出资金额规定了最低比例，以满足公司资金需求，防止股东非货币出资过于泡沫化。

2023年《公司法》对股东出资作出了如下要求：股东可以用货币出资，也可以用实物、知识产权、土地使用权、股权、债权等可以用货币估价并可以依法转让的非货币财产作价出资；但是，法律、行政法规规定不得作为出资的财产除外。对作为出资的非货币财产应当评估作价，核实财产，不得高估或者低估作价。法律、行政法规对评估作价有规定的，从其规定。股东应当按期足额缴纳公司章程规定的各自所认缴的出资额。股东以货币出资的，应当将货币出资足额存入有限责任公司在银行开设的账户；以非货币财产出资的，应当依法办理其财产权的转移手续。股东未按期足额缴纳出资的，除应当向公司足额缴纳外，还应当对给公司造成的损失承担赔偿责任。有限责任公司设立时，股东未按照公司章程规定实际缴纳出资，或者实际出资的非货币财产的实际价额显著低于所认缴的出资额的，设立时的其他股东与该股东在出资不足的范围内承担连带责任。这些规定与之前相比，主要变化有：一是明确股权、债权可以作为出资方式；二是没有某种出资最高比例或最低比例的限制或要求；三是其他股东的责任加大了，股东未按照公司章程规定实际缴纳出资的，设立时的其他股东与该股东在出资不足的范围内承担连带责任。

3.出资催缴与股东失权制度

2023年《公司法》大大加重了董事、监事、高级管理人员的责任与义务。就股东出资而言，该法规定，有限责任公司成立后，董事会应当对股东的出资情况进行核查，发现股东未按期足额缴纳公司章程规定的出资的，应当由公司向该股东发出书面催缴书，催缴出资。未及时履行规定的义务，给公司造成损失的，负有责任的董事应当承担赔偿责任。

该法还规定了股东失权制度：股东未按照公司章程规定的出资日期缴纳出资，公司依照第五十一条第一款规定发出书面催缴书催缴出资的，可以载明缴纳出资的宽限期；宽限期自公司发出催缴书之日起，不得少于六十日。宽限期届满，股东仍未履行出资义务的，公司经董事会决议可以向该股东发出失权通知，通知应当以书面形式发出。自通知发出之日起，该股东丧失其未缴纳出资的股权。依照规定丧失的股权应当依法转让，或者相应减少注册资本并注销该股权；六个月内未转让或者注销的，由公司其他股东按照其出资比例足额缴纳相应出资。股东对失权有异议的，应当自接到失权通知之日起三十日内，向人民法院提起诉讼。

股东失权制度与原公司法司法解释中的股东除名制度关系密切，该司法解释规定：有限责任公司的股东未履行出资义务或者抽逃全部出资，经公司催告缴纳或者返还，其在合理期间内仍未缴纳或者返还出资，公司以股东会决议解除该股东的股东资格，该股东请求确认该解除行为无效的，人民法院不予支持。该条规定强调的是股东除名前提是：该股东根本未履行出资义务或抽逃了全部出资，且在合理期间内仍未缴纳或者返还出资。股东失权的情形应该是包括股东除名即股东丧失全部权利，除此之外，股东失权还应当包括丧失部分权利。

从法律规定来看，股东失权有必要的程序要求。首先，部分股东未按照公司章程规定的出资日期缴纳出资；其次，公司发出书面催缴书催缴出资，并需要给予必要的宽限期；再次，董事会决议；最后，发出书面失权通知，自通知发出之日起，该股东丧失其未缴纳出资的股权。

4.不得抽逃出资

股东的出资属于公司财产，股东抽逃出资构成对公司财产权的侵害。《公司法》规定：公司成立后，股东不得抽逃出资。违反该规定的，股东应当返还抽逃的出资；给公司造成损失的，负有责任的董事、监事、高级管理人员应当与该股东承担连带赔偿责任。公司的发起人、股东在公司成立后，抽逃其出资的，由公司登记机关责令改正，处以所抽逃出资金额百分之五以上百分之十五以下的罚款；对直接负责的主管人员和其他直接责任人员处以三万元以上三十万元以下的罚款。

《中华人民共和国刑法》第一百五十九条规定了抽逃出资罪：公司发起人、股东违反公司法的规定未交付货币、实物或者未转移财产权，虚假出资，或者在公司成立后又抽逃其出资，数额巨大、后果严重或者有其他严重情节的，处五年以下有期徒刑或者拘役，并处或者单处虚假出资金额或者抽逃出资金额百分之二以上百分之十以下罚金。单位犯前款罪的，对单位判处罚金，并对其直接负责的主管人员和其他直接责任人员，处五年以下有期徒刑或者拘役。

5.股东出资加速到期

原《全国法院民商事审判工作会议纪要》指出，在注册资本认缴制下，股东依法享有期限利益。债权人以公司不能清偿到期债务为由，请求未届出资期限的股东在未出资范围内对公司不能清偿的债务承担补充赔偿责任的，人民法院不予支持。但是，下列情形除外：①公司作为被执行人的案件，人民法院穷尽执行措施无财产可供执行，已具备破产原因，但不申请破产的；②在公司债务产生后，公司股东（大）会决议或以其他方式延长股东出资期限的。

另外，破产相关法律规定要求：人民法院受理破产申请后，债务人的出资人尚未完全履行出资义务的，管理人应当要求该出资人缴纳所认缴的出资，而不受出资期限的限制。

2023年《公司法》第五十四条规定：“公司不能清偿到期债务的，公司或者已到期债权的债权人有权要求已认缴出资但未届出资期限的股东提前缴纳出资。”这一规定，大大简化了股东出资加速到期的条件和程序，只要公司不能清偿到期债务的，即可以要求股东出资加速到期，这对于公司债权人利益保护无疑是个重大进步。当然，在有限责任公司股东出资实行有期限的认缴制以后，股东的实际出资日期与规定的期限不应有较大差距。另外，“公司不能清偿到期债务的”中“不能”应作广义理解，只要公司没有清偿到期债务即符合本条件，而不是狭义的没有清偿能力。

6.出资证明书与股东名册

出资证明书是有限责任公司向股东签发的证明其股东身份的书面文件。《公司法》要求有限责任公司成立后，应当向股东签发出资证明书，记载下列事项：①公司名称；②公司成立日期；③公司注册资本；④股东的姓名或者名称、认缴和实缴的出资额、出资方式和出资日期；⑤出资证明书的编号和核发日期。出资证明书由法定代表人签名，并由公司盖章。

《公司法》规定，有限责任公司应当置备股东名册，记载下列事项：①股东的姓名或者名称及住所；②股东认缴和实缴的出资额、出资方式和出资日期；③出资证明书编号；④取得和丧失股东资格的日期。记载于股东名册的股东，可以依股东名册主张行使股东权利。

（四）有公司名称，建立符合法律要求的组织机构

（五）有公司住所

公司以其主要办事机构所在地为住所。

三、有限责任公司股东的知情权

1993年《公司法》第三十二条规定："股东有权查阅股东会会议记录和公司财务会计报告。"

2005年《公司法》第三十四条对有限公司股东知情权也进行了规定："股东有权查阅、复制公司章程、股东会会议记录、董事会会议决议、监事会会议决议和财务会计报告。股东可以要求查阅公司会计账簿。股东要求查阅公司会计账簿的，应当向公司提出书面请求，说明目的。公司有合理根据认为股东查阅会计账簿有不正当目的，可能损害公司合法利益的，可以拒绝提供查阅，并应当自股东提出书面请求之日起十五日内书面答复股东并说明理由。公司拒绝提供查阅的，股东可以请求人民法院要求公司提供查阅。"这里知情权中比较特殊的是会计账簿，因为公司账簿涉及的信息较为全面、敏感，公司可能以股东有不正当目的为由拒绝股东查阅。原相关司法解释对"不正当目的"进行了界定：①股东自营或者为他人经营与公司主营业务有实质性竞争关系业务的，但公司章程另有规定或者全体股东另有约定的除外；②股东为了向他人通报有关信息查阅公司会计账簿，可能损害公司合法利益的；③股东在向公司提出查阅请求之日前的三年内，曾通过查阅公司会计账簿，向他人通报有关信息损害公司合法利益的；④股东有不正当目的的其他情形。

2023年《公司法》第五十七条对股东知情权也进行了规定：股东有权查阅、复制公司章程、股东名册、股东会会议记录、董事会会议决议、监事会会议决议和财务会计报告。股东可以要求查阅公司会计账簿、会计凭证。股东要求查阅公司会计账簿、会计凭证的，应当向公司提出书面请求，说明目的。公司有合理根据认为股东查阅会计账簿、会计凭证有不正当目的，可能损害公司合法利益的，可以拒绝提供查阅，并应当自股东提出书面请求之日起十五日内书面答复股东并说明理由。公司拒绝提供查阅的，股东可以向人民法院提起诉讼。股东查阅规定的材料，可以委托会计师事务所、律师事务所等中介机构进行。股东及其委托的会计师事务所、律师事务所等中介机构查阅、复制有关材料，应当遵守有关保护国家秘密、商业秘密、个人隐私、个人信息等法律、行政法规的规定。股东要求查阅、复制公司全资子公司相关材料的，适用前述规定。

2023年《公司法》明显的变化有：一是可以查阅的资料增加了股东名册和会计凭证。在实践中，部分公司不遵守财务规定，设置多个甚至虚假的会计账簿，导致会计账簿的查阅对于股东了解公司真实情况没有实际意义。知情权扩展到会计凭证，能够

将会计账簿查阅的效果落到实处。二是为了弥补股东专业水平的不足，股东查阅规定的材料，可以委托会计师事务所、律师事务所等中介机构进行；三是规定了查阅权穿越，股东不仅可以查阅自己出资的公司，对于所出资公司的全资子公司相关材料，也可以进行查阅。

另外，公司法司法解释规定，公司章程、股东之间的协议等实质性剥夺股东依据公司法规定查阅或者复制公司文件材料的权利，公司以此为由拒绝股东查阅或者复制的，人民法院不予支持。人民法院审理股东请求查阅或者复制公司特定文件材料的案件，对原告诉讼请求予以支持的，应当在判决中明确查阅或者复制公司特定文件材料的时间、地点和特定文件材料的名录。股东依据人民法院生效判决查阅公司文件材料的，在该股东在场的情况下，可以由会计师、律师等依法或者依据执业行为规范负有保密义务的中介机构执业人员辅助进行。股东行使知情权后泄露公司商业秘密导致公司合法利益受到损害，公司请求该股东赔偿相关损失的，人民法院应当予以支持。辅助股东查阅公司文件材料的会计师、律师等泄露公司商业秘密导致公司合法利益受到损害，公司请求其赔偿相关损失的，人民法院应当予以支持。股东以知情权、利润分配请求权等权益受到损害，或者公司亏损、财产不足以偿还全部债务，以及公司被吊销企业法人营业执照未进行清算等为由，提起解散公司诉讼的，人民法院不予受理。

四、有限公司的组织机构

与此前立法相比，2023年《公司法》对公司组织机构的规定发生了较大变化，总体上贯彻了加强公司自治、提高商事效率的理念。

（一）股东会

1.股东会的性质

股东会是公司全体股东组成的权力机构，是公司最高决策机关，决定公司最重要的事项和人员，股东的共益权往往通过股东会行使。股东会不是公司常设机构，一人公司甚至没有股东会，由股东行使股东会的职权。此前的立法将有限公司权力机构成为股东会，股份公司的称为股东大会，现在统一称为股东会。

2.股东会的职权

1993年《公司法》采取了纯列举方式规定了股东会的职权：①决定公司的经营方针和投资计划；②选举和更换董事，决定有关董事的报酬事项；③选举和更换由股东代表出任的监事，决定有关监事的报酬事项；④审议批准董事会的报告；⑤审议批准监事会或者监事的报告；⑥审议批准公司的年度财务预算方案、决算方案；⑦审议批准公司的利润分配方案和弥补亏损方案；⑧对公司增加或者减少注册资本作出决议；⑨对发行公司债券作出决议；⑩对股东向股东以外的人转让出资作出决议；⑪对公司合并、分立、变更公司形式、解散和清算等事项作出决议；⑫修改公司章程。

2005年《公司法》增加了“公司章程规定的其他职权”一项，股东会行使下列职权：①决定公司的经营方针和投资计划；②选举和更换非由职工代表担任的董事、监事，决定有关董事、监事的报酬事项；③审议批准董事会的报告；④审议批准监事会或者监事的报告；⑤审议批准公司的年度财务预算方案、决算方案；⑥审议批准公司的利润分配方案和弥补亏损方案；⑦对公司增加或者减少注册资本作出决议；⑧对发行公司债券作出决议；⑨对公司合并、分立、解散、清算或者变更公司形式作出决议；⑩修改公司章程；⑪公司章程规定的其他职权。

2023年《公司法》第五十九条规定了股东会的职权：①选举和更换董事、监事，决定有关董事、监事的报酬事项；②审议批准董事会的报告；③审议批准监事会的报告；④审议批准公司的利润分配方案和弥补亏损方案；⑤对公司增加或者减少注册资本作出决议；⑥对发行公司债券作出决议；⑦对公司合并、分立、解散、清算或者变更公司形式作出决议；⑧修改公司章程；⑨公司章程规定的其他职权。股东会可以授权董事会对发行公司债券作出决议。对本条上述所列事项股东以书面形式一致表示同意的，可以不召开股东会会议，直接作出决定，并由全体股东在决定文件上签名或者盖章。只有一个股东的有限责任公司不设股东会。股东作出上述事项的决定时，应当采用书面形式，并由股东签名或者盖章后置备于公司。

2023《公司法》取消了股东会决定公司的经营方针和投资计划、审议批准公司的年度财务预算方案、决算方案等职权。另外，笔者认为，考虑到董事、监事产生的复杂性，相比较股东会职权“①选举和更换董事、监事，决定有关董事、监事的报酬事项”的表述，2005年“选举和更换非由职工代表担任的董事、监事，决定有关董事、监事的报酬事项”似乎更为严谨。

3.股东会会议

（1）股东会会议的形式

股东会会议分为定期会议和临时会议。定期会议应当按照公司章程的规定按时召开。代表十分之一以上表决权的股东、三分之一以上的董事或者监事会提议召开临时会议的，应当召开临时会议。

（2）股东会会议的召集

首次股东会会议由出资最多的股东召集和主持，依照规定行使职权。此后由董事会召集，董事长主持。董事长不能履行职务或者不履行职务的，由副董事长主持；副董事长不能履行职务或者不履行职务的，由过半数的董事共同推举一名董事主持。董事会不能履行或者不履行召集股东会会议职责的，由监事会召集和主持；监事会不召集和主持的，代表十分之一以上表决权的股东可以自行召集和主持。

召开股东会会议，应当于会议召开十五日前通知全体股东；但是，公司章程另有规定或者全体股东另有约定的除外。股东会应当对所议事项的决定做成会议记录，出席会议的股东应当在会议记录上签名或者盖章。

（3）股东会会议的表决

《公司法》规定：股东会会议由股东按照出资比例行使表决权；但是，公司章程另有规定的除外。

公司实行资本多数决，股东原则上按照出资比例行使表决权，但出于公司自治的考虑，法律并不禁止按其他标准进行表决。实践中，有些公司约定股东会按照一人一票进行表决，也可以另行约定各自持有的具体表决权数。

按照法律规定，股东会的议事方式和表决程序，除本法有规定的外，由公司章程规定。股东会作出决议，应当经代表过半数表决权的股东通过。

股东会作出修改公司章程、增加或者减少注册资本的决议，以及公司合并、分立、解散或者变更公司形式的决议，应当经代表三分之二以上表决权的股东通过。这些事项属于公司的特别事项，需要特别程序。

（二）董事会

1.董事会的性质

董事会是公司常设机构，是公司经营决策机构，有限公司设董事会，但规模较小或者股东人数较少的有限公司，也可以不设董事会，只设一名董事，行使董事会的职权。该董事可以兼任公司经理。

2.董事会的职权

董事会行使下列职权：①召集股东会会议，并向股东会报告工作；②执行股东会的决议；③决定公司的经营计划和投资方案；④制订公司的利润分配方案和弥补亏损方案；⑤制订公司增加或者减少注册资本以及发行公司债券的方案；⑥制订公司合并、分立、解散或者变更公司形式的方案；⑦决定公司内部管理机构的设置；⑧决定聘任或者解聘公司经理及其报酬事项，并根据经理的提名决定聘任或者解聘公司副经理、财务负责人及其报酬事项；⑨制定公司的基本管理制度。公司章程对董事会职权的限制不得对抗善意相对人。

其中，“⑩公司章程规定或者股东会授予的其他职权”与2005年《公司法》“⑪公司章程规定的其他职权”相比，增加了“股东会授予”，为董事会职权增强了灵活性，同时为股东会的职权调整预留了较大空间，进一步适应了公司自治的要求。

3.董事会的组成

2005年《公司法》以公司性质为标准对董事会成员进行要求：有限责任公司设董事会，其成员为三人至十三人；但是，另有规定的除外。两个以上的国有企业或者两个以上的其他国有投资主体投资设立的有限责任公司，其董事会成员中应当有公司职工代表；其他有限责任公司董事会成员中可以有公司职工代表。董事会中的职工代表由公司职工通过职工代表大会、职工大会或者其他形式民主选举产生。简单讲，国有性质的公司，董事会成员中必须有职工代表，其他类型的公司不作硬性要求。

2023年《公司法》改变了以公司性质决定董事会成员是否应有职工代表的做法，转而以职工人数为标准，规定有限责任公司董事会成员为三人以上，其成员中可以有公司职工代表。职工人数三百人以上的有限责任公司，除依法设监事会并有公司职工代表的外，其董事会成员中应当有公司职工代表。

职工代表担任的董事应当来源于职工，且应由职工选出，法律要求董事会中的职工代表由公司职工通过职工代表大会、职工大会或者其他形式民主选举产生。

董事会设董事长一人，可以设副董事长。董事长、副董事长的产生办法由公司章程规定。

2023年《公司法》一个重大变化是对监事会或监事的设置采取了更加灵活的规定，以董事会审计委员会取而代之：有限责任公司可以按照公司章程的规定在董事会中设置由董事组成的审计委员会，行使监事会的职权，不设监事会或者监事。公司董事会成员中的职工代表可以成为审计委员会成员。

4.董事的任期

《公司法》规定：董事任期由公司章程规定，但每届任期不得超过三年。董事任期届满，连选可以连任。董事任期届满未及时改选，或者董事在任期内辞任导致董事会成员低于法定人数的，在改选出的董事就任前，原董事仍应当依照法律、行政法规和公司章程的规定，履行董事职务。需要注意的是，董事的任期具有约定性，不能超过三年，可以是三年，也可以少于三年，具体期限由公司章程规定。这一点与监事不同，监事的任期为三年，具有法定性。

5.董事的辞任与解任

董事辞任的，应当以书面形式通知公司，公司收到通知之日辞任生效，但辞任导致董事会成员低于法定人数的，董事应当继续履行职务。股东会可以决议解任董事，决议作出之日解任生效。无正当理由，在任期届满前解任董事的，该董事可以要求公司予以赔偿。

一般认为，董事与公司之间是委托关系，具有较强的信任基础，双方均可随时解除这种关系。如果公司无正当理由，在任期届满前解任董事的，该董事可以要求公司予以赔偿。

6.董事会的召集与表决

《公司法》规定：董事会会议由董事长召集和主持；董事长不能履行职务或者不履行职务的，由副董事长召集和主持；副董事长不能履行职务或者不履行职务的，由过半数的董事共同推举一名董事召集和主持。董事会的议事方式和表决程序，除法律有规定的外，由公司章程规定。董事会会议应当有过半数的董事出席方可举行。董事会作出决议，应当经全体董事的过半数通过。董事会决议的表决，应当一人一票。董事会应当对所议事项的决定作成会议记录，出席会议的董事应当在会议记录上签名。

7.经理

经理是公司辅助董事会、执行董事决议的高级管理人员，由董事会聘任或解聘，公司法对经理的设置规定比较宽松。2005年《公司法》规定，有限责任公司可以设经理，由董事会决定聘任或者解聘。经理对董事会负责，行使下列职权：①主持公司的生产经营管理工作，组织实施董事会决议；②组织实施公司年度经营计划和投资方案；③拟订公司内部管理机构设置方案；④拟订公司的基本管理制度；⑤制定公司的具体规章；⑥提请聘任或者解聘公司副经理、财务负责人；⑦决定聘任或者解聘除应由董事会决定聘任或者解聘以外的负责管理人员；⑧董事会授予的其他职权。公司章程对经理职权另有规定的，从其规定。经理列席董事会会议。

2023年《公司法》对经理的规定更加灵活，除了规定有限责任公司可以设经理，经理由董事会决定聘任或者解聘外，变化较大的是经理的职权，不再采取列举方式规定其职权，而是笼统地规定：经理对董事会负责，根据公司章程的规定或者董事会的授权行使职权。经理列席董事会会议。

（三）监事会

1.监事会的性质

监事会是公司的监督机构。2023年《公司法》前，我国法律基本要求有限公司须设置监事会这一组织机构，只是股东人数较少或规模较小的有限公司可以不设监事会，只设一至两名监事。2023年《公司法》对于组织机构的设置尤其监事会方面赋予了公司极大的自主权，规定：有限责任公司可以按照公司章程的规定在董事会中设置由董事组成的审计委员会，行使本法规定的监事会的职权，不设监事会或者监事。公司董事会成员中的职工代表可以成为审计委员会成员。规模较小或者股东人数较少的有限责任公司，可以不设监事会，设一名监事，行使法律规定的监事会的职权；经全体股东一致同意，也可以不设监事。

2.监事会的组成

《公司法》规定了监事会的人数及组成人员：监事会成员为三人以上。监事会成员应当包括股东代表和适当比例的公司职工代表，其中职工代表的比例不得低于三分之一，具体比例由公司章程规定。监事会中的职工代表由公司职工通过职工代表大会、职工大会或者其他形式民主选举产生。监事会设主席一人，由全体监事过半数选举产生。监事会主席召集和主持监事会会议；监事会主席不能履行职务或者不履行职务的，由过半数的监事共同推举一名监事召集和主持监事会会议。

监事会的重要职责是监督董事及高级管理人员，因此，董事、高级管理人员不得兼任监事。公司高级管理人员包括经理、副经理、财务负责人、上市公司董事会秘书及公司章程规定的其他人员。

3.监事的任期

根据规定，公司设监事会或者监事的，监事的任期每届为三年。监事任期届满，连选可以连任。监事任期届满未及时改选，或者监事在任期内辞任导致监事会成员低于法定人数的，在改选出的监事就任前，原监事仍应当依照法律、行政法规和公司章程的规定，履行监事职务。

4.监事会的职权

监事会行使下列职权：①检查公司财务；②对董事、高级管理人员执行职务的行为进行监督，对违反法律、行政法规、公司章程或者股东会决议的董事、高级管理人员提出解任的建议；③当董事、高级管理人员的行为损害公司的利益时，要求董事、高级管理人员予以纠正；④提议召开临时股东会会议，在董事会不履行本法规定的召集和主持股东会会议职责时召集和主持股东会会议；⑤向股东会会议提出提案；⑥依照规定，对董事、高级管理人员提起诉讼；⑦公司章程规定的其他职权。

监事可以列席董事会会议，并对董事会决议事项提出质询或者建议。监事会发现公司经营情况异常，可以进行调查；必要时，可以聘请会计师事务所等协助其工作，费用由公司承担。监事会可以要求董事、高级管理人员提交执行职务的报告。董事、高级管理人员应当如实向监事会提供有关情况和资料，不得妨碍监事会或者监事行使职权。监事会行使职权所必需的费用，由公司承担。

5.监事会会议

监事会每年度至少召开一次会议，监事可以提议召开临时监事会会议。监事会的议事方式和表决程序，除本法有规定的外，由公司章程规定。监事会决议应当经全体监事的过半数通过。监事会决议的表决，应当一人一票。监事会应当对所议事项的决定作成会议记录，出席会议的监事应当在会议记录上签名。

五、有限责任公司的股权转让

公司经营过程中，多种原因可能引起有限公司股东股权转让，从而导致股东乃至公司控制权的变化。由于有限责任公司具有较强的人合性，故股东股权转让与股份公司股东股份转让有较大差异。总体来讲，有限责任公司的股权转让有四种情形。

（一）自愿转让

这种转让是基于转让人自愿而进行的，根据受让对象的不同，又分为对内转让和对外转让。

1.对内转让

对内转让是股东将股权转让给其他股东，有限责任公司的股东之间可以相互转让其全部或者部分股权。因该种转让仅涉及股东内部较小范围持股比例的变动，对转让人与受让人之外的其他股东不产生实质性影响，因此，只需要通知其他股东即可，无须其同意。

2.对外转让

对外转让是股东将其股权转让给股东以外的其他人，因该转让会导致产生新的股东，一定程度上对公司人合性产生冲击，故该种转让须履行必要的程序。

2005年《公司法》对该种转让规定比较严苛，该法第七十二条规定：“有限责任公司的股东之间可以相互转让其全部或者部分股权。股东向股东以外的人转让股权，应当经其他股东过半数同意。股东应就其股权转让事项书面通知其他股东征求同意，其他股东自接到书面通知之日起满三十日未答复的，视为同意转让。其他股东半数以上不同意转让的，不同意的股东应当购买该转让的股权；不购买的，视为同意转让。经股东同意转让的股权，在同等条件下，其他股东有优先购买权。两个以上股东主张行使优先购买权的，协商确定各自的购买比例；协商不成的，按照转让时各自的出资比例行使优先购买权。公司章程对股权转让另有规定的，从其规定。”这一规定一是要求其他股东过半数同意，二是其他股东在同等条件下有优先购买权，充分体现了对有限公司人合性的尊重。但该规定涉及两次书面通知，两次意见表达，程序上较为烦琐。

2023《公司法》基于商事效率原则的考虑就对外转让进行了改进：股东向股东以外的人转让股权的，应当将股权转让的数量、价格、支付方式和期限等事项书面通知其他股东，其他股东在同等条件下有优先购买权。股东自接到书面通知之日起三十日内未答复的，视为放弃优先购买权。两个以上股东行使优先购买权的，协商确定各自的购买比例；协商不成的，按照转让时各自的出资比例行使优先购买权。公司章程对股权转让另有规定的，从其规定。这大大简化了程序，有利于及时确定各种经济关系。

相关司法解释规定，人民法院在判断是否符合“同等条件”时，应当考虑转让股权的数量、价格、支付方式及期限等因素。

（二）强制转让

人民法院依照法律规定的强制执行程序转让股东的股权时，应当通知公司及全体股东，其他股东在同等条件下有优先购买权。其他股东自人民法院通知之日起满二十日不行使优先购买权的，视为放弃优先购买权。

《公司法》规定，股东转让股权的，应当书面通知公司，请求变更股东名册；需要办理变更登记的，并请求公司向公司登记机关办理变更登记。公司拒绝或者在合理期限内不予答复的，转让人、受让人可以依法向人民法院提起诉讼。股权转让的，受让人自记载于股东名册时起可以向公司主张行使股东权利。转让股权后，公司应当及时注销原股东的出资证明书，向新股东签发出资证明书，并相应修改公司章程和股东名册中有关股东及其出资额的记载。对公司章程的该项修改不需再由股东会表决。

对于未全面缴纳出资股东股权转让，法律规定，股东转让已认缴出资但未届出资期限的股权的，由受让人承担缴纳该出资的义务；受让人未按期足额缴纳出资的，转让人对受让人未按期缴纳的出资承担补充责任。未按照公司章程规定的出资日期缴纳出资或者作为出资的非货币财产的实际价额显著低于所认缴的出资额的股东转让股权的，转让人与受让人在出资不足的范围内承担连带责任；受让人不知道且不应当知道存在上述情形的，由转让人承担责任。

（三）异议转让

《公司法》规定，有下列情形之一的，对股东会该项决议投反对票的股东可以请求公司按照合理的价格收购其股权：①公司连续五年不向股东分配利润，而公司该五年连续盈利，并且符合本法规定的分配利润条件；②公司合并、分立、转让主要财产；③公司章程规定的营业期限届满或者章程规定的其他解散事由出现，股东会通过决议修改章程使公司存续。

自股东会决议作出之日起六十日内，股东与公司不能达成股权收购协议的，股东可以自股东会决议作出之日起九十日内向人民法院提起诉讼。

2023年《公司法》增加了一种情况：公司的控股股东滥用股东权利，严重损害公司或者其他股东利益的，其他股东有权请求公司按照合理的价格收购其股权。

（四）股权继承

有限责任公司的人合性决定了尽量保证股东团队的稳定性。自然人股东死亡后，也要尽可能保持有限公司的这种氛围。因此，《公司法》规定：自然人股东死亡后，其合法继承人可以继承股东资格；但是，公司章程另有规定的除外。这就意味着有限责任公司自然人股东不仅其股权代表的财产价值可以继承，而且股东资格也可以继承。现实中，也经常出现股东之间合作融洽，但与某自然人股东继承人无法合作从而导致公司经营艰难甚至公司僵局。因此，公司应充分发挥公司章程的作用，就自然人股东股权可否继承提前作出约定，比如约定自然人股东资格不能继承或者约定是否能够继承届时需要股东会其他股东一定比例以上表决权同意。

第四节 股份有限公司

一、股份有限公司的概念与特征

（一）股份有限公司的概念

股份有限公司，是指其全部资本划分为等额股份，股东以其所持股份为限对公司承担责任，公司以其全部资产对公司债务承担责任的企业法人。

（二）股份有限公司的特征

除了公司的一般特征外，股份公司还具有以下特征：

1.资本等额性

股份公司的全部资本划分为等额股份，每一股份代表的金额相等。

2.开放性

募集设立的股份公司除了发起人认购股份之外，还有其他人认购，股份的转让相对自由。

3.规范性

由于股份公司涉及的股东往往较多，社会影响面大，故法律对其规范运行要求更高。

4.股东人数没有上限

尽管股份公司股东最少可以是一个，但人数没有上限。

二、股份有限公司的设立

（一）设立方式

股份公司的设立方式有两种：发起设立和募集设立。《公司法》第九十一条对此进行了界定：设立股份有限公司，可以采取发起设立或者募集设立的方式。

发起设立，是指由发起人认购设立公司时应发行的全部股份而设立公司。

募集设立，是指由发起人认购设立公司时应发行股份的一部分，其余股份向特定对象募集或者向社会公开募集而设立公司。

（二）设立条件

1.发起人符合法定人数

1993年《公司法》对股份公司发起人人数要求较高：设立股份有限公司，应当有五人以上为发起人，其中须有过半数的发起人在中国境内有住所。国有企业改建为股份有限公司的，发起人可以少于五人，但应当采取募集设立方式。

2005年《公司法》这样规定：设立股份有限公司，应当有二人以上二百人以下为发起人，其中须有半数以上的发起人在中国境内有住所。

2023年《公司法》更加宽松：设立股份有限公司，应当有一人以上二百人以下为发起人，其中应当有半数以上的发起人在中华人民共和国境内有住所。从此，一人公司不再限于有限责任公司，股份公司的社团性也受到了影响。根据规定，股份有限公司发起人承担公司筹办事务。发起人应当签订发起人协议，明确各自在公司设立过程中的权利和义务。

2.发起人制定公司章程

股份有限公司的公司章程由发起人共同制定，采取募集方式设立的还需成立大会通过。公司章程对公司、股东、董事、监事、高级管理人员有约束力。

股份有限公司章程应当载明下列事项：①公司名称和住所；②公司经营范围；③公司设立方式；④公司注册资本、已发行的股份数和设立时发行的股份数，面额股的每股金额；⑤发行类别股的，每一类别股的股份数及其权利和义务；⑥发起人的姓名或者名称、认购的股份数、出资方式；⑦董事会的组成、职权和议事规则；⑧公司法定代表人的产生、变更办法；⑨监事会的组成、职权和议事规则；⑩公司利润分配办法；⑪公司的解散事由与清算办法；⑫公司的通知和公告办法；⑬股东会认为需要规定的其他事项。

3.有规定的注册资本

1993年《公司法》对股份有限公司注册资本有严格规定：股份有限公司的注册资本为在公司登记机关登记的实收股本总额。股份有限公司注册资本的最低限额为人民币一千万元。股份有限公司注册资本最低限额需高于上述所定限额的，由法律、行政法规另行规定。该规定不仅要求有标准的最低注册资本，而且实行实缴制。

2005年《公司法》股份有限公司采取发起设立方式设立的，注册资本为在公司登记机关登记的全体发起人认购的股本总额。公司全体发起人的首次出资额不得低于注册资本的百分之二十，其余部分由发起人自公司成立之日起两年内缴足；其中，投资公司可以在五年内缴足。在缴足前，不得向他人募集股份。股份有限公司采取募集方式设立的，注册资本为在公司登记机关登记的实收股本总额。股份有限公司注册资本的最低限额为人民币五百万元。法律、行政法规对股份有限公司注册资本的最低限额有较高规定的，从其规定。与之前相比，最低注册资本有所降低，发起设立的实行有期限的认缴制，募集设立的实行实缴制。

2013年《公司法》进一步放松了股份有限公司注册资本的要求：股份有限公司采取发起设立方式设立的，注册资本为在公司登记机关登记的全体发起人认购的股本总额。在发起人认购的股份缴足前，不得向他人募集股份。股份有限公司采取募集方式设立的，注册资本为在公司登记机关登记的实收股本总额。法律、行政法规以及国务院决定对股份有限公司注册资本实缴、注册资本最低限额另有规定的，从其规定。这一规定基本取消了除了法定情形之外的最低注册资本的要求，虽降低了公司设立门槛，但也让一些缺乏出资诚意的所谓股东钻了空子，对公司债权人利益形成了较大威胁。

2023年《公司法》进行了必要的改进，规定股份有限公司的注册资本为在公司登记机关登记的已发行股份的股本总额。在发起人认购的股份缴足前，不得向他人募集股份。法律、行政法规以及国务院决定对股份有限公司注册资本最低限额另有规定的，从其规定。

以发起设立方式设立股份有限公司的，发起人应当认足公司章程规定的公司设立时应发行的股份。以募集设立方式设立股份有限公司的，发起人认购的股份不得少于公司章程规定的公司设立时应发行股份总数的百分之三十五；但是，法律、行政法规另有规定的，从其规定。发起人应当在公司成立前按照其认购的股份全额缴纳股款。发起人的出资，适用公司法第四十八条、第四十九条第二款关于有限责任公司股东出资的规定。这意味着股份有限公司注册资本实行实缴制。

发起人不按照其认购的股份缴纳股款，或者作为出资的非货币财产的实际价额显著低于所认购的股份的，其他发起人与该发起人在出资不足的范围内承担连带责任。发起人向社会公开募集股份，应当公告招股说明书，并制作认股书。认股书应当载明公司法第一百五十四条第二款、第三款所列事项，由认股人填写认购的股份数、金额、住所，并签名或者盖章。认股人应当按照所认购股份足额缴纳股款。向社会公开募集股份的股款缴足后，应当经依法设立的验资机构验资并出具证明。

需要注意的是，相关司法解释对于出资的一些重要规定。比如，需要办理权属转移登记的出资：出资人以房屋、土地使用权或者需要办理权属登记的知识产权等财产出资，已经交付公司使用但未办理权属变更手续，公司、其他股东或者公司债权人主张认定出资人未履行出资义务的，人民法院应当责令当事人在指定的合理期间内办理权属变更手续；在前述期间内办理了权属变更手续的，人民法院应当认定其已经履行了出资义务；出资人主张自其实际交付财产给公司使用时享有相应股东权利的，人民法院应予支持。出资人以前述规定的财产出资，已经办理权属变更手续但未交付给公司使用，公司或者其他股东主张其向公司交付、并在实际交付之前不享有相应股东权利的，人民法院应予支持。又如非法财产出资：以贪污、受贿、侵占、挪用等违法犯罪所得的货币出资后取得股权的，对违法犯罪行为予以追究、处罚时，应当采取拍卖或者变卖的方式处置其股权。

4.股份发行、筹办事项符合法律规定

5.公司名称、组织机构符合法律规定

股份公司组织机构的设置有与有限公司趋同化倾向。

6.有公司住所

公司以其主要办事机构所在地为住所。

（三）设立程序

1.签订发起人协议

各发起人就公司设立中的相关事宜尤其是各自的权利与义务进行约定。

2.法律、行政法规有要求的报有关部门批准

1993年《公司法》要求股份有限公司的设立，必须经过国务院授权的部门或者省

级人民政府批准。后来的立法改为了法律、行政法规规定设立公司必须报经批准的，应当在公司登记前依法办理批准手续。具体情况视相关法律、行政法规的要求。

3.制定公司章程

4.认购股份并缴纳出资

5.召开成立大会

之前公司有关规定使用的是“创立大会”一词，2023年《公司法》改为成立大会。

《公司法》要求，募集设立股份有限公司的发起人应当自公司设立时应发行股份的股款缴足之日起三十日内召开公司成立大会。发起人应当在成立大会召开十五日前将会议日期通知各认股人或者予以公告。成立大会应当有持有表决权过半数的认股人出席，方可举行。以发起设立方式设立股份有限公司成立大会的召开和表决程序由公司章程或者发起人协议规定。

公司成立大会行使下列职权：①审议发起人关于公司筹办情况的报告；②通过公司章程；③选举董事、监事；④对公司的设立费用进行审核；⑤对发起人非货币财产出资的作价进行审核；⑥发生不可抗力或者经营条件发生重大变化直接影响公司设立的，可以作出不设立公司的决议。成立大会对上述所列事项作出决议，应当经出席会议的认股人所持表决权过半数通过。

6.制定并置备股东名册

股份有限公司应当制作股东名册并置备于公司。股东名册应当记载下列事项：①股东的姓名或者名称及住所；②各股东所认购的股份种类及股份数；③发行纸面形式的股票的，股票的编号；④各股东取得股份的日期。

7.到有关部门办理设立登记

董事会应当授权代表，于公司成立大会结束后三十日内向公司登记机关申请设立登记。

（四）设立失败时发起人的责任

公司设立时应发行的股份未募足，或者发行股份的股款缴足后，发起人在三十日内未召开成立大会的，认股人可以按照所缴股款并加算银行同期存款利息，要求发起人返还。

发起人、认股人缴纳股款或者交付非货币财产出资后，除未按期募足股份、发起人未按期召开成立大会或者成立大会决议不设立公司的情形外，不得抽回其股本。

公司设立过程中，对第三人造成的损害赔偿责任由发起人连带承担。无过错的发起人可向有过错的发起人追偿。

三、有限责任公司向股份有限公司的转变

有限责任公司变更为股份有限公司时，折合的实收股本总额不得高于公司净资产额。有限责任公司变更为股份有限公司，为增加注册资本公开发行股份时，应当依法办理。有限责任公司按原账面净资产值折股整体变更为股份有限公司的，持续经营时间可

以从有限责任公司成立之日起计算。

四、股份有限公司股东的查阅权

《公司法》规定，股份有限公司应当将公司章程、股东名册、股东会会议记录、董事会会议记录、监事会会议记录、财务会计报告、债券持有人名册置备于本公司。股东有权查阅、复制公司章程、股东名册、股东会会议记录、董事会会议决议、监事会会议决议、财务会计报告，对公司的经营提出建议或者质询。

连续一百八十日以上单独或者合计持有公司百分之三以上股份的股东要求查阅公司的会计账簿、会计凭证的，适用公司法第五十七条第二款、第三款、第四款的规定。公司章程对持股比例有较低规定的，从其规定。股东要求查阅、复制公司全资子公司相关材料的，适用前述规定。上市公司股东查阅、复制相关材料的，应当遵守《中华人民共和国证券法》等法律、行政法规的规定。

五、股份有限公司的组织机构

2023年《公司法》一改之前对股份公司组织机构设置方面要求严格的局面，转而更尊重公司自治，采取了比较灵活的做法。

（一）股东会

1.股东会的职权

股东会是公司全体股东的权力机构，之前的公司立法均将其称为“股东大会”，2023年《公司法》将有限公司和股份公司的权力机构均称为“股东会”。《公司法》规定，股东会行使以下职权：①选举和更换董事、监事，决定有关董事、监事的报酬事项；②审议批准董事会的报告；③审议批准监事会的报告；④审议批准公司的利润分配方案和弥补亏损方案；⑤对公司增加或者减少注册资本作出决议；⑥对发行公司债券作出决议；⑦对公司合并、分立、解散、清算或者变更公司形式作出决议；⑧修改公司章程；⑨公司章程规定的其他职权。股东会可以授权董事会对发行公司债券作出决议。

2.股东会的形式

（1）定期会议

股东会应当每年召开一次年会。

（2）临时会议

《公司法》规定，有下列情形之一的，应当在两个月内召开临时股东会会议：①董事人数不足本法规定人数或者公司章程所定人数的三分之二时；②公司未弥补的亏损达股本总额三分之一时；③单独或者合计持有公司百分之十以上股份的股东请求时；④董事会认为必要时；⑤监事会提议召开时；⑥公司章程规定的其他情形。

3.股东会的召集与主持

《公司法》规定，股东会会议由董事会召集，董事长主持；董事长不能履行职务或者不履行职务的，由副董事长主持；副董事长不能履行职务或者不履行职务的，由过半数的董事共同推举一名董事主持。董事会不能履行或者不履行召集股东会会议职责的，监事会应当及时召集和主持；监事会不召集和主持的，连续九十日以上单独或者合计持有公司百分之十以上股份的股东可以自行召集和主持。

单独或者合计持有公司百分之十以上股份的股东请求召开临时股东会会议的，董事会、监事会应当在收到请求之日起十日内作出是否召开临时股东会会议的决定，并书面答复股东。

召开股东会会议，应当将会议召开的时间、地点和审议的事项于会议召开二十日前通知各股东；临时股东会会议应当于会议召开十五日前通知各股东。单独或者合计持有公司百分之一以上股份的股东，可以在股东会会议召开十日前提出临时提案并书面提交董事会。临时提案应当有明确议题和具体决议事项。董事会应当在收到提案后二日内通知其他股东，并将该临时提案提交股东会审议；但临时提案违反法律、行政法规或者公司章程的规定，或者不属于股东会职权范围的除外。公司不得提高提出临时提案股东的持股比例。公开发行股份的公司，应当以公告方式作出通知。股东会不得对通知中未列明的事项作出决议。

4.股东会的表决

（1）一般事项

股东出席股东会会议，所持每一股份有一表决权，类别股股东除外。公司持有的本公司股份没有表决权。股东会作出决议，应当经出席会议的股东所持表决权过半数通过。

（2）特别事项

股东会作出修改公司章程、增加或者减少注册资本的决议，以及公司合并、分立、解散或者变更公司形式的决议，应当经出席会议的股东所持表决权的三分之二以上通过。

（3）累积投票制

为了保护中小股东的权益，公司法规定了累积投票制：

股东会选举董事、监事，可以按照公司章程的规定或者股东会的决议，实行累积投票制。累积投票制，是指股东会选举董事或者监事时，每一股份拥有与应选董事或者监事人数相同的表决权，股东拥有的表决权可以集中使用。

股东委托代理人出席股东会会议的，应当明确代理人代理的事项、权限和期限；代理人应当向公司提交股东授权委托书，并在授权范围内行使表决权。

股东会应当对所议事项的决定作成会议记录，主持人、出席会议的董事应当在会议记录上签名。会议记录应当与出席股东的签名册及代理出席的委托书一并保存。

（二）董事会、经理

1.性质、职能

董事会是公司经营决策机构，执行股东会的决议。股份有限公司董事会的规定与有限公司相似，《公司法》规定，股份有限公司设董事会，第一百二十八条另有规定的除外。第六十七条、第六十八条第一款、第七十条、第七十一条的规定，适用于股份有限公司。

2.审计委员会

《公司法》规定，股份有限公司可以按照公司章程的规定在董事会中设置由董事组成的审计委员会，行使公司法规定的监事会的职权，不设监事会或者监事。审计委员会成员为三名以上，过半数成员不得在公司担任除董事以外的其他职务，且不得与公司存在任何可能影响其独立客观判断的关系。公司董事会成员中的职工代表可以成为审计委员会成员。审计委员会作出决议，应当经审计委员会成员的过半数通过。审计委员会决议的表决，应当一人一票。审计委员会的议事方式和表决程序，除本法有规定的外，由公司章程规定。公司可以按照公司章程的规定在董事会中设置其他委员会。

3.董事会会议

根据《公司法》，董事会设董事长一人，可以设副董事长。董事长和副董事长由董事会以全体董事的过半数选举产生。董事长召集和主持董事会会议，检查董事会决议的实施情况。副董事长协助董事长工作，董事长不能履行职务或者不履行职务的，由副董事长履行职务；副董事长不能履行职务或者不履行职务的，由过半数的董事共同推举一名董事履行职务。

董事会每年度至少召开两次会议，每次会议应当于会议召开十日前通知全体董事和监事。代表十分之一以上表决权的股东、三分之一以上董事或者监事会，可以提议召开临时董事会会议。董事长应当自接到提议后十日内，召集和主持董事会会议。董事会召开临时会议，可以另定召集董事会的通知方式和通知时限。董事会会议应当有过半数的董事出席方可举行。董事会作出决议，应当经全体董事的过半数通过。董事会决议的表决，应当一人一票。

董事会应当对所议事项的决定作成会议记录，出席会议的董事应当在会议记录上签名。董事会会议，应当由董事本人出席；董事因故不能出席，可以书面委托其他董事代为出席，委托书应当载明授权范围。董事应当对董事会的决议承担责任。董事会的决议违反法律、行政法规或者公司章程、股东会决议，给公司造成严重损失的，参与决议的董事对公司负赔偿责任；经证明在表决时曾表明异议并记载于会议记录的，该董事可以免除责任。

对于经理的设置，我国公司立法一向比较宽松。《公司法》规定，股份有限公司设经理，由董事会决定聘任或者解聘。经理对董事会负责，根据公司章程的规定或者董事会的授权行使职权。经理列席董事会会议。公司董事会可以决定由董事会成员兼任经理。规模较小或者股东人数较少的股份有限公司，可以不设董事会，设一名董事，行使本法规定的董事会的职权。该董事可以兼任公司经理。

公司应当定期向股东披露董事、监事、高级管理人员从公司获得报酬的情况。

（三）监事会

1.监事会的性质

监事会是公司监督机构，主要监督公司董事、高级管理人员的行为。2023年《公司法》之前，监事会是股份有限公司的必设机构。1993年《公司法》规定：股份有限公司设监事会，其成员不得少于三人。监事会应在其组成人员中推选一名召集人。监事会由股东代表和适当比例的公司职工代表组成，具体比例由公司章程规定。监事会中的职工代表由公司职工民主选举产生。董事、经理及财务负责人不得兼任监事。2005年《公司法》规定：股份有限公司设监事会，其成员不得少于三人。监事会应当包括股东代表和适当比例的公司职工代表，其中职工代表的比例不得低于三分之一，具体比例由公司章程规定。监事会中的职工代表由公司职工通过职工代表大会、职工大会或者其他形式民主选举产生。董事、高级管理人员不得兼任监事。2018年《公司法》规定：股份有限公司设监事会，其成员不得少于三人。监事会应当包括股东代表和适当比例的公司职工代表，其中职工代表的比例不得低于三分之一，具体比例由公司章程规定。董事、高级管理人员不得兼任监事。

2023年《公司法》对股份公司监事会的设置采取了十分灵活的规定：规模较小或者股东人数较少的股份有限公司，可以不设监事会，设一名监事，行使监事会的职权。

2.监事会的组成

《公司法》规定监事会成员为三人以上。监事会成员应当包括股东代表和适当比例的公司职工代表，其中职工代表的比例不得低于三分之一，具体比例由公司章程规定。监事会中的职工代表由公司职工通过职工代表大会、职工大会或者其他形式民主选举产生。监事会设主席一人，可以设副主席。监事会主席和副主席由全体监事过半数选举产生。监事会主席召集和主持监事会会议；监事会主席不能履行职务或者不履行职务的，由监事会副主席召集和主持监事会会议；监事会副主席不能履行职务或者不履行职务的，由过半数的监事共同推举一名监事召集和主持监事会会议。董事、高级管理人员不得兼任监事。

3.监事会的职权

监事会行使下列职权：①检查公司财务；②对董事、高级管理人员执行职务的行为进行监督，对违反法律、行政法规、公司章程或者股东会决议的董事、高级管理人员提出解任的建议；③当董事、高级管理人员的行为损害公司的利益时，要求董事、高级管理人员予以纠正；④提议召开临时股东会会议，在董事会不履行本法规定的召集和主持股东会会议职责时召集和主持股东会会议；⑤向股东会会议提出提案；⑥依照本法第一百八十九条的规定，对董事、高级管理人员提起诉讼；⑦公司章程规定的其他职权。

4.监事会会议

监事会每六个月至少召开一次会议。监事可以提议召开临时监事会会议。监事会的议事方式和表决程序，除本法有规定的外，由公司章程规定。监事会决议应当经全体监事的过半数通过。监事会决议的表决，应当一人一票。监事会应当对所议事项的决定做成会议记录，出席会议的监事应当在会议记录上签名。

六、上市公司组织机构的特别规定

（一）上市公司的概念

在我国，有限公司和股份公司均可发行公司债券，且符合条件的均有资格上市。而只有股份公司发行股票，符合条件的也可申请上市。但上市公司特指的是股票上市的公司。对此，《公司法》很明确：上市公司，是指其股票在证券交易所上市交易的股份有限公司。

（二）上市公司的特别事项

除了股份有限公司一般的特殊事项外，上市公司在一年内购买、出售重大资产或者向他人提供担保的金额超过公司资产总额百分之三十的，应当由股东会作出决议，并经出席会议的股东所持表决权的三分之二以上通过。

（三）审计委员会

上市公司在董事会中设置审计委员会的，董事会对下列事项作出决议前应当经审计委员会全体成员过半数通过：①聘用、解聘承办公司审计业务的会计师事务所；②聘任、解聘财务负责人；③披露财务会计报告；④国务院证券监督管理机构规定的其他事项。

（四）董事会秘书

董事会秘书是法律所规定的上市公司高级管理人员。下面以上海证券交易所为例，通过《上海证券交易所上市公司董事会秘书管理办法》介绍董事会秘书有关制度。

1.职能

上市公司董事会秘书为上市公司高级管理人员，对上市公司和董事会负责，忠实、勤勉地履行职责。上市公司董事会秘书是上市公司与证券交易所之间的指定联络人。证券交易所仅接受董事会秘书或代行董事会秘书职责的人员以上市公司名义办理信息披露、公司治理、股权管理等其相关职责范围内的事务。上市公司应当建立董事会秘书工作制度，并设立由董事会秘书分管的工作部门。

2.任职资格

担任上市公司董事会秘书，应当具备以下条件：①具有良好的职业道德和个人品质；②具备履行职责所必需的财务、管理、法律等专业知识；③具备履行职责所必需的工作经验；④取得本所认可的董事会秘书资格证书。具有下列情形之一的人士不得担任上市公司董事会秘书：①《公司法》第一百四十七条规定的任何一种情形；②最近3年曾受中国证监会行政处罚；③曾被证券交易所公开认定为不适合担任上市公司董事会秘书；④最近3年曾受证券交易所公开谴责或者3次以上通报批评；⑤本公司现任监事；⑥本所认定不适合担任董事会秘书的其他情形。

3.解聘

上市公司董事会秘书具有下列情形之一的，上市公司应当自相关事实发生之日起一个月内将其解聘：①本办法第七条规定的任何一种情形；②连续3年未参加董事会秘书后续培训；③连续3个月以上不能履行职责；④在履行职责时出现重大错误或疏漏，后果严重的；⑤违反法律法规或其他规范性文件，后果严重的。

4.职权

上市公司董事会秘书负责上市公司信息披露管理事务，包括：①负责公司信息对外发布；②制定并完善公司信息披露事务管理制度；③督促公司相关信息披露义务人遵守信息披露相关规定，协助相关各方及有关人员履行信息披露义务；④负责公司未公开重大信息的保密工作；⑤负责上市公司内幕知情人登记报备工作；⑥关注媒体报道，主动向公司及相关信息披露义务人求证，督促董事会及时披露或澄清。

上市公司董事会秘书应协助上市公司董事会加强公司治理机制建设，包括：①组织筹备并列席上市公司董事会会议及其专门委员会会议、监事会会议和股东大会会议；②建立健全上市公司内部控制制度；③积极推动上市公司避免同业竞争，减少并规范关联交易事项；④积极推动上市公司建立健全激励约束机制；⑤积极推动上市公司承担社会责任。

上市公司董事会秘书负责上市公司投资者关系管理事务，完善公司投资者的沟通、接待和服务工作机制。

董事会秘书负责上市公司股权管理事务，包括：①保管公司股东持股资料；②办理公司限售股相关事项；③督促公司董事、监事、高级管理人员及其他相关人员遵守公司股份买卖相关规定；④其他公司股权管理事项。上市公司董事会秘书应协助上市公司董事会制定公司资本市场发展战略，协助筹划或者实施公司资本市场再融资或者并购重组事务。上市公司董事会秘书负责上市公司规范运作培训事务，组织公司董事、监事、高级管理人员及其他相关人员接受相关法律法规和其他规范性文件的培训。上市公司董事会秘书应提示上市公司董事、监事、高级管理人员履行忠实、勤勉义务。如知悉前述人员违反相关法律法规、其他规范性文件或公司章程，作出或可能作出相关决策时，应当予以警示，并立即向证券交易所报告。上市公司董事会秘书应履行《公司法》、中国证监会和本所要求履行的其他职责。上市公司应当为董事会秘书履行职责提供便利条件，公司董事、监事、高级管理人员和相关工作人员应当配合董事会秘书的履职行为。上市公司董事会秘书为履行职责，有权了解公司的财务和经营情况，查阅其职责范围内的所有文件，并要求公司有关部门和人员及时提供相关资料和信息。上市公司召开总经理办公会以及其他涉及公司重大事项的会议，应及时告知董事会秘书列席，并提供会议资料。上市公司董事会应当聘请证券事务代表，协助上市公司董事会秘书履行职责。董事会秘书不能履行职责或董事会秘书授权时，证券事务代表应当代为履行职责。在此期间，并不当然免除董事会秘书对其职责所负有的责任。

（五）董事回避制度

《公司法》规定：上市公司董事与董事会会议决议事项所涉及的企业或者个人有关联关系的，该董事应当及时向董事会书面报告。有关联关系的董事不得对该项决议行使表决权，也不得代理其他董事行使表决权。该董事会会议由过半数的无关联关系董事出席即可举行，董事会会议所作决议须经无关联关系董事过半数通过。出席董事会会议的无关联关系董事人数不足三人的，应当将该事项提交上市公司股东会审议。

（六）相关信息披露

《公司法》规定："上市公司应当依法披露股东、实际控制人的信息，相关信息应当真实、准确、完整。禁止违反法律、行政法规的规定代持上市公司股票。"

（七）控股子公司不得持有上市公司股份

《公司法》规定："上市公司控股子公司不得取得该上市公司的股份。上市公司控股子公司因公司合并、质权行使等原因持有上市公司股份的，不得行使所持股份对应的表决权，并应当及时处分相关上市公司股份。"

（八）上市公司独立董事制度

独立董事的主要作用在于参与决策、监督和提供合理建议。《公司法》规定："上市公司设独立董事，具体管理办法由国务院证券监督管理机构规定。上市公司的公司章程除载明本法第九十五条规定的事项外，还应当依照法律、行政法规的规定载明董事会专门委员会的组成、职权以及董事、监事、高级管理人员薪酬考核机制等事项。"下面将中国证监会《上市公司独立董事管理办法》的有关规定进行介绍：

1.独立董事的概念

独立董事是指不在上市公司担任除董事外的其他职务，并与其所受聘的上市公司及其主要股东、实际控制人不存在直接或者间接利害关系，或者其他可能影响其进行独立客观判断关系的董事。独立董事应当独立履行职责，不受上市公司及其主要股东、实际控制人等单位或者个人的影响。

2.独立董事的义务

独立董事对上市公司及全体股东负有忠实与勤勉义务，应当按照法律、行政法规、中国证券监督管理委员会（以下简称中国证监会）规定、证券交易所业务规则和公司章程的规定，认真履行职责，在董事会中发挥参与决策、监督制衡、专业咨询作用，维护上市公司整体利益，保护中小股东合法权益。

3.独立董事的数量要求

上市公司独立董事占董事会成员的比例不得低于三分之一，且至少包括一名会计专业人士。上市公司应当在董事会中设置审计委员会。审计委员会成员应当为不在上市公司担任高级管理人员的董事，其中独立董事应当过半数，并由独立董事中会计专业人士担任召集人。上市公司可以根据需要在董事会中设置提名、薪酬与考核、战略等专门委员会。提名委员会、薪酬与考核委员会中独立董事应当过半数并担任召集人。

4.独立董事的资格要求

独立董事必须保持独立性。下列人员不得担任独立董事：①在上市公司或者其附属企业任职的人员及其配偶、父母、子女、主要社会关系；②直接或者间接持有上市公司已发行股份百分之一以上或者是上市公司前十名股东中的自然人股东及其配偶、父母、子女；③在直接或者间接持有上市公司已发行股份百分之五以上的股东或者在上市公司前五名股东任职的人员及其配偶、父母、子女；④在上市公司控股股东、实际控制人的附属企业任职的人员及其配偶、父母、子女；⑤与上市公司及其控股股东、实际控制人或者其各自的附属企业有重大业务往来的人员，或者在有重大业务往来的单位及其控股股东、实际控制人任职的人员；⑥为上市公司及其控股股东、实际控制人或者其各自附属企业提供财务、法律、咨询、保荐等服务的人员，包括但不限于提供服务的中介机构的项目组全体人员、各级复核人员、在报告上签字的人员、合伙人、董事、高级管理人员及主要负责人；⑦最近十二个月内曾经具有第一项至第六项所列举情形的人员；⑧法律、行政法规、中国证监会规定、证券交易所业务规则和公司章程规定的不具备独立性的其他人员。

担任独立董事应当符合下列条件：①根据法律、行政法规和其他有关规定，具备担任上市公司董事的资格；②符合本办法第六条规定的独立性要求；③具备上市公司运作的基本知识，熟悉相关法律法规和规则；④具有五年以上履行独立董事职责所必需的法律、会计或者经济等工作经验；⑤具有良好的个人品德，不存在重大失信等不良记录；⑥法律、行政法规、中国证监会规定、证券交易所业务规则和公司章程规定的其他条件。

独立董事原则上最多在三家境内上市公司担任独立董事，并应当确保有足够的时间和精力有效地履行独立董事的职责。

5.独立董事的提名

上市公司董事会、监事会、单独或者合计持有上市公司已发行股份百分之一以上的股东可以提出独立董事候选人，并经股东大会选举决定。依法设立的投资者保护机构可以公开请求股东委托其代为行使提名独立董事的权利。提名人不得提名与其存在利害关系的人员或者有其他可能影响独立履职情形的关系密切人员作为独立董事候选人。

独立董事的提名人在提名前应当征得被提名人的同意。提名人应当充分了解被提名人职业、学历、职称、详细的工作经历、全部兼职、有无重大失信等不良记录等情况，并对其符合独立性和担任独立董事的其他条件发表意见。被提名人应当就其符合独立性和担任独立董事的其他条件作出公开声明。上市公司在董事会中设置提名委员会的，提名委员会应当对被提名人任职资格进行审查，并形成明确的审查意见。上市公司应当在选举独立董事的股东大会召开前，按照规定披露相关内容，并将所有独立董事候选人的有关材料报送证券交易所，相关报送材料应当真实、准确、完整。证券交易所依照规定对独立董事候选人的有关材料进行审查，审慎判断独立董事候选人是否符合任职资格并有权提出异议。证券交易所提出异议的，上市公司不得提交股东大会选举。上市公司股东大会选举两名以上独立董事的，应当实行累积投票制。鼓励上市公司实行差额选举，具体实施细则由公司章程规定。中小股东表决情况应当单独计票并披露。

6.独立董事的任期

独立董事每届任期与上市公司其他董事任期相同，任期届满，可以连选连任，但是连续任职不得超过六年。

独立董事任期届满前，上市公司可以依照法定程序解除其职务。提前解除独立董事职务的，上市公司应当及时披露具体理由和依据。独立董事有异议的，上市公司应当及时予以披露。独立董事不符合相关规定的，应当立即停止履职并辞去职务。未提出辞职的，董事会知悉或者应当知悉该事实发生后应当立即按规定解除其职务。独立董事因触及规定情形提出辞职或者被解除职务导致董事会或者其专门委员会中独立董事所占的比例不符合本办法或者公司章程的规定，或者独立董事中欠缺会计专业人士的，上市公司应当自前述事实发生之日起六十日内完成补选。

独立董事在任期届满前可以提出辞职。独立董事辞职应当向董事会提交书面辞职报告，对任何与其辞职有关或者其认为有必要引起上市公司股东和债权人注意的情况进行说明。上市公司应当对独立董事辞职的原因及关注事项予以披露。独立董事辞职将导致董事会或者其专门委员会中独立董事所占的比例不符合本办法或者公司章程的规定，或者独立董事中欠缺会计专业人士的，拟辞职的独立董事应当继续履行职责至新任独立董事产生之日。上市公司应当自独立董事提出辞职之日起六十日内完成补选。

7.独立董事的职责

独立董事履行下列职责：①参与董事会决策并对所议事项发表明确意见；②对本办法第二十三条、第二十六条、第二十七条和第二十八条所列上市公司与其控股股东、实际控制人、董事、高级管理人员之间的潜在重大利益冲突事项进行监督，促使董事会决策符合上市公司整体利益，保护中小股东合法权益；③对上市公司经营发展提供专业、客观的建议，促进提升董事会决策水平；④法律、行政法规、中国证监会规定和公司章程规定的其他职责。

独立董事行使下列特别职权：①独立聘请中介机构，对上市公司具体事项进行审计、咨询或者核查；②向董事会提议召开临时股东大会；③提议召开董事会会议；④依法公开向股东征集股东权利；⑤对可能损害上市公司或者中小股东权益的事项发表独立意见；⑥法律、行政法规、中国证监会规定和公司章程规定的其他职权。独立董事行使第一项至第三项所列职权的，应当经全体独立董事过半数同意。独立董事行使上述职权的，上市公司应当及时披露。上述职权不能正常行使的，上市公司应当披露具体情况和理由。

8.独立董事的会议出席

董事会会议召开前，独立董事可以与董事会秘书进行沟通，就拟审议事项进行询问、要求补充材料、提出意见建议等。董事会及相关人员应当对独立董事提出的问题、要求和意见认真研究，及时向独立董事反馈议案修改等落实情况。独立董事应当亲自出席董事会会议。因故不能亲自出席会议的，独立董事应当事先审阅会议材料，形成明确的意见，并书面委托其他独立董事代为出席。独立董事连续两次未能亲自出席董事会会议，也不委托其他独立董事代为出席的，董事会应当在该事实发生之日起三十日内提议召开股东大会解除该独立董事职务。

独立董事对董事会议案投反对票或者弃权票的，应当说明具体理由及依据、议案所涉事项的合法合规性、可能存在的风险以及对上市公司和中小股东权益的影响等。上市公司在披露董事会决议时，应当同时披露独立董事的异议意见，并在董事会决议和会议记录中载明。

下列事项应当经上市公司全体独立董事过半数同意后，提交董事会审议：①应当披露的关联交易；②上市公司及相关方变更或者豁免承诺的方案；③被收购上市公司董事会针对收购所作出的决策及采取的措施；④法律、行政法规、中国证监会规定和公司章程规定的其他事项。

9.专门委员会

独立董事在上市公司董事会专门委员会中应当依照法律、行政法规、中国证监会规定、证券交易所业务规则和公司章程履行职责。独立董事应当亲自出席专门委员会会议，因故不能亲自出席会议的，应当事先审阅会议材料，形成明确的意见，并书面委托其他独立董事代为出席。独立董事履职中关注到专门委员会职责范围内的上市公司重大事项，可以依照程序及时提请专门委员会进行讨论和审议。

上市公司应当按照本办法规定在公司章程中对专门委员会的组成、职责等作出规定，并制定专门委员会工作规程，明确专门委员会的人员构成、任期、职责范围、议事规则、档案保存等相关事项。国务院有关主管部门对专门委员会的召集人另有规定的，从其规定。

上市公司董事会审计委员会负责审核公司财务信息及其披露、监督及评估内外部审计工作和内部控制，下列事项应当经审计委员会全体成员过半数同意后，提交董事会审议：①披露财务会计报告及定期报告中的财务信息、内部控制评价报告；②聘用或者解聘承办上市公司审计业务的会计师事务所；③聘任或者解聘上市公司财务负责人；④因会计准则变更以外的原因作出会计政策、会计估计变更或者重大会计差错更正；⑤法律、行政法规、中国证监会规定和公司章程规定的其他事项。审计委员会每季度至少召开一次会议，两名及以上成员提议，或者召集人认为有必要时，可以召开临时会议。审计委员会会议须有三分之二以上成员出席方可举行。

上市公司董事会提名委员会负责拟定董事、高级管理人员的选择标准和程序，对董事、高级管理人员人选及其任职资格进行遴选、审核，并就下列事项向董事会提出建议：①提名或者任免董事；②聘任或者解聘高级管理人员；③法律、行政法规、中国证监会规定和公司章程规定的其他事项。董事会对提名委员会的建议未采纳或者未完全采纳的，应当在董事会决议中记载提名委员会的意见及未采纳的具体理由，并进行披露。

上市公司董事会薪酬与考核委员会负责制定董事、高级管理人员的考核标准并进行考核，制定、审查董事、高级管理人员的薪酬政策与方案，并就下列事项向董事会提出建议：①董事、高级管理人员的薪酬；②制订或者变更股权激励计划、员工持股计划，激励对象获授权益、行使权益条件成就；③董事、高级管理人员在拟分拆所属子公司安排持股计划；④法律、行政法规、中国证监会规定和公司章程规定的其他事项。董事会对薪酬与考核委员会的建议未采纳或者未完全采纳的，应当在董事会决议中记载薪酬与考核委员会的意见及未采纳的具体理由，并进行披露。

10.独立董事的工作要求

独立董事每年在上市公司的现场工作时间应当不少于十五日。除按规定出席股东大会、董事会及其专门委员会、独立董事专门会议外，独立董事可以通过定期获取上市公司运营情况等资料、听取管理层汇报、与内部审计机构负责人和承办上市公司审计业务的会计师事务所等中介机构沟通、实地考察、与中小股东沟通等多种方式履行职责。上市公司董事会及其专门委员会、独立董事专门会议应当按规定制作会议记录，独立董事的意见应当在会议记录中载明。独立董事应当对会议记录签字确认。独立董事应当制作工作记录，详细记录履行职责的情况。独立董事履行职责过程中获取的资料、相关会议记录、与上市公司及中介机构工作人员的通信记录等，构成工作记录的组成部分。对于工作记录中的重要内容，独立董事可以要求董事会秘书等相关人员签字确认，上市公司及相关人员应当予以配合。独立董事工作记录及上市公司向独立董事提供的资料，应当至少保存十年。

11.独立董事的法律责任

上市公司、独立董事及相关主体违反本办法规定的，中国证监会可以采取责令改正、监管谈话、出具警示函、责令公开说明、责令定期报告等监管措施。依法应当给予行政处罚的，中国证监会依照有关规定进行处罚。

对独立董事在上市公司中的履职尽责情况及其行政责任，可以结合独立董事履行职责与相关违法违规行为之间的关联程度，兼顾其董事地位和外部身份特点，综合下列方面进行认定：①在信息形成和相关决策过程中所起的作用；②相关事项信息来源和内容、了解信息的途径；③知情程度及知情后的态度；④对相关异常情况的注意程度，为核验信息采取的措施；⑤参加相关董事会及其专门委员会、独立董事专门会议的情况；⑥专业背景或者行业背景；⑦其他与相关违法违规行为关联的方面。

独立董事能够证明其已履行基本职责，且存在下列情形之一的，可以认定其没有主观过错，依照《中华人民共和国行政处罚法》不予行政处罚：①在审议或者签署信息披露文件前，对不属于自身专业领域的相关具体问题，借助会计、法律等专门职业的帮助仍然未能发现问题的；②对违法违规事项提出具体异议，明确记载于董事会、董事会专门委员会或者独立董事专门会议的会议记录中，并在董事会会议中投反对票或者弃权票的；③上市公司或者相关方有意隐瞒，且没有迹象表明独立董事知悉或者能够发现违法违规线索的；④因上市公司拒绝、阻碍独立董事履行职责，导致其无法对相关信息披露文件是否真实、准确、完整作出判断，并及时向中国证监会和证券交易所书面报告的；⑤能够证明勤勉尽责的其他情形。

七、股份有限公司的股份发行

股份，是指股份有限公司发行的由股东持有的资本的份额，通过股票形式表现。

（一）股份的类型

1.面额股与无面额股

面额股是有每股金额的股份，面额股股票的发行价格可以按票面金额，也可以超过票面金额，但不得低于票面金额。无面额股则是没有每股金额的股份，由于法律规定公司发行价不允许低于票面价，即不得折价发行，无面额股没有票面价，故不受该约束，具有筹资上的灵活性和优势。

公司的资本划分为股份。公司的全部股份，根据公司章程的规定择一采用面额股或者无面额股。采用面额股的，每一股的金额相等。公司可以根据公司章程的规定将已发行的面额股全部转换为无面额股或者将无面额股全部转换为面额股。采用无面额股的，应当将发行股份所得股款的二分之一以上计入注册资本。

2.普通股与类别股

普通股是股份有限公司发行的基本股份，持有者享有资产收益权、参与重大决策权和选择管理者权等基本权利。考虑到投资者的风险偏好以及对公司的具体需求，公司法允许发行类别股。

《公司法》规定，股份的发行，实行公平、公正的原则，同类别的每一股份应当具有同等权利。同次发行的同类别股份，每股的发行条件和价格应当相同；认购人所认购的股份，每股应当支付相同价额。公司可以按照公司章程的规定发行下列与普通股权利不同的类别股：①优先或者劣后分配利润或者剩余财产的股份；②每一股的表决权数多于或者少于普通股的股份；③转让须经公司同意等转让受限的股份；④国务院规定的其他类别股。公开发行股份的公司不得发行第二项、第三项规定的类别股；公开发行前已发行的除外。公司发行第二项规定的类别股的，对于监事或者审计委员会成员的选举和更换，类别股与普通股每一股的表决权数相同。

发行类别股的公司，应当在公司章程中载明以下事项：①类别股分配利润或者剩余财产的顺序；②类别股的表决权数；③类别股的转让限制；④保护中小股东权益的措施；⑤股东会认为需要规定的其他事项。发行类别股的公司，有《公司法》第一百一十六条第三款规定的事项等可能影响类别股股东权利的，除应当依照第一百一十六条第三款的规定经股东会决议外，还应当经出席类别股股东会议的股东所持表决权的三分之二以上通过。公司章程可以对需经类别股股东会议决议的其他事项作出规定。

类别股包括以下类型：

（1）优先股与劣后股

优先股是股份有限公司发行的，在财产权方面优先于普通股的股份。优先股财产权方面优先，包括利润分配和剩余财产分配。但优先股的管理权受限。

中国证监会《优先股试点管理办法》规定，优先股是指依照《公司法》，在一般规定的普通种类股份之外，另行规定的其他种类股份，其股份持有人优先于普通股股东分配公司利润和剩余财产，但参与公司决策管理等权利受到限制。上市公司可以发行优先股，非上市公众公司可以向特定对象发行优先股。试点期间不允许发行在股息分配和剩余财产分配上具有不同优先顺序的优先股，但允许发行在其他条款上具有不同设置的优先股。同一公司既发行强制分红优先股，又发行不含强制分红条款优先股的，不属于发行在股息分配上具有不同优先顺序的优先股。相同条款的优先股应当具有同等权利。同次发行的相同条款优先股，每股发行的条件、价格和票面股息率应当相同；任何单位或者个人认购的股份，每股应当支付相同价额。优先股股东按照约定的股息率分配股息后，有权同普通股股东一起参加剩余利润分配的，公司章程应明确优先股股东参与剩余利润分配的比例、条件等事项。

出现以下情况之一的，公司召开股东大会会议应通知优先股股东，并遵循《公司法》及公司章程通知普通股股东的规定程序。优先股股东有权出席股东大会会议，就以下事项与普通股股东分类表决，其所持每一优先股有一表决权，但公司持有的本公司优先股没有表决权：①修改公司章程中与优先股相关的内容；②一次或累计减少公司注册资本超过百分之十；③公司合并、分立、解散或变更公司形式；④发行优先股；⑤公司章程规定的其他情形。上述事项的决议，除须经出席会议的普通股股东（含表决权恢复的优先股股东）所持表决权的三分之二以上通过之外，还须经出席会议的优先股股东（不含表决权恢复的优先股股东）所持表决权的三分之二以上通过。

公司股东大会可授权公司董事会按公司章程的约定向优先股支付股息。公司累计三个会计年度或连续两个会计年度未按约定支付优先股股息的，股东大会批准当年不按约定分配利润的方案次日起，优先股股东有权出席股东大会与普通股股东共同表决，每股优先股股份享有公司章程规定的一定比例表决权。对于股息可累积到下一会计年度的优先股，表决权恢复直至公司全额支付所欠股息。对于股息不可累积的优先股，表决权恢复直至公司全额支付当年股息。公司章程可规定优先股表决权恢复的其他情形。

优先股股东有权查阅公司章程、股东名册、公司债券存根、股东大会会议记录、董事会会议决议、监事会会议决议、财务会计报告。发行人回购优先股包括发行人要求赎回优先股和投资者要求回售优先股两种情况，并应在公司章程和招股文件中规定其具体条件。发行人要求赎回优先股的，必须完全支付所欠股息，但商业银行发行优先股补充资本的除外。优先股回购后相应减记发行在外的优先股股份总数。公司董事、监事、高级管理人员应当向公司申报所持有的本公司优先股及其变动情况，在任职期间每年转让的股份不得超过其所持本公司优先股股份总数的百分之二十五。公司章程可以对公司董事、监事、高级管理人员转让其所持有的本公司优先股股份作出其他限制性规定。

除《国务院关于开展优先股试点的指导意见》规定的事项外，计算股东人数和持股比例时应分别计算普通股和优先股。公司章程中规定优先股采用固定股息率的，可以在优先股存续期内采取相同的固定股息率，或明确每年的固定股息率，各年度的股息率可以不同；公司章程中规定优先股采用浮动股息率的，应当明确优先股存续期内票面股息率的计算方法。

劣后股是分配利润和剩余财产劣后于普通股的股份，通常出现于公司处于困境时候，比如陷入经营困难或破产程序。劣后股的认购者往往是想对公司进行帮助的政府、机构或实际控制人。

（2）特殊表决权股

正常情况下，股份一股一权，同股同权。但为了赋予特殊群体更大的发言权，法律允许发行特殊表决权股。这类股份每一股拥有更多的表决权，以激励公司创始人及管理层。当然，这类股份在分红方面和普通股是一样的。简单讲，这类股份管理权方面特殊，财产权方面普通。

（3）转让受限股

股份有限公司股东所持有的股份原则上自由转让，除非法律有特别规定。但出于对公司自治的考虑，法律也允许公司通过公司章程对股东股份的转让进行适当的限制。《公司法》规定，公开发行股份的公司不得发行转让受限股，公开发行前已发行的除外。

（4）国务院规定的其他类别股

（二）股份的形式

2023年《公司法》规定：公司的股份采取股票的形式。股票是公司签发的证明股东所持股份的凭证。公司发行的股票，应当为记名股票。但2005年《公司法》对记名股票有不同的规定：公司发行的股票，可以为记名股票，也可以为无记名股票。公司向发起人、法人发行的股票，应当为记名股票，并应当记载该发起人、法人的名称或者姓名，不得另立户名或者以代表人姓名记名。公司发行记名股票的，应当置备股东名册，记载下列事项：①股东的姓名或者名称及住所；②各股东所持股份数；③各股东所持股票的编号；④各股东取得股份的日期。发行无记名股票的，公司应当记载其股票数量、编号及发行日期。

股票采用纸面形式或者国务院证券监督管理机构规定的其他形式。股票采用纸面形式的，应当载明下列主要事项：①公司名称；②公司成立日期或者股票发行的时间；③股票种类、票面金额及代表的股份数，发行无面额股的，股票代表的股份数。股票采用纸面形式的，还应当载明股票的编号，由法定代表人签名，公司盖章。发起人股票采用纸面形式的，应当标明发起人股票字样。

股份有限公司成立后，即向股东正式交付股票。公司成立前不得向股东交付股票。

（三）新股发行

新股发行是公司成立后为了募集资金发行新的股份。

1.股东会决议

公司发行新股，股东会应当对下列事项作出决议：①新股种类及数额；②新股发行价格；③新股发行的起止日期；④向原有股东发行新股的种类及数额；⑤发行无面额股的，新股发行所得股款计入注册资本的金额。公司发行新股，可以根据公司经营情况和财务状况，确定其作价方案。

2.公开发行新股

（1）一般规定

《公司法》规定：公司向社会公开募集股份，应当经国务院证券监督管理机构注册，公告招股说明书。招股说明书应当附有公司章程，并载明下列事项：①发行的股份总数；②面额股的票面金额和发行价格或者无面额股的发行价格；③募集资金的用途；④认股人的权利和义务；⑤股份种类及其权利和义务；⑥本次募股的起止日期及逾期未募足时认股人可以撤回所认股份的说明。公司设立时发行股份的，还应当载明发起人认购的股份数。

公司向社会公开募集股份，应当由依法设立的证券公司承销，签订承销协议。

公司向社会公开募集股份，应当同银行签订代收股款协议。代收股款的银行应当按照协议代收和保存股款，向缴纳股款的认股人出具收款单据，并负有向有关部门出具收款证明的义务。公司发行股份募足股款后，应予公告。

（2）首次公开发行

《中华人民共和国证券法》规定，公司首次公开发行新股，应当符合下列条件：①具备健全且运行良好的组织机构；②具有持续经营能力；③最近三年财务会计报告被出具无保留意见审计报告；④发行人及其控股股东、实际控制人最近三年不存在贪污、贿赂、侵占财产、挪用财产或者破坏社会主义市场经济秩序的刑事犯罪；⑤经国务院批准的国务院证券监督管理机构规定的其他条件。上市公司发行新股，应当符合经国务院批准的国务院证券监督管理机构规定的条件，具体管理办法由国务院证券监督管理机构规定。公开发行存托凭证的，应当符合首次公开发行新股的条件以及国务院证券监督管理机构规定的其他条件。

公司公开发行新股，应当报送募股申请和下列文件：①公司营业执照；②公司章程；③股东大会决议；④招股说明书或者其他公开发行募集文件；⑤财务会计报告；⑥代收股款银行的名称及地址。

公司对公开发行股票所募集资金，必须按照招股说明书或者其他公开发行募集文件所列资金用途使用；改变资金用途，必须经股东大会作出决议。擅自改变用途，未作纠正的，或者未经股东大会认可的，不得公开发行新股。

3.授权资本制

《公司法》规定：公司章程或者股东会可以授权董事会在三年内决定发行不超过已发行股份百分之五十的股份。但以非货币财产作价出资的应当经股东会决议。

董事会依照上述规定决定发行股份导致公司注册资本、已发行股份数发生变化的，对公司章程该项记载事项的修改不需再由股东会表决。

公司章程或者股东会授权董事会决定发行新股的，董事会决议应当经全体董事三分之二以上通过。

需要注意的是，“已发行股份”应当指的是已发行的存量股份，公司回购并持有的库存股包括在内，但已经注销的除外。“以非货币财产作价出资的应当经股东会决议”强调的是，如果公司发行股份时认股人欲以非货币财产为股款则需要股东会决议，董事会无权决定。发行人拟发行新股认购、置换意向人非货币财产应也在此列。

法定资本制是指公司设立时公司章程明确规定公司的资本总额，公司成立时已由股东缴足。对应的三原则：资本确定原则、资本维持原则、资本不变原则。授权资本制是指公司设立时，虽需在公司章程中明确规定公司注册资本总额，但只需认购部分股份公司即可成立，剩余股份授权给董事会根据需要随时发行。折中资本制不需全部缴足。

八、股份有限公司的股份转让

（一）转让方式

1.一般规定

股份有限公司股东转让股份总体比较自由，限制性规定较少。《公司法》规定，股份有限公司的股东持有的股份可以向其他股东转让，也可以向股东以外的人转让；公司章程对股份转让有限制的，其转让按照公司章程的规定进行。

2.转让方式

《公司法》规定，股东转让其股份，应当在依法设立的证券交易场所进行或者按照国务院规定的其他方式进行。股票的转让，由股东以背书方式或者法律、行政法规规定的其他方式进行；转让后由公司将受让人的姓名或者名称及住所记载于股东名册。股东会会议召开前二十日内或者公司决定分配股利的基准日前五日内，不得变更股东名册。法律、行政法规或者国务院证券监督管理机构对上市公司股东名册变更另有规定的，从其规定。《证券法》对证券交易的方式也有详细规定：公开发行的证券，应当在依法设立的证券交易所上市交易或者在国务院批准的其他全国性证券交易场所交易。非公开发行的证券，可以在证券交易所、国务院批准的其他全国性证券交易场所、按照国务院规定设立的区域性股权市场转让。证券在证券交易所上市交易，应当采用公开的集中交易方式或者国务院证券监督管理机构批准的其他方式。证券交易当事人买卖的证券可以采用纸面形式或者国务院证券监督管理机构规定的其他形式。

（二）股份转让的限制

1.公司公开发行股份前已发行的股份

公司公开发行股份前已发行的股份，自公司股票在证券交易所上市交易之日起一年内不得转让。法律、行政法规或者国务院证券监督管理机构对上市公司的股东、实际控制人转让其所持有的本公司股份另有规定的，从其规定。2005年《公司法》对发起人也有限制：发起人持有的本公司股份，自公司成立之日起一年内不得转让。

2.公司董事、监事、高级管理人员

公司董事、监事、高级管理人员应当向公司申报所持有的本公司的股份及其变动情况，在就任时确定的任职期间每年转让的股份不得超过其所持有本公司股份总数的百分之二十五；所持本公司股份自公司股票上市交易之日起一年内不得转让。上述人员离职后半年内，不得转让其所持有的本公司股份。公司章程可以对公司董事、监事、高级管理人员转让其所持有的本公司股份作出其他限制性规定。

3.质权人

股份在法律、行政法规规定的限制转让期限内出质的，质权人不得在限制转让期限内行使质权。

4.《证券法》所规定的限制情形

（1）上市公司持有百分之五以上股份的股东、实际控制人、董事、监事、高级管理人员，以及其他持有发行人首次公开发行前发行的股份或者上市公司向特定对象发行的股份的股东，转让其持有的本公司股份的，不得违反法律、行政法规和国务院证券监督管理机构关于持有期限、卖出时间、卖出数量、卖出方式、信息披露等规定，并应当遵守证券交易所的业务规则。

（2）证券交易场所、证券公司和证券登记结算机构的从业人员，证券监督管理机构的工作人员以及法律、行政法规规定禁止参与股票交易的其他人员，在任期或者法定限期内，不得直接或者以化名、借他人名义持有、买卖股票或者其他具有股权性质的证券，也不得收受他人赠送的股票或者其他具有股权性质的证券。任何人在成为前述所列人员时，其原已持有的股票或者其他具有股权性质的证券，必须依法转让。

（3）为证券发行出具审计报告或者法律意见书等文件的证券服务机构和人员，在该证券承销期内和期满后六个月内，不得买卖该证券。除前述规定外，为发行人及其控股股东、实际控制人，或者收购人、重大资产交易方出具审计报告或者法律意见书等文件的证券服务机构和人员，自接受委托之日起至上述文件公开后五日内，不得买卖该证券。实际开展上述有关工作之日早于接受委托之日的，自实际开展上述有关工作之日起至上述文件公开后五日内，不得买卖该证券。实施股权激励计划或者员工持股计划的证券公司的从业人员，可以按照国务院证券监督管理机构的规定持有、卖出本公司股票或者其他具有股权性质的证券。

（4）上市公司、股票在国务院批准的其他全国性证券交易场所交易的公司持有百分之五以上股份的股东、董事、监事、高级管理人员，将其持有的该公司的股票或者其他具有股权性质的证券在买入后六个月内卖出，或者在卖出后六个月内又买入，由此所得收益归该公司所有，公司董事会应当收回其所得收益。但是，证券公司因购入包销售后剩余股票而持有百分之五以上股份，以及有国务院证券监督管理机构规定的其他情形的除外。董事、监事、高级管理人员、自然人股东持有的股票或者其他具有股权性质的证券，包括其配偶、父母、子女持有的及利用他人账户持有的股票或者其他具有股权性质的证券。

（三）股份回购

正常情况下，法律不允许股东抽回对公司的出资，否则构成抽逃出资侵害公司财产权，甚至可能触犯刑法。但法律规定了特殊情况下，股东可以要求公司以合理价格将其持有的股份进行回购，从而实现公司的一些目的或使股东有机会脱离公司。

《公司法》第一百六十二条对此进行了规定：公司不得收购本公司股份。但是，有下列情形之一的除外：①减少公司注册资本；②与持有本公司股份的其他公司合并；③将股份用于员工持股计划或者股权激励；④股东因对股东会作出的公司合并、分立决议持异议，要求公司收购其股份；⑤将股份用于转换公司发行的可转换为股票的公司债券；⑥上市公司为维护公司价值及股东权益所必需。公司因第一项、第二项规定的情形收购本公司股份的，应当经股东会决议；公司因第三项、第五项、第六项规定的情形收购本公司股份的，可以按照公司章程或者股东会的授权，经三分之二以上董事出席的董事会会议决议。公司依照本条规定收购本公司股份后，属于第一项情形的，应当自收购之日起十日内注销；属于第二项、第四项情形的，应当在六个月内转让或者注销；属于第三项、第五项、第六项情形的，公司合计持有的本公司股份数不得超过本公司已发行股份总数的百分之十，并应当在三年内转让或者注销。上市公司收购本公司股份的，应当依照《中华人民共和国证券法》的规定履行信息披露义务。上市公司因本条第一款第三项、第五项、第六项规定的情形收购本公司股份的，应当通过公开的集中交易方式进行。公司不得接受本公司的股份作为质权的标的。

2023年《公司法》有一个较大的变化，将之前有限公司股权回购的情形也适用于非公开发行的股份公司，有下列情形之一的，对股东会该项决议投反对票的股东可以请求公司按照合理的价格收购其股份，公开发行股份的公司除外：①公司连续五年不向股东分配利润，而公司该五年连续盈利，并且符合本法规定的分配利润条件；②公司转让主要财产；③公司章程规定的营业期限届满或者章程规定的其他解散事由出现，股东会通过决议修改章程使公司存续。自股东会决议作出之日起六十日内，股东与公司不能达成股份收购协议的，股东可以自股东会决议作出之日起九十日内向人民法院提起诉讼。公司因规定的情形收购的本公司股份，应当在六个月内依法转让或者注销。

（四）股份继承

相比较有限公司，股份公司尤其是募集设立的股份公司人合性较低。既然有限公司的股东资格可以继承，就无理由禁止股份公司股份继承。《公司法》对此作了规定："自然人股东死亡后，其合法继承人可以继承股东资格；但是，股份转让受限的股份有限公司的章程另有规定的除外。"

九、禁止财务资助

为了防止他人利用公司财务支持收购本公司或其母公司股份的"空手套白狼"行为，《公司法》第一百六十三条规定："公司不得为他人取得本公司或者其母公司的股份提供赠与、借款、担保以及其他财务资助，公司实施员工持股计划的除外。为公司利益，经股东会决议，或者董事会按照公司章程或者股东会的授权作出决议，公司可以为他人取得本公司或者其母公司的股份提供财务资助，但财务资助的累计总额不得超过已发行股本总额的百分之十。董事会作出决议应当经全体董事的三分之二以上通过。违反前述规定，给公司造成损失的，负有责任的董事、监事、高级管理人员应当承担赔偿责任。"

第五节　国家出资公司组织机构的特别规定

一、国家出资公司的概念

2023年之前，立法方式是在"有限责任公司的设立与组织机构"一章中设"国有独资公司的特别规定"一节，而2023年《公司法》专门设"国家出资公司组织机构的特别规定"一章，将适用范围由国有独资公司扩展到国有独资公司及国有控股的有限公司、股份公司，但不包括普通的国家参股但不控股的公司。

根据规定，国家出资公司，是指国家出资的国有独资公司、国有资本控股公司，包括国家出资的有限责任公司、股份有限公司。

二、国家出资公司履行出资人职责的机构

国家出资公司，由国务院或者地方人民政府分别代表国家依法履行出资人职责，享有出资人权益。国务院或者地方人民政府可以授权国有资产监督管理机构或者其他部门、机构代表本级人民政府对国家出资公司履行出资人职责。代表本级人民政府履行出资人职责的机构、部门，统称为履行出资人职责的机构。

三、中国共产党在国家出资公司的领导作用

国家出资公司中中国共产党的组织，按照中国共产党章程的规定发挥领导作用，研究讨论公司重大经营管理事项，支持公司的组织机构依法行使职权。

四、国有独资公司章程制定

国有独资公司章程由履行出资人职责的机构制定。

五、国有独资公司的组织机构

1.不设股东会

国有独资公司不设股东会，由履行出资人职责的机构行使股东会职权。履行出资人职责的机构可以授权公司董事会行使股东会的部分职权，但公司章程的制定和修改，公司的合并、分立、解散、申请破产，增加或者减少注册资本，分配利润，应当由履行出资人职责的机构决定。

2.董事会、经理

国有独资公司的董事会依照公司法的规定行使职权。国有独资公司的董事会成员应当过半数为外部董事，并应当有公司职工代表。董事会成员由履行出资人职责的机构委派；但是，董事会成员中的职工代表由公司职工代表大会选举产生。董事会设董事长一人，可以设副董事长。董事长、副董事长由履行出资人职责的机构从董事会成员中指定。

国有独资公司的经理由董事会聘任或者解聘。经履行出资人职责的机构同意，董事会成员可以兼任经理。

国有独资公司的董事、高级管理人员，未经履行出资人职责的机构同意，不得在其他有限责任公司、股份有限公司或者其他经济组织兼职。

3.监事会、监事

国有独资公司在董事会中设置由董事组成的审计委员会行使本法规定的监事会职权的，不设监事会或者监事。

六、内部监督与风控制度

国家出资公司应当依法建立健全内部监督管理和风险控制制度，加强内部合规管理。

第六节 公司董事、监事、高级管理人员的资格和义务

一、公司董事、监事、高级管理人员的资格

法律并未规定公司董事、监事、高级管理人员的积极资格，当然法律并不禁止各个公司根据自身需要对该类人员提出积极资格方面的要求。但《公司法》对哪些主体不能担任该类人员即消极资格作出了规定。其第一百七十八条规定，有下列情形之一的，不得担任公司的董事、监事、高级管理人员：①无民事行为能力或者限制民事行为能力；②因贪污、贿赂、侵占财产、挪用财产或者破坏社会主义市场经济秩序，被判处刑罚，或者因犯罪被剥夺政治权利，执行期满未逾五年，被宣告缓刑的，自缓刑考验期满之日起未逾二年；③担任破产清算的公司、企业的董事或者厂长、经理，对该公司、企业的破产负有个人责任的，自该公司、企业破产清算完结之日起未逾三年；④担任因违法被吊销营业执照、责令关闭的公司、企业的法定代表人，并负有个人责任的，自该公司、企业被吊销营业执照、责令关闭之日起未逾三年；⑤个人因所负数额较大债务到期未清偿被人民法院列为失信被执行人。

需要注意：③④情形适用的前提是“负有个人责任”；⑤要求“个人因所负数额较大债务到期未清偿被人民法院列为失信被执行人”，此前法律规定的是“个人因所负数额较大债务到期未清偿”，要求有所放松。

另外，法律规定，违反上述规定选举、委派董事、监事或者聘任高级管理人员的，该选举、委派或者聘任无效。董事、监事、高级管理人员在任职期间出现上述所列情形的，公司应当解除其职务。

二、公司董事、监事、高级管理人员的义务

1.合法经营义务

《公司法》第一百七十九条规定：“董事、监事、高级管理人员应当遵守法律、行政法规和公司章程。”

2.忠实义务

董事、监事、高级管理人员对公司负有忠实义务，应当采取措施避免自身利益与公司利益冲突，不得利用职权牟取不正当利益。

（1）禁止的行为

《公司法》第一百八十一条规定：“董事、监事、高级管理人员不得有下列行为：①侵占公司财产、挪用公司资金；②将公司资金以其个人名义或者以其他个人名义开立

账户存储；③利用职权贿赂或者收受其他非法收入；④接受他人与公司交易的佣金归为己有；⑤擅自披露公司秘密；⑥违反对公司忠实义务的其他行为。”

（2）与本公司交易

2005年《公司法》将与本公司交易作为禁止情形予以规定：“违反公司章程的规定或者未经股东会、股东大会同意，与本公司订立合同或者进行交易”。

2023年《公司法》并未直接禁止，而是规定了必要的程序，即报告及决议程序。第一百八十二条规定：“董事、监事、高级管理人员，直接或者间接与本公司订立合同或者进行交易，应当就与订立合同或者进行交易有关的事项向董事会或者股东会报告，并按照公司章程的规定经董事会或者股东会决议通过。董事、监事、高级管理人员的近亲属，董事、监事、高级管理人员或者其近亲属直接或者间接控制的企业，以及与董事、监事、高级管理人员有其他关联关系的关联人，与公司订立合同或者进行交易，适用上述规定。”

（3）谋取公司商业机会

《公司法》第一百八十三条规定：“董事、监事、高级管理人员，不得利用职务便利为自己或者他人谋取属于公司的商业机会。但是，有下列情形之一的除外：①向董事会或者股东会报告，并按照公司章程的规定经董事会或者股东会决议通过；②根据法律、行政法规或者公司章程的规定，公司不能利用该商业机会。”

这与2005年《公司法》“未经股东会或者股东大会同意，利用职务便利为自己或者他人谋取属于公司的商业机会”也有较大区别，当时的法律没有赋予董事会该事宜的同意权。

（4）竞业禁止

2005年《公司法》就竞业禁止的规定体现在禁止的行为中：“未经股东会或者股东大会同意，利用职务便利为自己或者他人谋取属于公司的商业机会，自营或者为他人经营与所任职公司同类的业务”，可见，与本公司相竞争需要股东会或股东大会的同意。

2023年《公司法》第一百八十四条则是规定了“董事、监事、高级管理人员未向董事会或者股东会报告，并按照公司章程的规定经董事会或者股东会决议通过，不得自营或者为他人经营与其任职公司同类的业务。”该条款设计了报告与决议的程序，同时也赋予董事会的相关职权。

（5）违反忠实义务的后果

董事会对《公司法》第一百八十二条至第一百八十四条规定的事项决议时，关联董事不得参与表决，其表决权不计入表决权总数。出席董事会会议的无关联关系董事人数不足三人的，应当将该事项提交股东会审议。

董事、监事、高级管理人员违反公司法第一百八十一条至第一百八十四条规定所得的收入应当归公司所有。

3.勤勉义务

董事、监事、高级管理人员对公司负有勤勉义务，执行职务应当为公司的最大利益尽到管理者通常应有的合理注意。

《公司法》对董事、监事、高级管理人员的勤勉义务的规定主要体现在：

（1）股东出资核查及催缴义务

第五十一条规定：有限责任公司成立后，董事会应当对股东的出资情况进行核查，发现股东未按期足额缴纳公司章程规定的出资的，应当由公司向该股东发出书面催缴书，催缴出资。未及时履行前款规定的义务，给公司造成损失的，负有责任的董事应当承担赔偿责任。

（2）股东抽逃出资阻止及催还

第五十三条规定：公司成立后，股东不得抽逃出资。违反该规定的，股东应当返还抽逃的出资；给公司造成损失的，负有责任的董事、监事、高级管理人员应当与该股东承担连带赔偿责任。

（3）阻止财务资助

第一百六十三条规定：公司不得为他人取得本公司或者其母公司的股份提供赠与、借款、担保以及其他财务资助，公司实施员工持股计划的除外。

为公司利益，经股东会决议，或者董事会按照公司章程或者股东会的授权作出决议，公司可以为他人取得本公司或者其母公司的股份提供财务资助，但财务资助的累计总额不得超过已发行股本总额的百分之十。董事会作出决议应当经全体董事的三分之二以上通过。

违反前两款规定，给公司造成损失的，负有责任的董事、监事、高级管理人员应当承担赔偿责任。

（4）不得违规分配利润

《公司法》第二百一十一条规定：公司违反本法规定向股东分配利润的，股东应当将违反规定分配的利润退还公司；给公司造成损失的，股东及负有责任的董事、监事、高级管理人员应当承担赔偿责任。

公司的控股股东、实际控制人不担任公司董事但实际执行公司事务的，适用前前述规定。这叫“实质董事”。

4.损害赔偿责任

（1）一般规定

《公司法》第一百八十八条规定：董事、监事、高级管理人员执行职务违反法律、行政法规或者公司章程的规定，给公司造成损失的，应当承担赔偿责任。

（2）请求与责任主体

第一百八十九条规定：董事、高级管理人员有前条规定的情形的，有限责任公司的股东、股份有限公司连续一百八十日以上单独或者合计持有公司百分之一以上股份的股东，可以书面请求监事会向人民法院提起诉讼；监事有前条规定的情形的，前述股东可以书面请求董事会向人民法院提起诉讼。

监事会或者董事会收到前款规定的股东书面请求后拒绝提起诉讼，或者自收到请求之日起三十日内未提起诉讼，或者情况紧急、不立即提起诉讼将会使公司利益受到难以弥补的损害的，前款规定的股东有权为公司利益以自己的名义直接向人民法院提起诉讼。

他人侵犯公司合法权益，给公司造成损失的，本条第一款规定的股东可以依照前两款的规定向人民法院提起诉讼。

公司全资子公司的董事、监事、高级管理人员有前条规定情形，或者他人侵犯公司全资子公司合法权益造成损失的，有限责任公司的股东、股份有限公司连续一百八十日以上单独或者合计持有公司百分之一以上股份的股东，可以依照前三款规定书面请求全资子公司的监事会、董事会向人民法院提起诉讼或者以自己的名义直接向人民法院提起诉讼。

董事、高级管理人员违反法律、行政法规或者公司章程的规定，损害股东利益的，股东可以向人民法院提起诉讼。

董事、高级管理人员执行职务，给他人造成损害的，公司应当承担赔偿责任；董事、高级管理人员存在故意或者重大过失的，也应当承担赔偿责任。

（3）影子董事与影子高管

公司的控股股东、实际控制人指示董事、高级管理人员从事损害公司或者股东利益的行为的，与该董事、高级管理人员承担连带责任。

（4）责任保险

公司可以在董事任职期间为董事因执行公司职务承担的赔偿责任投保责任保险。公司为董事投保责任保险或者续保后，董事会应当向股东会报告责任保险的投保金额、承保范围及保险费率等内容。

第七节　公司债券

一、公司债券的概念与特征

（一）公司债券的概念

公司债券，是指公司发行的约定按期还本付息的有价证券。2005年《公司法》规定的是“公司债券，是指公司依照法定程序发行、约定在一定期限还本付息的有价证券”。

（二）公司债券的特征

1.公司债券体现的是债权债务关系

购买公司债券是将购买款项借给公司，到期须还本付息。持有公司债券的人是债权人。

2.公司债券是由公司发行的

股票由股份有限公司发行。和股票不同，公司债券由股份有限公司或有限责任公司发行，不限于股份公司。符合条件的公司债券，均可申请上市交易。

3.公司债券具有期限性

公司债券有期限，不像股票具有永久性。

4.公司债券的收益相对稳定

股票的收益须根据公司盈利情况及公司股利政策，具有较大的不确定性，公司债券的利率一般是固定的，与公司盈利不挂钩。

二、公司债券的发行

（一）发行方式

公司债券可以公开发行，也可以非公开发行。公司债券的发行和交易应当符合《中华人民共和国证券法》等法律、行政法规的规定。

（二）公开发行

1.公开发行的条件

根据《证券法》，公开发行公司债券，应当符合下列条件：①具备健全且运行良好的组织机构；②最近三年平均可分配利润足以支付公司债券一年的利息；③国务院规定的其他条件。公开发行公司债券筹集的资金，必须按照公司债券募集办法所列资金用途使用；改变资金用途，必须经债券持有人会议作出决议。公开发行公司债券筹集的资金，不得用于弥补亏损和非生产性支出。

公开发行公司债券，应当经国务院证券监督管理机构注册，公告公司债券募集办法。

2.债券持有人会议

公开发行公司债券的，应当为同期债券持有人设立债券持有人会议，并在债券募集办法中对债券持有人会议的召集程序、会议规则和其他重要事项作出规定。债券持有人会议可以对与债券持有人有利害关系的事项作出决议。除公司债券募集办法另有约定外，债券持有人会议决议对同期全体债券持有人发生效力。

3.债券受托管理人

公开发行公司债券的，发行人应当为债券持有人聘请债券受托管理人，由其为债券持有人办理受领清偿、债权保全、与债券相关的诉讼以及参与债务人破产程序等事项。债券受托管理人应当勤勉尽责，公正履行受托管理职责，不得损害债券持有人利益。受托管理人与债券持有人存在利益冲突可能损害债券持有人利益的，债券持有人会议可以决议变更债券受托管理人。债券受托管理人违反法律、行政法规或者债券持有人会议决议，损害债券持有人利益的，应当承担赔偿责任。

（三）公司债券募集办法

公司债券募集办法应当载明下列主要事项：①公司名称；②债券募集资金的用途；③债券总额和债券的票面金额；④债券利率的确定方式；⑤还本付息的期限和方式；⑥债券担保情况；⑦债券的发行价格、发行的起止日期；⑧公司净资产额；⑨已发行的尚未到期的公司债券总额；⑩公司债券的承销机构。

公司以纸面形式发行公司债券的，应当在债券上载明公司名称、债券票面金额、利率、偿还期限等事项，并由法定代表人签名，公司盖章。公司债券应当为记名债券。

（四）持有人名册

公司发行公司债券应当置备公司债券持有人名册。发行公司债券的，应当在公司债券持有人名册上载明下列事项：①债券持有人的姓名或者名称及住所；②债券持有人取得债券的日期及债券的编号；③债券总额，债券的票面金额、利率、还本付息的期限和方式；④债券的发行日期。

公司债券的登记结算机构应当建立债券登记、存管、付息、兑付等相关制度。

三、公司债券的交易

公司债券可以转让，转让价格由转让人与受让人约定。公司债券的转让应当符合法律、行政法规的规定。公司债券由债券持有人以背书方式或者法律、行政法规规定的其他方式转让；转让后由公司将受让人的姓名或者名称及住所记载于公司债券持有人名册。

四、可转换为股票的公司债券

股份有限公司经股东会决议，或者经公司章程、股东会授权由董事会决议，可以发行可转换为股票的公司债券，并规定具体的转换办法。上市公司发行可转换为股票的公司债券，应当经国务院证券监督管理机构注册。发行可转换为股票的公司债券，应当在债券上标明“可转换公司债券”字样，并在公司债券持有人名册上载明可转换公司债券的数额。

发行可转换为股票的公司债券的，公司应当按照其转换办法向债券持有人换发股票，但债券持有人对转换股票或者不转换股票有选择权。法律、行政法规另有规定的除外。

第八节　公司财务、会计

公司应当依照法律、行政法规和国务院财政部门的规定建立本公司的财务、会计制度。

一、财务会计报告

《公司法》规定，公司应当在每一会计年度终了时编制财务会计报告，并依法经会计师事务所审计。财务会计报告应当依照法律、行政法规和国务院财政部门的规定制作。

有限责任公司应当按照公司章程规定的期限将财务会计报告送交各股东。股份有限公司的财务会计报告应当在召开股东会年会的二十日前置备于本公司，供股东查阅；公开发行股份的股份有限公司应当公告其财务会计报告。财务会计报告主要包括：资产负债表、利润表、现金流量表、附注。

二、公积金与利润分配

（一）公积金的提取

《公司法》要求，公司分配当年税后利润时，应当提取利润的百分之十列入公司法定公积金。公司法定公积金累计额为公司注册资本的百分之五十以上的，可以不再提取。

公司的法定公积金不足以弥补以前年度亏损的，在依照前款规定提取法定公积金之前，应当先用当年利润弥补亏损。

公司从税后利润中提取法定公积金后，经股东会决议，还可以从税后利润中提取任意公积金。

（二）利润分配方法

公司弥补亏损和提取公积金后所余税后利润，有限责任公司按照股东实缴的出资比例分配利润，全体股东约定不按照出资比例分配利润的除外；股份有限公司按照股东所持有的股份比例分配利润，公司章程另有规定的除外。公司持有的本公司股份不得分配利润。

（三）违法分配利润的处理

公司违反规定向股东分配利润的，股东应当将违反规定分配的利润退还公司；给公司造成损失的，股东及负有责任的董事、监事、高级管理人员应当承担赔偿责任。

（四）利润分配的期限

股东会作出分配利润的决议的，董事会应当在股东会决议作出之日起六个月内进行分配。

（五）溢价发行款处理

公司以超过股票票面金额的发行价格发行股份所得的溢价款、发行无面额股所得股款未计入注册资本的金额以及国务院财政部门规定列入资本公积金的其他项目，应当列为公司资本公积金。

（六）公积金的用途

公司的公积金用于弥补公司的亏损、扩大公司生产经营或者转为增加公司注册资本。

公积金弥补公司亏损，应当先使用任意公积金和法定公积金；仍不能弥补的，可以按照规定使用资本公积金。

法定公积金转为增加注册资本时，所留存的该项公积金不得少于转增前公司注册资本的百分之二十五。

三、会计师事务所的聘用、解聘

公司聘用、解聘承办公司审计业务的会计师事务所，按照公司章程的规定，由股东会、董事会或者监事会决定。公司股东会、董事会或者监事会就解聘会计师事务所进行表决时，应当允许会计师事务所陈述意见。

四、会计资料的提供与会计账簿的设置

公司应当向聘用的会计师事务所提供真实、完整的会计凭证、会计账簿、财务会计报告及其他会计资料，不得拒绝、隐匿、谎报。

公司除法定的会计账簿外，不得另立会计账簿。对公司资金，不得以任何个人名义开立账户存储。

第九节　公司合并、分立、增资、减资

公司合并、分立、增资、减资均属于公司重大事项，须由股东会特别决议通过，其中合并、分立、减资可能给公司造成危害，进而损害债权人的合法权益，故需要履行更加严格的程序。

一、公司合并

公司合并是两个以上的公司合成一个公司。

（一）合并方式

公司合并可以采取吸收合并或者新设合并。

1.吸收合并

一个公司吸收其他公司为吸收合并，被吸收的公司解散。

2.新设合并

两个以上公司合并设立一个新的公司为新设合并，合并各方解散。

（二）无须股东会决议的情形

公司与其持股百分之九十以上的公司合并，被合并的公司无须经股东会决议，但应当通知其他股东，其他股东有权请求公司按照合理的价格收购其股权或者股份。

公司合并支付的价款不超过本公司净资产百分之十的，可以不经股东会决议；但是，公司章程另有规定的除外。

公司依照前两款规定合并不经股东会决议的，应当经董事会决议。

（三）通知和公告

公司合并，应当由合并各方签订合并协议，并编制资产负债表及财产清单。公司应当自作出合并决议之日起十日内通知债权人，并于三十日内在报纸上或者国家企业信用信息公示系统公告。债权人自接到通知之日起三十日内，未接到通知的自公告之日起四十五日内，可以要求公司清偿债务或者提供相应的担保。

（四）债务承担

公司合并时，合并各方的债权、债务，应当由合并后存续的公司或者新设的公司承继。

二、公司分立

公司分立是一个公司分成两个以上的公司。分立又分为创设式分立和存续式分立。

（一）通知和公告

公司分立，其财产作相应的分割。

公司分立，应当编制资产负债表及财产清单。公司应当自作出分立决议之日起十日内通知债权人，并于三十日内在报纸上或者国家企业信用信息公示系统公告。

（二）债务承担

公司分立前的债务由分立后的公司承担连带责任。但是，公司在分立前与债权人就债务清偿达成的书面协议另有约定的除外。

三、公司增加注册资本

有限责任公司增加注册资本时，股东在同等条件下有权优先按照实缴的出资比例认缴出资。但是，全体股东约定不按照出资比例优先认缴出资的除外。

股份有限公司为增加注册资本发行新股时，股东不享有优先认购权，公司章程另有规定或者股东会决议决定股东享有优先认购权的除外。

有限责任公司增加注册资本时，股东认缴新增资本的出资，依照设立有限责任公司缴纳出资的有关规定执行。

股份有限公司为增加注册资本发行新股时，股东认购新股，依照设立股份有限公司缴纳股款的有关规定执行。

四、公司减少注册资本

（一）通知和公告

公司减少注册资本，应当编制资产负债表及财产清单。

公司应当自股东会作出减少注册资本决议之日起十日内通知债权人，并于三十日内在报纸上或者国家企业信用信息公示系统公告。债权人自接到通知之日起三十日内，未接到通知的自公告之日起四十五日内，有权要求公司清偿债务或者提供相应的担保。

（二）减资方式

公司减少注册资本，应当按照股东出资或者持有股份的比例相应减少出资额或者股份，法律另有规定、有限责任公司全体股东另有约定或者股份有限公司章程另有规定的除外。

（三）减少注册资本弥补亏损

《公司法》第二百二十五条规定：公司依照本法第二百一十四条第二款的规定弥补亏损后，仍有亏损的，可以减少注册资本弥补亏损。减少注册资本弥补亏损的，公司不得向股东分配，也不得免除股东缴纳出资或者股款的义务。

依照前款规定减少注册资本的，不适用前条第二款的规定，但应当自股东会作出减少注册资本决议之日起三十日内在报纸上或者国家企业信用信息公示系统公告。

公司依照前两款的规定减少注册资本后，在法定公积金和任意公积金累计额达到公司注册资本百分之五十前，不得分配利润。

（四）违法减资的责任

违反本法规定减少注册资本的，股东应当退还其收到的资金，减免股东出资的应当恢复原状；给公司造成损失的，股东及负有责任的董事、监事、高级管理人员应当承担赔偿责任。

第十节　公司解散和清算

一、公司解散

公司解散是因出现法定或约定事由，消灭公司主体资格的行为。

公司因下列原因解散：①公司章程规定的营业期限届满或者公司章程规定的其他解散事由出现；②股东会决议解散；③因公司合并或者分立需要解散；④依法被吊销营业执照、责令关闭或者被撤销；⑤人民法院依照本法第二百三十一条的规定予以解散。

公司出现规定的解散事由，应当在十日内将解散事由通过国家企业信用信息公示系统予以公示。

《公司法》第二百三十一条规定的是公司僵局下的公司强制解散：公司经营管理发生严重困难，继续存续会使股东利益受到重大损失，通过其他途径不能解决的，持有公司百分之十以上表决权的股东，可以请求人民法院解散公司。相关司法解释规定了公司僵局的情形，单独或者合计持有公司全部股东表决权百分之十以上的股东，以下列事由之一提起解散公司诉讼，并符合公司法规定的，人民法院应予受理：①公司持续两年以上无法召开股东会或者股东大会，公司经营管理发生严重困难的；②股东表决时无法达到法定或者公司章程规定的比例，持续两年以上不能作出有效的股东会或者股东大会决议，公司经营管理发生严重困难的；③公司董事长期冲突，且无法通过股东会或者股东大会解决，公司经营管理发生严重困难的；④经营管理发生其他严重困难，公司继续存续会使股东利益受到重大损失的情形。

二、公司清算

（一）清算义务人

公司因《公司法》第二百二十九条第一款第一项、第二项、第四项、第五项规定而解散的，应当清算。董事为公司，应当在解散事由出现之日起十五日内组成清算组进行清算。清算组由董事组成，但是公司章程另有规定或者股东会决议另选他人的除外。清算义务人未及时履行清算义务，给公司或者债权人造成损失的，应当承担赔偿责任。

公司依照规定应当清算，逾期不成立清算组进行清算或者成立清算组后不清算的，利害关系人可以申请人民法院指定有关人员组成清算组进行清算。人民法院应当受理该申请，并及时组织清算组进行清算。

公司因《公司法》第二百二十九条第一款第四项的规定而解散的，作出吊销营业执照、责令关闭或者撤销决定的部门或者公司登记机关，可以申请人民法院指定有关人员组成清算组进行清算。

（二）清算组的职权

清算组在清算期间行使下列职权：①清理公司财产，分别编制资产负债表和财产清单；②通知、公告债权人；③处理与清算有关的公司未了结的业务；④清缴所欠税款以及清算过程中产生的税款；⑤清理债权、债务；⑥分配公司清偿债务后的剩余财产；⑦代表公司参与民事诉讼活动。

清算组应当自成立之日起十日内通知债权人，并于六十日内在报纸上或者国家企业信用信息公示系统公告。债权人应当自接到通知之日起三十日内，未接到通知的自公告之日起四十五日内，向清算组申报其债权。

（三）债权申报

债权人申报债权，应当说明债权的有关事项，并提供证明材料。清算组应当对债权进行登记。

在申报债权期间，清算组不得对债权人进行清偿。

（四）财产分配

清算组在清理公司财产、编制资产负债表和财产清单后，应当制订清算方案，并报股东会或者人民法院确认。

公司财产在分别支付清算费用、职工的工资、社会保险费用和法定补偿金，缴纳所欠税款，清偿公司债务后的剩余财产，有限责任公司按照股东的出资比例分配，股份有限公司按照股东持有的股份比例分配。

清算期间，公司存续，但不得开展与清算无关的经营活动。公司财产在未依照规定清偿前，不得分配给股东。

（五）破产清算

清算组在清理公司财产、编制资产负债表和财产清单后，发现公司财产不足清偿债务的，应当依法向人民法院申请破产清算。

人民法院受理破产申请后，清算组应当将清算事务移交给人民法院指定的破产管理人。

（六）清算组的义务与责任

清算组成员履行清算职责，负有忠实义务和勤勉义务。

清算组成员怠于履行清算职责，给公司造成损失的，应当承担赔偿责任；因故意或者重大过失给债权人造成损失的，应当承担赔偿责任。

三、注销登记

（一）一般规定

公司清算结束后，清算组应当制作清算报告，报股东会或者人民法院确认，并报送公司登记机关，申请注销公司登记。

（二）简易注销

公司在存续期间未产生债务，或者已清偿全部债务的，经全体股东承诺，可以按照规定通过简易程序注销公司登记。

通过简易程序注销公司登记，应当通过国家企业信用信息公示系统予以公告，公告期限不少于二十日。公告期限届满后，未有异议的，公司可以在二十日内向公司登记机关申请注销公司登记。

公司通过简易程序注销公司登记，股东对公司在存续期间未产生债务或者已清偿全部债务的承诺不实的，应当对注销登记前的债务承担连带责任。

（三）强制注销

强制注销很大程度上是为了防止和减少僵尸企业的存在。《公司法》规定，公司被吊销营业执照、责令关闭或者被撤销，满三年未向公司登记机关申请注销公司登记的，公司登记机关可以通过国家企业信用信息公示系统予以公告，公告期限不少于六十日。公告期限届满后，未有异议的，公司登记机关可以注销公司登记。

依照上述规定注销公司登记的，原公司股东、清算义务人的责任不受影响。

第十一节　外国公司的分支机构

外国公司，是指依照外国法律在中华人民共和国境外设立的公司。

一、外国公司分支机构的设立

（一）设立程序

外国公司在中华人民共和国境内设立分支机构，应当向中国主管机关提出申请，并提交其公司章程、所属国的公司登记证书等有关文件，经批准后，向公司登记机关依法办理登记，领取营业执照。外国公司分支机构的审批办法由国务院另行规定。

（二）代表人或者代理人、资金

外国公司在中华人民共和国境内设立分支机构，应当在中华人民共和国境内指定负责该分支机构的代表人或者代理人，并向该分支机构拨付与其所从事的经营活动相适应的资金。

对外国公司分支机构的经营资金需要规定最低限额的，由国务院另行规定。

（三）名称

外国公司的分支机构应当在其名称中标明该外国公司的国籍及责任形式。

（四）章程

外国公司的分支机构应当在本机构中置备该外国公司章程。

二、外国公司分支机构的地位

外国公司在中华人民共和国境内设立的分支机构不具有中国法人资格。外国公司对其分支机构在中华人民共和国境内进行经营活动承担民事责任。

三、外国公司分支机构的义务

经批准设立的外国公司分支机构，在中华人民共和国境内从事业务活动，应当遵守中国的法律，不得损害中国的社会公共利益，其合法权益受中国法律保护。

四、外国公司分支机构的撤销

外国公司撤销其在中华人民共和国境内的分支机构时，应当依法清偿债务，依照公司法有关公司清算程序的规定进行清算。未清偿债务之前，不得将其分支机构的财产转移至中华人民共和国境外。

同步测试

一、单项选择题

1.股份有限公司发起人人数为（　　）。

A.1～200　　B.2～200　　C.1～100　　D.2～100

2.上市公司在一年内购买、出售重大资产或者向他人提供担保的金额超过公司资产总额百分之三十的，应当由股东会作出决议，并经出席会议的股东所持表决权的（　　）以上通过。

A.二分之一　　B.三分之二　　C.四分之三　　D.五分之四

3.股份有限公司设经理，由（　　）决定聘任或者解聘。

A.控股股东　　B.股东会　　C.董事会　　D.监事会

二、多项选择题

1.股东可以（　　）作为出资方式。

A.货币　　B.债权　　C.股权　　D.劳务

2.公司不得收购本公司股份，但是，有下列情形之一的除外（　　）。

A.将股份用于转换公司发行的可转换为股票的公司债券

B.股东因对股东会作出的公司合并、分立决议持异议，要求公司收购其股份

C.将股份用于员工持股计划或者股权激励

D.与持有本公司股份的其他公司合并

3.关于国家出资公司，下列说法正确的有（　　）。

A.国家出资公司，是指国家出资的国有独资公司、国有资本控股公司，包括国家出资的有限责任公司、股份有限公司

B.国家出资公司，由国务院或者地方人民政府分别代表国家依法履行出资人职责，享有出资人权益

C.国家出资公司中中国共产党的组织，按照中国共产党章程的规定发挥领导作用，研究讨论公司重大经营管理事项，支持公司的组织机构依法行使职权

D.国有独资公司不设股东会，由履行出资人职责的机构行使股东会职权

三、思考题

1.股份公司的设立条件包括哪些？与之前的公司法相比，主要变化有哪些？

2.公司董事承担赔偿责任的情形主要有哪些？

第四章 合同法

学习目标

知识目标：

（1）了解和掌握合同的效力情形；

（2）掌握违约责任的承担方式及免责情形。

能力目标：

（1）培养学生对各类合同效力的辨别能力；

（2）学会起草和审核经济生活中的常用合同。

素养目标：

（1）培养诚实守信的基本品格；

（2）学会理解和宽容，不滥用民事权利。

引导案例

甲、乙签订运输合同，约定甲方将一批货物运输至乙方指定地点。甲方依约出发开始行程，途中，甲方车辆被醉酒驾驶的丙所驾驶汽车追尾，导致甲方车辆及货物损毁，无法履行合同义务。乙方要求甲方承担违约责任，但甲方认为事故是由于丙醉驾导致的，自己无过错，无须向乙方承担责任。本纠纷该如何处理？

第一节　合同法概述

一、合同的概念与《民法典》合同编的适用范围

合同是民事主体之间设立、变更、终止民事法律关系的协议。

婚姻、收养、监护等有关身份关系的协议，适用有关该身份关系的法律规定；没有规定的，可以根据其性质参照适用《民法典》合同编规定。

二、合同的分类

（一）典型合同与非典型合同

典型合同是法律明确其名称，并就其制定了具体规则的合同，即有名合同。非典型合同是法律没有明确其名称，更没有具体适用规则，但也是民事主体之间设立、变更、终止民事法律关系的协议，即无名合同。《民法典》或者其他法律没有明文规定的合同，适用合同编通则的规定，并可以参照适用合同编或者其他法律最相类似合同的规定。

不过，依据相关司法解释，人民法院认定当事人之间的权利义务关系，不应当拘泥于合同使用的名称，而应当根据合同约定的内容。当事人主张的权利义务关系与根据合同内容认定的权利义务关系不一致的，人民法院应当结合缔约背景、交易目的、交易结构、履行行为以及当事人是否存在虚构交易标的等事实认定当事人之间的实际民事法律关系。

（二）诺成合同与实践合同

诺成合同是只要当事人意思表示一致，合同即告成立的合同，如买卖合同、租赁合同等，合同大多属于此类。实践合同是不仅需要当事人意思表示一致，还需要标的物交付才能成立的合同，如保管合同。

（三）单务合同与双务合同

单务合同是只有一方当事人承担义务另一方只享有权利的合同，如赠与合同。双务合同是双方当事人均承担义务的合同，基于权利义务的对等性，绝大多数合同均属此类。

（四）有偿合同与无偿合同

有偿合同是当事人获得某项利益必须对待给付的合同，如买卖合同买方获得了货物，但需要支付货款，绝大多数合同是有偿合同。无偿合同是当事人获得某项利益无须对待给付的合同，如赠与合同、自然人之间的借用合同等。需要注意的是，不要把单务合同与无偿合同混淆，如自然人之间的借用合同，虽然借方一般无需对待给付，但有义务返还标的物，故这合同是无偿合同、双务合同。也就是说，无偿合同未必就是单务合同。

（五）要式合同与不要式合同

要式合同是其成立必须具备法律规定特定形式的合同，如商品房买卖合同、保证合同等。不要式合同则是其成立无须具备法律规定特定形式的合同，合同一般是不要式合同。

（六）主合同与从合同

主合同是以无需其他合同存在为前提的合同，而从合同则是需要以其他合同存在为前提的合同。如为了担保借款合同履行而签署保证合同，借款合同是主合同，保证合同是从合同。

合同的分类有利于更好理解各种典型合同的特点。

三、合同的相对性

依法成立的合同，受法律保护。依法成立的合同，仅对当事人具有法律约束力，但是法律另有规定的除外。合同相对性主要体现在主体相对、内容相对、责任相对。当然，合同相对性也有例外，如代位权，后续章节将另有讲解。

四、合同法概述

合同法是规定合同订立、效力、履行、终止、违约责任等制度的法律规范的总称。狭义的合同法是《民法典》合同编。

第二节 合同的订立

一、合同的形式

《民法典》规定了合同的形式：当事人订立合同，可以采用书面形式、口头形式或者其他形式。书面形式是合同书、信件、电报、电传、传真等可以有形地表现所载内容的形式。以电子数据交换、电子邮件等方式能够有形地表现所载内容，并可以随时调取查用的数据电文，视为书面形式。

二、合同的订立过程

当事人订立合同，可以采取要约、承诺方式或者其他方式。合同的订立过程主要是要约和承诺。

（一）要约

1.要约的概念与成立要件

《民法典》规定：要约是希望与他人订立合同的意思表示，该意思表示应当符合下列条件：①内容具体确定；②表明经受要约人承诺，要约人即受该意思表示约束。

2.要约邀请

《民法典》规定：要约邀请是希望他人向自己发出要约的表示。拍卖公告、招标公告、招股说明书、债券募集办法、基金招募说明书、商业广告和宣传、寄送的价目表等为要约邀请。商业广告和宣传的内容符合要约条件的，构成要约。

3.要约的生效

要约生效的时间适用《民法典》第一百三十七条的规定。其第一百三十七条规定："以对话方式作出的意思表示，相对人知道其内容时生效。以非对话方式作出的意思表示，到达相对人时生效。以非对话方式作出的采用数据电文形式的意思表示，相对人指定特定系统接收数据电文的，该数据电文进入该特定系统时生效；未指定特定系统的，相对人知道或者应当知道该数据电文进入其系统时生效。当事人对采用数据电文形式的意思表示的生效时间另有约定的，按照其约定。"

4.要约的撤回

撤回是要约未生效且阻止其生效的行为。要约可以撤回。要约的撤回适用《民法典》第一百四十一条的规定。第一百四十一条规定："行为人可以撤回意思表示。撤回意思表示的通知应当在意思表示到达相对人前或者与意思表示同时到达相对人。"

5.要约的撤销

要约的撤销是要约已生效使其失效。《民法典》规定："要约可以撤销，但是有下列情形之一的除外：①要约人以确定承诺期限或者其他形式明示要约不可撤销；②受要约人有理由认为要约是不可撤销的，并已经为履行合同做了合理准备工作。"

撤销要约的意思表示以对话方式作出的，该意思表示的内容应当在受要约人作出承诺之前为受要约人所知道；撤销要约的意思表示以非对话方式作出的，应当在受要约人作出承诺之前到达受要约人。

6.要约的失效

要约失效的前提是要约已经生效，因此撤回要约不会导致要约生效，只是阻止其生效而已。

《民法典》规定："有下列情形之一的，要约失效：①要约被拒绝；②要约被依法撤销；③承诺期限届满，受要约人未作出承诺；④受要约人对要约的内容作出实质性变更。"

（二）承诺

承诺是受要约人同意要约的意思表示。

1.承诺的方式

《民法典》规定："承诺应当以通知的方式作出；但是，根据交易习惯或者要约表明可以通过行为作出承诺的除外。"

2.承诺的期限

《民法典》规定："承诺应当在要约确定的期限内到达要约人。"

要约没有确定承诺期限的，承诺应当依照下列规定到达：①要约以对话方式作出的，应当即时作出承诺；②要约以非对话方式作出的，承诺应当在合理期限内到达。

要约以信件或者电报作出的，承诺期限自信件载明的日期或者电报交发之日开始计算。信件未载明日期的，自投寄该信件的邮戳日期开始计算。要约以电话、传真、电子邮件等快速通信方式作出的，承诺期限自要约到达受要约人时开始计算。

承诺生效时合同成立，但是法律另有规定或者当事人另有约定的除外。

3.承诺的生效

以通知方式作出的承诺，生效的时间适用《民法典》第一百三十七条的规定。承诺不需要通知的，根据交易习惯或者要约的要求作出承诺的行为时生效。

4.承诺的撤回

承诺可以撤回。承诺的撤回适用《民法典》第一百四十一条的规定。

5.承诺的迟延

（1）受要约人自身原因导致的情形

《民法典》规定："受要约人超过承诺期限发出承诺，或者在承诺期限内发出承诺，按照通常情形不能及时到达要约人的，为新要约；但是，要约人及时通知受要约人该承诺有效的除外。"

（2）受要约人之外的原因导致的情形

《民法典》规定："受要约人在承诺期限内发出承诺，按照通常情形能够及时到达要约人，但是因其他原因致使承诺到达要约人时超过承诺期限的，除要约人及时通知受要约人因承诺超过期限不接受该承诺外，该承诺有效。"

6.承诺的内容变更

《民法典》规定："承诺的内容应当与要约的内容一致。受要约人对要约的内容作出实质性变更的，为新要约。有关合同标的、数量、质量、价款或者报酬、履行期限、履行地点和方式、违约责任和解决争议方法等的变更，是对要约内容的实质性变更。"

承诺对要约的内容作出非实质性变更的，除要约人及时表示反对或者要约表明承诺不得对要约的内容作出任何变更外，该承诺有效，合同的内容以承诺的内容为准。"

（三）强制缔约

《民法典》第四百九十四条规定："国家根据抢险救灾、疫情防控或者其他需要下达国家订货任务、指令性任务的，有关民事主体之间应当依照有关法律、行政法规规定的权利和义务订立合同。依照法律、行政法规的规定负有发出要约义务的当事人，应当及时发出合理的要约。依照法律、行政法规的规定负有作出承诺义务的当事人，不得拒绝对方合理的订立合同要求。"

（四）悬赏广告

悬赏人以公开方式声明对完成特定行为的人支付报酬的，完成该行为的人可以请求其支付。

（五）合同成立的时间、地点

1.合同成立的时间

《民法典》规定：当事人采用合同书形式订立合同的，自当事人均签名、盖章或者按指印时合同成立。在签名、盖章或者按指印之前，当事人一方已经履行主要义务，对方接受时，该合同成立。

法律、行政法规规定或者当事人约定合同应当采用书面形式订立，当事人未采用书面形式但是一方已经履行主要义务，对方接受时，该合同成立。当事人采用信件、数据电文等形式订立合同要求签订确认书的，签订确认书时合同成立。

当事人一方通过互联网等信息网络发布的商品或者服务信息符合要约条件的，对方选择该商品或者服务并提交订单成功时合同成立，但是当事人另有约定的除外。

2.合同成立的地点

《民法典》规定：承诺生效的地点为合同成立的地点。采用数据电文形式订立合同的，收件人的主营业地为合同成立的地点；没有主营业地的，其住所地为合同成立的地点。当事人另有约定的，按照其约定。

当事人采用合同书形式订立合同的，最后签名、盖章或者按指印的地点为合同成立的地点，但是当事人另有约定的除外。

3.预约合同

《民法典》对预约合同进行了规定：当事人约定在将来一定期限内订立合同的认购书、订购书、预订书等，构成预约合同。当事人一方不履行预约合同约定的订立合同义务的，对方可以请求其承担预约合同的违约责任。

《最高人民法院关于适用〈中华人民共和国民法典〉合同编通则若干问题的解释》规定：当事人以认购书、订购书、预订书等形式约定在将来一定期限内订立合同，或者为担保在将来一定期限内订立合同交付了定金，能够确定将来所要订立合同的主体、标的等内容的，人民法院应当认定预约合同成立。

当事人通过签订意向书或者备忘录等方式，仅表达交易的意向，未约定在将来一定期限内订立合同，或者虽然有约定但是难以确定将来所要订立合同的主体、标的等内容，一方主张预约合同成立的，人民法院不予支持。

当事人订立的认购书、订购书、预订书等已就合同标的、数量、价款或者报酬等主要内容达成合意，符合本解释第三条第一款规定的合同成立条件，未明确约定在将来一定期限内另行订立合同，或者虽然有约定但是当事人一方已实施履行行为且对方接受的，人民法院应当认定本约合同成立。

预约合同生效后，当事人一方拒绝订立本约合同或者在磋商订立本约合同时违背诚信原则导致未能订立本约合同的，人民法院应当认定该当事人不履行预约合同约定的义务。

人民法院认定当事人一方在磋商订立本约合同时是否违背诚信原则，应当综合考虑该当事人在磋商时提出的条件是否明显背离预约合同约定的内容以及是否已尽合理努力进行协商等因素。

预约合同生效后，当事人一方不履行订立本约合同的义务，对方请求其赔偿因此造成的损失的，人民法院依法予以支持。

关于损失赔偿，当事人有约定的，按照约定；没有约定的，人民法院应当综合考虑预约合同在内容上的完备程度以及订立本约合同的条件的成就程度等因素酌定。

三、合同的内容

（一）一般条款

合同的内容具有较强的灵活性，大多属于当事人自主约定的范畴，不同类型的合同涉及的具体条款也应该有所不同。《民法典》第四百七十条对此作出了规定，合同的内容由当事人约定，一般包括下列条款：①当事人的姓名或者名称和住所；②标的；③数量；④质量；⑤价款或者报酬；⑥履行期限、地点和方式；⑦违约责任；⑧解决争议的方法。当事人可以参照各类合同的示范文本订立合同。

(二)格式条款

1.格式条款的概念

格式条款是当事人为了重复使用而预先拟定，并在订立合同时未与对方协商的条款。

2.提供格式条款一方的义务

《民法典》规定：采用格式条款订立合同的，提供格式条款的一方应当遵循公平原则确定当事人之间的权利和义务，并采取合理的方式提示对方注意免除或者减轻其责任等与对方有重大利害关系的条款，按照对方的要求，对该条款予以说明。提供格式条款的一方未履行提示或者说明义务，致使对方没有注意或者理解与其有重大利害关系的条款的，对方可以主张该条款不成为合同的内容。

3.格式条款无效

《民法典》第四百九十七条列举了格式条款无效情形：“①具有《民法典》第一编第六章第三节和第五百零六条规定的无效情形；②提供格式条款一方不合理地免除或者减轻其责任、加重对方责任、限制对方主要权利；③提供格式条款一方排除对方主要权利。”

4.格式条款的解释

《民法典》第四百九十八条规定：“对格式条款的理解发生争议的，应当按照通常理解予以解释。对格式条款有两种以上解释的，应当作出不利于提供格式条款一方的解释。格式条款和非格式条款不一致的，应当采用非格式条款。”

《最高人民法院关于适用〈中华人民共和国民法典〉合同编通则若干问题的解释》规定：人民法院依据《民法典》第一百四十二条第一款、第四百六十六条第一款的规定解释合同条款时，应当以词句的通常含义为基础，结合相关条款、合同的性质和目的、习惯以及诚信原则，参考缔约背景、磋商过程、履行行为等因素确定争议条款的含义。有证据证明当事人之间对合同条款有不同于词句的通常含义的其他共同理解，一方主张按照词句的通常含义理解合同条款的，人民法院不予支持。对合同条款有两种以上解释，可能影响该条款效力的，人民法院应当选择有利于该条款有效的解释；属于无偿合同的，应当选择对债务人负担较轻的解释。

另外，《最高人民法院关于适用〈中华人民共和国民法典〉合同编通则若干问题的解释》还规定：合同条款符合《民法典》第四百九十六条第一款规定的情形，当事人仅以合同系依据合同示范文本制作或者双方已经明确约定合同条款不属于格式条款为由主张该条款不是格式条款的，人民法院不予支持。

从事经营活动的当事人一方仅以未实际重复使用为由主张其预先拟定且未与对方协商的合同条款不是格式条款的，人民法院不予支持。但是，有证据证明该条款不是为了重复使用而预先拟定的除外。

提供格式条款的一方在合同订立时采用通常足以引起对方注意的文字、符号、字体等明显标识，提示对方注意免除或者减轻其责任、排除或者限制对方权利等与对方有重大利害关系的异常条款的，人民法院可以认定其已经履行《民法典》第四百九十六条第二款规定的提示义务。

提供格式条款的一方按照对方的要求，就与对方有重大利害关系的异常条款的概念、内容及其法律后果以书面或者口头形式向对方作出通常能够理解的解释说明的，人民法院可以认定其已经履行《民法典》第四百九十六条第二款规定的说明义务。

提供格式条款的一方对其已经尽到提示义务或者说明义务承担举证责任。对于通过互联网等信息网络订立的电子合同，提供格式条款的一方仅以采取了设置勾选、弹窗等方式为由主张其已经履行提示义务或者说明义务的，人民法院不予支持，但是其举证符合前述规定的除外。

（三）免责条款

免责条款是免除责任的条款，一般是法律所允许的。但根据规定，合同中的下列免责条款无效：①造成对方人身损害的；②因故意或者重大过失造成对方财产损失的。

四、缔约过失责任

1.缔约过失责任的概念

缔约过失责任是在缔结合同过程中，一方因故意或重大过失导致合同不成立、合同无效、合同被撤销、合同未被追认，而应向对方承担的赔偿责任。

2.缔约过失的情形

《民法典》规定了缔约过失的情形。当事人在订立合同过程中有下列情形之一，造成对方损失的，应当承担赔偿责任：①假借订立合同，恶意进行磋商；②故意隐瞒与订立合同有关的重要事实或者提供虚假情况；③有其他违背诚信原则的行为。

3.违反保密义务的赔偿责任

当事人在订立合同过程中知悉的商业秘密或者其他应当保密的信息，无论合同是否成立，不得泄露或者不正当地使用；泄露、不正当地使用该商业秘密或者信息，造成对方损失的，应当承担赔偿责任。

合同不生效、无效、被撤销或者终止的，不影响合同中有关解决争议方法的条款的效力。

第三节　合同的效力

一、合同效力与合同成立

合同效力是指已经成立的合同，是否具有法律拘束力。

合同效力与合同成立是不同的概念。合同成立是当事人达成意思表示一致，实践合同还需要标的物的交付。合同成立仅是合同生效的前提，没有合同成立，合同效力也就无从谈起。合同成立是当事人可以决定的，但合同效力除了合同成立外，还需要以法律形式体现的国家意志。合同效力情形主要包括合同有效、合同无效、合同可撤销、合同效力待定。

二、生效合同

合同生效是指依法成立的合同，产生法律上的拘束力。

（一）合同生效时间

根据规定，合同生效时间有如下情形：

1.成立时生效

《民法典》第五百零二条规定："依法成立的合同，自成立时生效，但是法律另有规定或者当事人另有约定的除外。"

《最高人民法院关于适用〈中华人民共和国民法典〉合同编通则若干问题的解释》规定：当事人对合同是否成立存在争议，人民法院能够确定当事人姓名或者名称、标的和数量的，一般应当认定合同成立。但是，法律另有规定或者当事人另有约定的除外。根据规定能够认定合同已经成立的，对合同欠缺的内容，人民法院应当依据《民法典》第五百一十条、第五百一十一条等规定予以确定。当事人主张合同无效或者请求撤销、解除合同等，人民法院认为合同不成立的，应当依据《最高人民法院关于民事诉讼证据的若干规定》第五十三条的规定将合同是否成立作为焦点问题进行审理，并可以根据案件的具体情况重新指定举证期限。

2.办理批准手续方能生效的

根据《民法典》，依照法律、行政法规的规定，合同应当办理批准等手续的，依照其规定。未办理批准等手续影响合同生效的，不影响合同中履行报批等义务条款以及相关条款的效力。应当办理申请批准等手续的当事人未履行义务的，对方可以请求其承担违反该义务的责任。依照法律、行政法规的规定，合同的变更、转让、解除等情形应当办理批准等手续的，适用前述规定。

根据有关司法解释，合同依法成立后，负有报批义务的当事人不履行报批义务或者履行报批义务不符合合同的约定或者法律、行政法规的规定，对方请求其继续履行报批义务的，人民法院应予支持；对方主张解除合同并请求其承担违反报批义务的赔偿责任的，人民法院应予支持。人民法院判决当事人一方履行报批义务后，其仍不履行，对方主张解除合同并参照违反合同的违约责任请求其承担赔偿责任的，人民法院应予支持。合同获得批准前，当事人一方起诉请求对方履行合同约定的主要义务，经释明后拒绝变更诉讼请求的，人民法院应当判决驳回其诉讼请求，但是不影响其另行提起诉讼。负有报批义务的当事人已经办理申请批准等手续或者已经履行生效判决确定的报批义务，批准机关决定不予批准，对方请求其承担赔偿责任的，人民法院不予支持。但是，因迟延履行报批义务等可归责于当事人的原因导致合同未获批准，对方请求赔偿因此受到的损失的，人民法院应当依据《民法典》第一百五十七条的规定处理。

合同存在无效或者可撤销的情形，当事人以该合同已在有关行政管理部门办理备案、已经批准机关批准或者已依据该合同办理财产权利的变更登记、移转登记等为由主张合同有效的，人民法院不予支持。

3. 需要登记，但不是合同生效要件的

如对于房屋买卖合同，只有办理房屋产权转移登记，才能发生物权变动的效力。即使没有办理登记，买卖合同依然有效，只是不发生物权变动而已。

4. 附条件、附期限生效的合同

这种情形主要依据的是《民法典》民事法律行为的有关规定：民事法律行为可以附条件，但是根据其性质不得附条件的除外。附生效条件的民事法律行为，自条件成就时生效。附解除条件的民事法律行为，自条件成就时失效。附条件的民事法律行为，当事人为自己的利益不正当地阻止条件成就的，视为条件已经成就；不正当地促成条件成就的，视为条件不成就。

民事法律行为可以附期限，但是根据其性质不得附期限的除外。附生效期限的民事法律行为，自期限届至时生效。附终止期限的民事法律行为，自期限届满时失效。

《最高人民法院关于适用〈中华人民共和国民法典〉总则编若干问题的解释》规定：民事法律行为所附条件不可能发生，当事人约定为生效条件的，人民法院应当认定民事法律行为不发生效力；当事人约定为解除条件的，应当认定未附条件，民事法律行为是否失效，依照《民法典》和相关法律、行政法规的规定认定。

（二）合同生效的条件

依据《民法典》第一百四十三条的规定，具备下列条件的民事法律行为有效：①行为人具有相应的民事行为能力；②意思表示真实；③不违反法律、行政法规的强制性规定，不违背公序良俗。需要注意的是，①并不要求行为人非得具有完全民事行为能力，只要是有相应的行为能力即可。

缺少其中任何一个条件，就可能是其他效力情形的一种，合同四种效力情形之间有着密切的联系。

三、无效合同

（一）无效合同的概念、特点

无效合同是指合同严重欠缺生效要件，不具有法律上的拘束力。合同无效为自始无效、当然无效、确定无效。民事法律行为部分无效，不影响其他部分效力的，其他部分仍然有效。

（二）无效合同的情形

无效合同的情形主要有：

1. 无民事行为能力人实施的民事法律行为无效

2. 行为人与相对人以虚假的意思表示实施的民事法律行为无效

根据相关司法解释，当事人之间就同一交易订立多份合同，人民法院应当认定其中以虚假意思表示订立的合同无效。当事人为规避法律、行政法规的强制性规定，以虚假意思表示隐藏真实意思表示的，人民法院应当依据《民法典》第一百五十三条第一款的规定认定被隐藏合同的效力；当事人为规避法律、行政法规关于合同应当办理批准等手续的规定，以虚假意思表示隐藏真实意思表示的，人民法院应当依据《民法典》第五百零二条第二款的规定认定被隐藏合同的效力。认定被隐藏合同无效或者确定不发生效力的，人民法院应当以被隐藏合同为事实基础，依据《民法典》第一百五十七条的规定确定当事人的民事责任。但是，法律另有规定的除外。

当事人就同一交易订立的多份合同均系真实意思表示，且不存在其他影响合同效力情形的，人民法院应当在查明各合同成立先后顺序和实际履行情况的基础上，认定合同内容是否发生变更。法律、行政法规禁止变更合同内容的，人民法院应当认定合同的相应变更无效。

3.违反法律、行政法规的强制性规定的民事法律行为无效。但是，该强制性规定不导致该民事法律行为无效的除外

相关司法解释对此进行了规定，合同违反法律、行政法规的强制性规定，有下列情形之一，由行为人承担行政责任或者刑事责任能够实现强制性规定的立法目的的，人民法院可以依据《民法典》第一百五十三条第一款关于“该强制性规定不导致该民事法律行为无效的除外”的规定认定该合同不因违反强制性规定无效：①强制性规定虽然旨在维护社会公共秩序，但是合同的实际履行对社会公共秩序造成的影响显著轻微，认定合同无效将导致案件处理结果有失公平公正；②强制性规定旨在维护政府的税收、土地出让金等国家利益或者其他民事主体的合法利益而非合同当事人的民事权益，认定合同有效不会影响该规范目的的实现；③强制性规定旨在要求当事人一方加强风险控制、内部管理等，对方无能力或者无义务审查合同是否违反强制性规定，认定合同无效将使其承担不利后果；④当事人一方虽然在订立合同时违反强制性规定，但是在合同订立后其已经具备补正违反强制性规定的条件却违背诚信原则不予补正；⑤法律、司法解释规定的其他情形。

法律、行政法规的强制性规定旨在规制合同订立后的履行行为，当事人以合同违反强制性规定为由请求认定合同无效的，人民法院不予支持。但是，合同履行必然导致违反强制性规定或者法律、司法解释另有规定的除外。

依据前述规定认定合同有效，但是当事人的违法行为未经处理的，人民法院应当向有关行政管理部门提出司法建议。当事人的行为涉嫌犯罪的，应当将案件线索移送刑事侦查机关；属于刑事自诉案件的，应当告知当事人可以向有管辖权的人民法院另行提起诉讼。

4.违背公序良俗的民事法律行为无效

合同虽然不违反法律、行政法规的强制性规定，但是有下列情形之一，人民法院应当依据《民法典》第一百五十三条第二款的规定认定合同无效：①合同影响政治安全、经济安全、军事安全等国家安全的；②合同影响社会稳定、公平竞争秩序或者损害社会公共利益等违背社会公共秩序的；③合同背离社会公德、家庭伦理或者有损人格尊严等违背善良风俗的。

人民法院在认定合同是否违背公序良俗时，应当以社会主义核心价值观为导向，综合考虑当事人的主观动机和交易目的、政府部门的监管强度、一定期限内当事人从事类

似交易的频次、行为的社会后果等因素，并在裁判文书中充分说理。当事人确因生活需要进行交易，未给社会公共秩序造成重大影响，且不影响国家安全，也不违背善良风俗的，人民法院不应当认定合同无效。

5.行为人与相对人恶意串通，损害他人合法权益的民事法律行为无效

无效合同自始即无效。

四、可撤销合同

（一）可撤销合同的概念

可撤销合同是合同一方当事人意思表示不真实，撤销权人有权请求人民法院或仲裁机构予以撤销的合同。

可撤销合同在被撤销之前是有效的，只是因为欠缺意思表示真实的要件，面临被撤销的风险。一旦被撤销，自始无效。

（二）可撤销合同的情形

根据《民法典》，可撤销民事法律行为有如下情形：

1.基于重大误解实施的民事法律行为，行为人有权请求人民法院或者仲裁机构予以撤销

《最高人民法院关于适用〈中华人民共和国民法典〉总则编若干问题的解释》第十九条规定，行为人对行为的性质、对方当事人或者标的物的品种、质量、规格、价格、数量等产生错误认识，按照通常理解如果不发生该错误认识行为人就不会作出相应意思表示的，人民法院可以认定为《民法典》第一百四十七条规定的重大误解。行为人能够证明自己实施民事法律行为时存在重大误解，并请求撤销该民事法律行为的，人民法院依法予以支持；但是，根据交易习惯等认定行为人无权请求撤销的除外。行为人以其意思表示存在第三人转达错误为由请求撤销民事法律行为的，适用上述规定。

2.一方以欺诈手段，使对方在违背真实意思的情况下实施的民事法律行为，受欺诈方有权请求人民法院或者仲裁机构予以撤销

《最高人民法院关于适用〈中华人民共和国民法典〉总则编若干问题的解释》规定：故意告知虚假情况，或者负有告知义务的人故意隐瞒真实情况，致使当事人基于错误认识作出意思表示的，人民法院可以认定为《民法典》第一百四十八条、第一百四十九条规定的欺诈。

3.第三人实施欺诈行为，使一方在违背真实意思的情况下实施的民事法律行为，对方知道或者应当知道该欺诈行为的，受欺诈方有权请求人民法院或者仲裁机构予以撤销

《最高人民法院关于适用〈中华人民共和国民法典〉合同编通则若干问题的解释》规定：第三人实施欺诈、胁迫行为，使当事人在违背真实意思的情况下订立合同，受到损失的当事人请求第三人承担赔偿责任的，人民法院依法予以支持；当事人亦有违背诚信原则的行为的，人民法院应当根据各自的过错确定相应的责任。但是，法律、司法解释对当事人与第三人的民事责任另有规定的，依照其规定。

4.一方或者第三人以胁迫手段，使对方在违背真实意思的情况下实施的民事法律行为，受胁迫方有权请求人民法院或者仲裁机构予以撤销

《最高人民法院关于适用〈中华人民共和国民法典〉总则编若干问题的解释》规定：以给自然人及其近亲属等的人身权利、财产权利以及其他合法权益造成损害或者以给法人、非法人组织的名誉、荣誉、财产权益等造成损害为要挟，迫使其基于恐惧心理作出意思表示的，人民法院可以认定为《民法典》第一百五十条规定的胁迫。

5.一方利用对方处于危困状态、缺乏判断能力等情形，致使民事法律行为成立时显失公平的，受损害方有权请求人民法院或者仲裁机构予以撤销

根据有关司法解释，当事人一方是自然人，根据该当事人的年龄、智力、知识、经验并结合交易的复杂程度，能够认定其对合同的性质、合同订立的法律后果或者交易中存在的特定风险缺乏应有的认知能力的，人民法院可以认定该情形构成《民法典》第一百五十一条规定的“缺乏判断能力”。

（三）撤销权的消灭

撤销权实际仅是权利人的申请权，合同能否撤销依据人民法院或仲裁机构的裁决，决定权在于人民法院或仲裁机构。为了及时稳定合同权利义务关系。《民法典》规定了撤销权消灭的情形：有下列情形之一的，撤销权消灭：①当事人自知道或者应当知道撤销事由之日起一年内、重大误解的当事人自知道或者应当知道撤销事由之日起九十日内没有行使撤销权；②当事人受胁迫，自胁迫行为终止之日起一年内没有行使撤销权；③当事人知道撤销事由后明确表示或者以自己的行为表明放弃撤销权。当事人自民事法律行为发生之日起五年内没有行使撤销权的，撤销权消灭。

五、效力待定合同

（一）效力待定合同的概念

效力待定合同是指合同虽已成立，但因欠缺必要的主体要件，权利人追认后才能生效的合同。一旦权利人拒绝追认或在法定期间内未作意思表示，则合同无效。效力待定合同在权利人作出意思表示前效力不确定，可能有效也可能无效。一旦权利人作出意思表示，则确定地有效或无效。

（二）效力待定合同的情形

1.限制民事行为能力人订立的超越其行为能力的合同

《民法典》规定：限制民事行为能力人实施的纯获利益的民事法律行为或者与其年龄、智力、精神健康状况相适应的民事法律行为有效；实施的其他民事法律行为经法定代理人同意或者追认后有效。

相对人可以催告法定代理人自收到通知之日起三十日内予以追认。法定代理人未作表示的，视为拒绝追认。民事法律行为被追认前，善意相对人有撤销的权利。撤销应当以通知的方式作出。

2.狭义无权代理人签订的合同

《民法典》第一百七十一条作出了详细规定。行为人没有代理权、超越代理权或者

代理权终止后，仍然实施代理行为，未经被代理人追认的，对被代理人不发生效力。相对人可以催告被代理人自收到通知之日起三十日内予以追认。被代理人未作表示的，视为拒绝追认。行为人实施的行为被追认前，善意相对人有撤销的权利。撤销应当以通知的方式作出。行为人实施的行为未被追认的，善意相对人有权请求行为人履行债务或者就其受到的损害请求行为人赔偿。但是，赔偿的范围不得超过被代理人追认时相对人所能获得的利益。相对人知道或者应当知道行为人无权代理的，相对人和行为人按照各自的过错承担责任。

表见代理行为签订的合同有效：行为人没有代理权、超越代理权或者代理权终止后，仍然实施代理行为，相对人有理由相信行为人有代理权的，代理行为有效。

需要特别注意的是，原《中华人民共和国合同法》还规定了一种效力待定的合同：无权处分。但根据《民法典》第五百九十七条规定，因出卖人未取得处分权致使标的物所有权不能转移的，买受人可以解除合同并请求出卖人承担违约责任。法律、行政法规禁止或者限制转让的标的物，依照其规定。这实际上认可了一般买卖合同中无权处分行为的效力。

六、合同不成立、无效、被撤销或者确定不发生效力的法律后果

合同无效、被撤销的法律后果主要是返还财产和赔偿损失。

《民法典》第一百五十七条规定：“民事法律行为无效、被撤销或者确定不发生效力后，行为人因该行为取得的财产，应当予以返还；不能返还或者没有必要返还的，应当折价补偿。有过错的一方应当赔偿对方由此所受到的损失；各方都有过错的，应当各自承担相应的责任。法律另有规定的，依照其规定。”

依据《最高人民法院关于适用〈中华人民共和国民法典〉合同编通则若干问题的解释》，合同不成立、无效、被撤销或者确定不发生效力，当事人请求返还财产，经审查财产能够返还的，人民法院应当根据案件具体情况，单独或者合并适用返还占有的标的物、更正登记簿册记载等方式；经审查财产不能返还或者没有必要返还的，人民法院应当以认定合同不成立、无效、被撤销或者确定不发生效力之日该财产的市场价值或者以其他合理方式计算的价值为基准判决折价补偿。

除前述规定的情形外，当事人还请求赔偿损失的，人民法院应当结合财产返还或者折价补偿的情况，综合考虑财产增值收益和贬值损失、交易成本的支出等事实，按照双方当事人的过错程度及原因力大小，根据诚信原则和公平原则，合理确定损失赔偿额。

合同不成立、无效、被撤销或者确定不发生效力，当事人的行为涉嫌违法且未经处理，可能导致一方或者双方通过违法行为获得不当利益的，人民法院应当向有关行政管理部门提出司法建议。当事人的行为涉嫌犯罪的，应当将案件线索移送刑事侦查机关；属于刑事自诉案件的，应当告知当事人可以向有管辖权的人民法院另行提起诉讼。

合同不成立、无效、被撤销或者确定不发生效力，有权请求返还价款或者报酬的当

事人一方请求对方支付资金占用费的，人民法院应当在当事人请求的范围内按照中国人民银行授权全国银行间同业拆借中心公布的一年期贷款市场报价利率（LPR）计算。但是，占用资金的当事人对于合同不成立、无效、被撤销或者确定不发生效力没有过错的，应当以中国人民银行公布的同期同类存款基准利率计算。

双方互负返还义务，当事人主张同时履行的，人民法院应予支持；占有标的物的一方对标的物存在使用或者依法可以使用的情形，对方请求将其应支付的资金占用费与应收取的标的物使用费相互抵销的，人民法院应予支持，但是法律另有规定的除外。

第四节　合同的履行

一、合同履行的原则

（一）全面履行原则

当事人应当按照约定全面履行自己的义务。签订合同旨在通过合同履行实现当事人各自目的。只有全面履行各方义务，才能使合同内容落到实处。

（二）诚实信用原则

诚信原则是民法的基本原则，是合同法的基本原则，也是合同履行的基本原则。诚信原则要求合同当事人在合同履行过程中不仅要维护自己的权利，还要兼顾对方的利益。法律要求当事人应当遵循诚信原则，根据合同的性质、目的和交易习惯履行通知、协助、保密等义务。

（三）绿色原则

该原则是《民法典》对合同履行的新要求，当事人在履行合同过程中，应当避免浪费资源、污染环境和破坏生态。该原则也是民法基本原则中绿色原则的体现。

二、合同履行的规则

（一）合同内容缺失时的履行规则

由于当事人法律知识、业务能力的限制，其所签合同往往欠缺本应具备的内容。这些内容的缺失，并不会当然引起合同不成立或无效。出于提升交易效率和节约社会资源的考虑，法律设计了重要条款缺失时的履行规则。

《民法典》第五百一十条规定："合同生效后，当事人就质量、价款或者报酬、履行地点等内容没有约定或者约定不明确的，可以协议补充；不能达成补充协议的，按照合同相关条款或者交易习惯确定。"

1.协议补充

2.按照合同相关条款或者交易习惯确定

《最高人民法院关于适用〈中华人民共和国民法典〉合同编通则若干问题的解释》第二条规定了"交易习惯"的认定标准。下列情形，不违反法律、行政法规的强制性规定且不违背公序良俗的，人民法院可以认定为《民法典》所称的"交易习惯"：①当事人之间在交易活动中的惯常做法；②在交易行为当地或者某一领域、某一行业通常采用并为交易对方订立合同时所知道或者应当知道的做法。对于交易习惯，由提出主张的当事人一方承担举证责任。

3.依据法律规定履行

依据上述方法还不能解决的，《民法典》第五百一十一条提供了其他解决办法：

（1）质量要求不明确的，按照强制性国家标准履行；没有强制性国家标准的，按照推荐性国家标准履行；没有推荐性国家标准的，按照行业标准履行；没有国家标准、行业标准的，按照通常标准或者符合合同目的的特定标准履行。

（2）价款或者报酬不明确的，按照订立合同时履行地的市场价格履行；依法应当执行政府定价或者政府指导价的，依照规定履行。

司法解释规定，当事人一方未根据法律规定或者合同约定履行开具发票、提供证明文件等非主要债务，对方请求继续履行该债务并赔偿因怠于履行该债务造成的损失的，人民法院依法予以支持；对方请求解除合同的，人民法院不予支持，但是不履行该债务致使不能实现合同目的或者当事人另有约定的除外。

（3）履行地点不明确，给付货币的，在接受货币一方所在地履行；交付不动产的，在不动产所在地履行；其他标的，在履行义务一方所在地履行。

（4）履行期限不明确的，债务人可以随时履行，债权人也可以随时请求履行，但是应当给对方必要的准备时间。

（5）履行方式不明确的，按照有利于实现合同目的的方式履行。

（6）履行费用的负担不明确的，由履行义务一方负担；因债权人原因增加的履行费用，由债权人负担。

以支付金钱为内容的债，除法律另有规定或者当事人另有约定外，债权人可以请求债务人以实际履行地的法定货币履行。

（二）电子合同的履行

《民法典》第五百一十二条对电子合同的履行进行了规范。通过互联网等信息网络订立的电子合同的标的为交付商品并采用快递物流方式交付的，收货人的签收时间为交付时间。电子合同的标的为提供服务的，生成的电子凭证或者实物凭证中载明的时间为提供服务时间；前述凭证没有载明时间或者载明时间与实际提供服务时间不一致的，以实际提供服务的时间为准。电子合同的标的物为采用在线传输方式交付的，合同标的物进入对方当事人指定的特定系统且能够检索识别的时间为交付时间。电子合同当事人对交付商品或者提供服务的方式、时间另有约定的，按照其约定。

（三）价格变化时的履行规则

合同一般按照约定的价格进行结算。但由于一些特殊标的物实行政府定价或政府指导价，在一方当事人违约时，执行对其不利的价格有利于保护守约方的利益，并促进诚信原则的实现。

依据《民法典》的规定，执行政府定价或者政府指导价的，在合同约定的交付期限内政府价格调整时，按照交付时的价格计价。逾期交付标的物的，遇价格上涨时，按照原价格执行；价格下降时，按照新价格执行。逾期提取标的物或者逾期付款的，遇价格上涨时，按照新价格执行；价格下降时，按照原价格执行。

（四）向第三人履行、由第三人履行的规则

合同约定向第三人履行或者由第三人履行，基本的规则还是依据合同的相对性进行处理，即合同当事人之间承担或主张违约责任。《民法典》对此制定了详细规则：

1.向第三人履行

当事人约定由债务人向第三人履行债务，债务人未向第三人履行债务或者履行债务不符合约定的，应当向债权人承担违约责任。

法律规定或者当事人约定第三人可以直接请求债务人向其履行债务，第三人未在合理期限内明确拒绝，债务人未向第三人履行债务或者履行债务不符合约定的，第三人可以请求债务人承担违约责任；债务人对债权人的抗辩，可以向第三人主张。《最高人民法院关于适用〈中华人民共和国民法典〉合同编通则若干问题的解释》第二十九条规定：《民法典》第五百二十二条第二款规定的第三人请求债务人向自己履行债务的，人民法院应予支持；请求行使撤销权、解除权等民事权利的，人民法院不予支持，但是法律另有规定的除外。合同依法被撤销或者被解除，债务人请求债权人返还财产的，人民法院应予支持。债务人按照约定向第三人履行债务，第三人拒绝受领，债权人请求债务人向自己履行债务的，人民法院应予支持，但是债务人已经采取提存等方式消灭债务的除外。第三人拒绝受领或者受领迟延，债务人请求债权人赔偿因此造成的损失的，人民法院依法予以支持。

2.由第三人履行

当事人约定由第三人向债权人履行债务，第三人不履行债务或者履行债务不符合约定的，债务人应当向债权人承担违约责任。

债务人不履行债务，第三人对履行该债务具有合法利益的，第三人有权向债权人代为履行；但是，根据债务性质、按照当事人约定或者依照法律规定只能由债务人履行的除外。债权人接受第三人履行后，其对债务人的债权转让给第三人，但是债务人和第三人另有约定的除外。根据司法解释，下列民事主体，人民法院可以认定为对履行债务具有合法利益的第三人：①保证人或者提供物的担保的第三人；②担保财产的受让人、用益物权人、合法占有人；③担保财产上的后顺位担保权人；④对债务人的财产享有合法权益且该权益将因财产被强制执行而丧失的第三人；⑤债务人为法人或者非法人组织的，其出资人或者设立人；⑥债务人为自然人的，其近亲属；⑦其他对履行债务具有合法利益的第三人。

第三人在其已经代为履行的范围内取得对债务人的债权，但是不得损害债权人的利益。

（五）选择之债的履行

根据《民法典》的规定，以支付金钱为内容的债，除法律另有规定或者当事人另有约定外，债权人可以请求债务人以实际履行地的法定货币履行。

标的有多项而债务人只需履行其中一项的，债务人享有选择权；但是，法律另有规定、当事人另有约定或者另有交易习惯的除外。

享有选择权的当事人在约定期限内或者履行期限届满未作选择，经催告后在合理期限内仍未选择的，选择权转移至对方。

当事人行使选择权应当及时通知对方，通知到达对方时，标的确定。标的确定后不得变更，但是经对方同意的除外。

可选择的标的发生不能履行情形的，享有选择权的当事人不得选择不能履行的标的，但是该不能履行的情形是由对方造成的除外。

（六）多数人之债的履行

1.按份之债、连带之债的概念

多数人之债是指债权人或债务人或两者为两人以上的债。

债权人为两人以上，标的可分，按照份额各自享有债权的，为按份债权；债务人为两人以上，标的可分，按照份额各自负担债务的，为按份债务。按份债权人或者按份债务人的份额难以确定的，视为份额相同。

债权人为两人以上，部分或者全部债权人均可以请求债务人履行债务的，为连带债权；债务人为两人以上，债权人可以请求部分或者全部债务人履行全部债务的，为连带债务。连带债权或者连带债务，由法律规定或者当事人约定。

2.连带债务

（1）份额确定

连带债务人之间的份额难以确定的，视为份额相同。实际承担债务超过自己份额的连带债务人，有权就超出部分在其他连带债务人未履行的份额范围内向其追偿，并相应地享有债权人的权利，但是不得损害债权人的利益。其他连带债务人对债权人的抗辩，可以向该债务人主张。

被追偿的连带债务人不能履行其应分担份额的，其他连带债务人应当在相应范围内按比例分担。

（2）提存、免除

部分连带债务人履行、抵销债务或者提存标的物的，其他债务人对债权人的债务在相应范围内消灭；该债务人可以依据规定向其他债务人追偿。部分连带债务人的债务被债权人免除的，在该连带债务人应当承担的份额范围内，其他债务人对债权人的债务消灭。

（3）混同

部分连带债务人的债务与债权人的债权同归于一人的，在扣除该债务人应当承担的份额后，债权人对其他债务人的债权继续存在。

（4）迟延受领

债权人对部分连带债务人的给付受领迟延的，对其他连带债务人发生效力。

3.连带债权

连带债权人之间的份额难以确定的，视为份额相同。

实际受领债权的连带债权人，应当按比例向其他连带债权人返还。

三、合同履行中的抗辩权

合同履行抗辩权是债权人要求履行，而债务人拒绝履行债务的权利。主要有同时履行抗辩权、先履行抗辩权、不安抗辩权。

（一）同时履行抗辩权

同时履行抗辩权是双务合同的当事人，如合同未约定履行先后顺序，在对方未履行时，拒绝对方要求先履行的权利。《民法典》第五百二十五条对此进行了规定：当事人互负债务，没有先后履行顺序的，应当同时履行。一方在对方履行之前有权拒绝其履行请求。一方在对方履行债务不符合约定时，有权拒绝其相应的履行请求。

同时履行抗辩权有两个前提：一是合同是双务合同；二是合同未约定履行先后顺序。该抗辩权由合同双方所享有。

（二）先履行抗辩权

先履行抗辩权是双务合同中按约定应后履行合同义务的一方，在应先履行一方未履行时，拒绝对方要求履行的权利。《民法典》第五百二十六条规定：当事人互负债务，有先后履行顺序，应当先履行债务一方未履行的，后履行一方有权拒绝其履行请求。先履行一方履行债务不符合约定的，后履行一方有权拒绝其相应的履行请求。

先履行抗辩权也有两个前提：一是合同是双务合同；二是合同约定了履行先后顺序。该抗辩权由后履行义务一方所享有。

（三）不安抗辩权

不安抗辩权是双务合同中按约定应先履行合同义务的一方，在对方出现履行不能的情形时，拒绝对方要求履行的权利。《民法典》第五百二十七条就此进行了规定：应当先履行债务的当事人，有确切证据证明对方有下列情形之一的，可以中止履行：①经营状况严重恶化；②转移财产、抽逃资金，以逃避债务；③丧失商业信誉；④有丧失或者可能丧失履行债务能力的其他情形。当事人没有确切证据中止履行的，应当承担违约责任。

当事人中止履行的，应当及时通知对方。对方提供适当担保的，应当恢复履行。中止履行后，对方在合理期限内未恢复履行能力且未提供适当担保的，视为以自己的行为表明不履行主要债务，中止履行的一方可以解除合同并可以请求对方承担违约责任。

由于不安抗辩权的行使使得先履行义务一方面临着承担违约责任的风险，因此行使该抗辩权时务必取得对方“履行不能”的确切证据。

不安抗辩权也有两个前提：一是合同是双务合同；二是合同约定了履行先后顺序。该抗辩权由先履行义务一方所享有。

根据司法解释，当事人互负债务，一方以对方没有履行非主要债务为由拒绝履行自己的主要债务的，人民法院不予支持。但是，对方不履行非主要债务致使不能实现合同目的或者当事人另有约定的除外。

四、当事人情况发生变更时的履行规则

债权人分立、合并或者变更住所没有通知债务人，致使履行债务发生困难的，债务人可以中止履行或者将标的物提存。

合同生效后，当事人不得因姓名、名称的变更或者法定代表人、负责人、承办人的变动而不履行合同义务。

这里主要就法定代表人、负责人、承办人行为进行分析。根据《最高人民法院关于适用〈中华人民共和国民法典〉合同编通则若干问题的解释》，主要有以下情形：

1.法律、行政法规限制代表权

法律、行政法规为限制法人的法定代表人或者非法人组织的负责人的代表权，规定合同所涉事项应当由法人、非法人组织的权力机构或者决策机构决议，或者应当由法人、非法人组织的执行机构决定，法定代表人、负责人未取得授权而以法人、非法人组织的名义订立合同，未尽到合理审查义务的相对人主张该合同对法人、非法人组织发生效力并由其承担违约责任的，人民法院不予支持，但是法人、非法人组织有过错的，可以参照《民法典》第一百五十七条的规定判决其承担相应的赔偿责任。相对人已尽到合理审查义务，构成表见代表的，人民法院应当依据《民法典》第五百零四条的规定处理。

2.组织内部限制代表权

合同所涉事项未超越法律、行政法规规定的法定代表人或者负责人的代表权限，但是超越法人、非法人组织的章程或者权力机构等对代表权的限制，相对人主张该合同对法人、非法人组织发生效力并由其承担违约责任的，人民法院依法予以支持。但是，法人、非法人组织举证证明相对人知道或者应当知道该限制的除外。

法人、非法人组织承担民事责任后，向有过错的法定代表人、负责人追偿因越权代表行为造成的损失的，人民法院依法予以支持。法律、司法解释对法定代表人、负责人的民事责任另有规定的，依照其规定。

3.工作人员

法人、非法人组织的工作人员就超越其职权范围的事项以法人、非法人组织的名义订立合同，相对人主张该合同对法人、非法人组织发生效力并由其承担违约责任的，人民法院不予支持。但是，法人、非法人组织有过错的，人民法院可以参照《民法典》第一百五十七条的规定判决其承担相应的赔偿责任。前述情形，构成表见代理的，人民法院应当依据《民法典》第一百七十二条的规定处理。

合同所涉事项有下列情形之一的，人民法院应当认定法人、非法人组织的工作人员在订立合同时超越其职权范围：①依法应当由法人、非法人组织的权力机构或者决策机构决议的事项；②依法应当由法人、非法人组织的执行机构决定的事项；③依法应当由法定代表人、负责人代表法人、非法人组织实施的事项；④不属于通常情形下依其职权可以处理的事项。

合同所涉事项未超越职权范围，但是超越法人、非法人组织对工作人员职权范围的

限制，相对人主张该合同对法人、非法人组织发生效力并由其承担违约责任的，人民法院应予支持。但是，法人、非法人组织举证证明相对人知道或者应当知道该限制的除外。

法人、非法人组织承担民事责任后，向故意或者有重大过失的工作人员追偿的，人民法院依法予以支持。

4.合同印章

（1）假章、未备案章

法定代表人、负责人或者工作人员以法人、非法人组织的名义订立合同且未超越权限，法人、非法人组织仅以合同加盖的印章不是备案印章或者系伪造的印章为由主张该合同对其不发生效力的，人民法院不予支持。

（2）有签名，未盖章

合同系以法人、非法人组织的名义订立，但是仅有法定代表人、负责人或者工作人员签名或者按指印而未加盖法人、非法人组织的印章，相对人能够证明法定代表人、负责人或者工作人员在订立合同时未超越权限的，人民法院应当认定合同对法人、非法人组织发生效力。但是，当事人约定以加盖印章作为合同成立条件的除外。

（3）有印章，无签名

合同仅加盖法人、非法人组织的印章而无人员签名或者按指印，相对人能够证明合同系法定代表人、负责人或者工作人员在其权限范围内订立的，人民法院应当认定该合同对法人、非法人组织发生效力。

5.恶意串通

法定代表人、负责人或者代理人与相对人恶意串通，以法人、非法人组织的名义订立合同，损害法人、非法人组织的合法权益，法人、非法人组织主张不承担民事责任的，人民法院应予支持。

法人、非法人组织请求法定代表人、负责人或者代理人与相对人对因此受到的损失承担连带赔偿责任的，人民法院应予支持。

根据法人、非法人组织的举证，综合考虑当事人之间的交易习惯、合同在订立时是否显失公平、相关人员是否获取了不正当利益、合同的履行情况等因素，人民法院能够认定法定代表人、负责人或者代理人与相对人存在恶意串通的高度可能性的，可以要求前述人员就合同订立、履行的过程等相关事实作出陈述或者提供相应的证据。其无正当理由拒绝作出陈述，或者所作陈述不具合理性又不能提供相应证据的，人民法院可以认定恶意串通的事实成立。

五、债务的提前履行

债权人可以拒绝债务人提前履行债务，但是提前履行不损害债权人利益的除外。债务人提前履行债务给债权人增加的费用，由债务人负担。

六、债务的部分履行

债权人可以拒绝债务人部分履行债务，但是部分履行不损害债权人利益的除外。债务人部分履行债务给债权人增加的费用，由债务人负担。

七、以物抵债

《最高人民法院关于适用〈中华人民共和国民法典〉合同编通则若干问题的解释》对以物抵债的合同履行效力作了规定：

（一）债务履行期限届满后达成以物抵债协议

债务人或者第三人与债权人在债务履行期限届满后达成以物抵债协议，不存在影响合同效力情形的，人民法院应当认定该协议自当事人意思表示一致时生效。债务人或者第三人履行以物抵债协议后，人民法院应当认定相应的原债务同时消灭；债务人或者第三人未按照约定履行以物抵债协议，经催告后在合理期限内仍不履行，债权人选择请求履行原债务或者以物抵债协议的，人民法院应予支持，但是法律另有规定或者当事人另有约定的除外。

上述以物抵债协议经人民法院确认或者人民法院根据当事人达成的以物抵债协议制作成调解书，债权人主张财产权利自确认书、调解书生效时发生变动或者具有对抗善意第三人效力的，人民法院不予支持。

债务人或者第三人以自己不享有所有权或者处分权的财产权利订立以物抵债协议的，依据司法解释第十九条的规定处理。即：以转让或者设定财产权利为目的订立的合同，当事人或者真正权利人仅以让与人在订立合同时对标的物没有所有权或者处分权为由主张合同无效的，人民法院不予支持；因未取得真正权利人事后同意或者让与人事后未取得处分权导致合同不能履行，受让人主张解除合同并请求让与人承担违反合同的赔偿责任的，人民法院依法予以支持。前述规定的合同被认定有效，且让与人已经将财产交付或者移转登记至受让人，真正权利人请求认定财产权利未发生变动或者请求返还财产的，人民法院应予支持。但是，受让人依据《民法典》第三百一十一条等规定善意取得财产权利的除外。

（二）债务履行期限届满前达成以物抵债协议

债务人或者第三人与债权人在债务履行期限届满前达成以物抵债协议的，人民法院应当在审理债权债务关系的基础上认定该协议的效力。

当事人约定债务人到期没有清偿债务，债权人可以对抵债财产拍卖、变卖、折价以实现债权的，人民法院应当认定该约定有效。当事人约定债务人到期没有清偿债务，抵债财产归债权人所有的，人民法院应当认定该约定无效，但是不影响其他部分的效力；债权人请求对抵债财产拍卖、变卖、折价以实现债权的，人民法院应予支持。

当事人订立前述以物抵债协议后，债务人或者第三人未将财产权利转移至债权人名下，债权人主张优先受偿的，人民法院不予支持；债务人或者第三人已将财产权利转移至债权人名下的，依据《最高人民法院关于适用〈中华人民共和国民法典〉有关担保制度的解释》第六十八条的规定处理。

八、情势变更

《民法典》第五百三十三条规定了情势变更原则。情势变更是指合同成立后，合同的基础条件发生了当事人在订立合同时无法预见的、不属于商业风险的重大变化，继续履行合同对于当事人一方明显不公平的，受不利影响的当事人可以与对方重新协商；在合理期限内协商不成的，当事人可以请求人民法院或者仲裁机构变更或者解除合同。人民法院或者仲裁机构应当结合案件的实际情况，根据公平原则变更或者解除合同。《最高人民法院关于适用〈中华人民共和国民法典〉合同编通则若干问题的解释》就情势变更作出了更详细的规定：

（一）情势变更的具体认定

合同成立后，因政策调整或者市场供求关系异常变动等原因导致价格发生当事人在订立合同时无法预见的、不属于商业风险的涨跌，继续履行合同对当事人一方明显不公平的，人民法院应当认定合同的基础条件发生了《民法典》第五百三十三条第一款规定的“重大变化”。但是，合同涉及市场属性活跃、长期以来价格波动较大的大宗商品以及股票、期货等风险投资型金融产品的除外。

（二）当事人的变更或解除选择权

合同的基础条件发生了《民法典》第五百三十三条第一款规定的重大变化，当事人请求变更合同的，人民法院不得解除合同；当事人一方请求变更合同，对方请求解除合同的，或者当事人一方请求解除合同，对方请求变更合同的，人民法院应当结合案件的实际情况，根据公平原则判决变更或者解除合同。

（三）法院裁判应考虑的因素

人民法院依据《民法典》第五百三十三条的规定判决变更或者解除合同的，应当综合考虑合同基础条件发生重大变化的时间、当事人重新协商的情况以及因合同变更或者解除给当事人造成的损失等因素，在判项中明确合同变更或者解除的时间。

（四）不得事先排除适用

当事人事先约定排除情势变更条款适用的，人民法院应当认定该约定无效。

第五节 合同的保全

合同保全是由于债务人怠于行使对第三人的到期合法债权或者让自身财产不当减少，从而危及债权人债权实现，债权人所采取的维护债权的行为。为保全合同权利，债权人享有的权利包括代位权和撤销权。

一、代位权

代位权是债务人怠于行使对第三人的合法债权，从而危及债权人的债权，债权人代替债务人以自己的名义，直接要求第三人向其承担责任的权利。

（一）代位权的行使条件

《民法典》第五百三十五条规定，因债务人怠于行使其债权或者与该债权有关的从权利，影响债权人的到期债权实现的，债权人可以向人民法院请求以自己的名义代位行使债务人对相对人的权利，但是该权利专属于债务人自身的除外。代位权的行使范围以债权人的到期债权为限。债权人行使代位权的必要费用，由债务人负担。相对人对债务人的抗辩，可以向债权人主张。代位权的行使须具备以下条件：

1.债权人对债务人的债权合法

2.债务人的债权已到期

3.债务人怠于行使其到期债权或相关从权利

4.债务人的行为危及到债权人的债权

《最高人民法院关于适用〈中华人民共和国民法典〉合同编通则若干问题的解释》对此进行了界定：债务人不履行其对债权人的到期债务，又不以诉讼或者仲裁方式向相对人主张其享有的债权或者与该债权有关的从权利，致使债权人的到期债权未能实现的，人民法院可以认定为《民法典》第五百三十五条规定的“债务人怠于行使其债权或者与该债权有关的从权利，影响债权人的到期债权实现”；

5.债务人的债权不是专属于自身的权利

司法解释规定，下列权利，人民法院可以认定为《民法典》第五百三十五条第一款规定的专属于债务人自身的权利：①抚养费、赡养费或者扶养费请求权；②人身损害赔偿请求权；③劳动报酬请求权，但是超过债务人及其所扶养家属的生活必需费用的部分除外；④请求支付基本养老保险金、失业保险金、最低生活保障金等保障当事人基本生活的权利；⑤其他专属于债务人自身的权利。

（二）代位权的提前行使

法律规定，债权人的债权到期前，债务人的债权或者与该债权有关的从权利存在诉讼时效期间即将届满或者未及时申报破产债权等情形，影响债权人的债权实现的，债权人可以代位向债务人的相对人请求其向债务人履行、向破产管理人申报或者作出其他必要的行为。

（三）代位权诉讼

最高人民法院的司法解释规定了代位权诉讼的有关要求。债权人依据《民法典》第五百三十五条的规定对债务人的相对人提起代位权诉讼的，由被告住所地人民法院管辖，但是依法应当适用专属管辖规定的除外。债务人或者相对人以双方之间的债权债务关系订有管辖协议为由提出异议的，人民法院不予支持。

债权人提起代位权诉讼后，债务人或者相对人以双方之间的债权债务关系订有仲裁协议为由对法院主管提出异议的，人民法院不予支持。但是，债务人或者相对人在首次开庭前就债务人与相对人之间的债权债务关系申请仲裁的，人民法院可以依法中止代位权诉讼。

债权人以债务人的相对人为被告向人民法院提起代位权诉讼，未将债务人列为第三人的，人民法院应当追加债务人为第三人。

两个以上债权人以债务人的同一相对人为被告提起代位权诉讼的，人民法院可以合并审理。债务人对相对人享有的债权不足以清偿其对两个以上债权人负担的债务的，人民法院应当按照债权人享有的债权比例确定相对人的履行份额，但是法律另有规定的除外。

债权人向人民法院起诉债务人后，又向同一人民法院对债务人的相对人提起代位权诉讼，属于该人民法院管辖的，可以合并审理。不属于该人民法院管辖的，应当告知其向有管辖权的人民法院另行起诉；在起诉债务人的诉讼终结前，代位权诉讼应当中止。

在代位权诉讼中，债务人对超过债权人代位请求数额的债权部分起诉相对人，属于同一人民法院管辖的，可以合并审理。不属于同一人民法院管辖的，应当告知其向有管辖权的人民法院另行起诉；在代位权诉讼终结前，债务人对相对人的诉讼应当中止。

代位权诉讼中，人民法院经审理认为债权人的主张不符合代位权行使条件的，应当驳回诉讼请求，但是不影响债权人根据新的事实再次起诉。

债务人的相对人仅以债权人提起代位权诉讼时债权人与债务人之间的债权债务关系未经生效法律文书确认为由，主张债权人提起的诉讼不符合代位权行使条件的，人民法院不予支持。

债权人提起代位权诉讼后，债务人无正当理由减免相对人的债务或者延长相对人的履行期限，相对人以此向债权人抗辩的，人民法院不予支持。

（四）代位权行使的效力

人民法院认定代位权成立的，由债务人的相对人向债权人履行义务，债权人接受履行后，债权人与债务人、债务人与相对人之间相应的权利义务终止。债务人对相对人的债权或者与该债权有关的从权利被采取保全、执行措施，或者债务人破产的，依照相关法律的规定处理。

二、撤销权

撤销权是债务人让自身财产不当减少，从而危及债权人债权实现，债权人请求人民法院撤销债务人行为的权利。

（一）撤销权的行使条件

1.债权人对债务人享有合法债权

2.债务人行为让自己财产不当减少

《民法典》规定，债务人以放弃其债权、放弃债权担保、无偿转让财产等方式无偿处分财产权益，或者恶意延长其到期债权的履行期限，影响债权人的债权实现的，债权人可以请求人民法院撤销债务人的行为。

债务人以明显不合理的低价转让财产、以明显不合理的高价受让他人财产或者为他人的债务提供担保，影响债权人的债权实现，债务人的相对人知道或者应当知道该情形的，债权人可以请求人民法院撤销债务人的行为。

可见，债务人的不当行为主要有：①放弃其债权；②放弃债权担保；③无偿转让财产；④恶意延长其到期债权的履行期限；⑤不合理价格交易，这种情况以相对人知情或应当知情为前提。

根据有关司法解释，对于《民法典》第五百三十九条规定的“明显不合理”的低价或者高价，人民法院应当按照交易当地一般经营者的判断，并参考交易时交易地的市场交易价或者物价部门指导价予以认定。转让价格未达到交易时交易地的市场交易价或者指导价百分之七十的，一般可以认定为“明显不合理的低价”；受让价格高于交易时交易地的市场交易价或者指导价百分之三十的，一般可以认定为“明显不合理的高价”。债务人与相对人存在亲属关系、关联关系的，不受前百分之七十、百分之三十的限制。

债务人以明显不合理的价格，实施互易财产、以物抵债、出租或者承租财产、知识产权许可使用等行为，影响债权人的债权实现，债务人的相对人知道或者应当知道该情形，债权人请求撤销债务人的行为的，人民法院应当依据《民法典》第五百三十九条的规定予以支持。

3.债务人行为危及到债权人债权的实现

（二）撤销权诉讼

撤销权的行使范围以债权人的债权为限。债权人行使撤销权的必要费用，由债务人负担。司法解释对撤销权诉讼进行了规定。债权人提起撤销权诉讼的，应当以债务人和债务人的相对人为共同被告，由债务人或者相对人的住所地人民法院管辖，但是依法应当适用专属管辖规定的除外。两个以上债权人就债务人的同一行为提起撤销权诉讼的，人民法院可以合并审理。

在债权人撤销权诉讼中，被撤销行为的标的可分，当事人主张在受影响的债权范围内撤销债务人的行为的，人民法院应予支持；被撤销行为的标的不可分，债权人主张将债务人的行为全部撤销的，人民法院应予支持。

债权人行使撤销权所支付的合理的律师代理费、差旅费等费用，可以认定为《民法典》第五百四十条规定的“必要费用”。

债权人在撤销权诉讼中同时请求债务人的相对人向债务人承担返还财产、折价补偿、履行到期债务等法律后果的，人民法院依法予以支持。

债权人请求受理撤销权诉讼的人民法院一并审理其与债务人之间的债权债务关系，属于该人民法院管辖的，可以合并审理。不属于该人民法院管辖的，应当告知其向有管辖权的人民法院另行起诉。

债权人依据其与债务人的诉讼、撤销权诉讼产生的生效法律文书申请强制执行的，人民法院可以就债务人对相对人享有的权利采取强制执行措施以实现债权人的债权。债权人在撤销权诉讼中，申请对相对人的财产采取保全措施的，人民法院依法予以准许。

（三）撤销权的行使期限

撤销权自债权人知道或者应当知道撤销事由之日起一年内行使。自债务人的行为发生之日起五年内没有行使撤销权的，该撤销权消灭。

（四）撤销权行使的后果

债务人影响债权人的债权实现的行为被撤销的，自始没有法律约束力。

第六节　合同的变更和转让

一、合同的变更

合同的变更有广义与狭义之分，广义的合同变更包括合同主体的变更和合同内容的变更。狭义的合同变更仅指合同内容的变更。

合同变更的方式主要是协议变更，《民法典》规定，当事人协商一致，可以变更合同。当事人对合同变更的内容约定不明确的，推定为未变更。

二、合同的转让

合同的转让是将债权、债务或债权债务共同转让给第三人。

（一）债权转让

1.转让的条件

债权人可以将债权的全部或者部分转让给第三人，债权人转让债权只需要通知债务人，无需经得其同意。根据《民法典》要求，债权人转让债权，未通知债务人的，该转让对债务人不发生效力。债权转让的通知不得撤销，但是经受让人同意的除外。司法解释规定，债务人在接到债权转让通知前已经向让与人履行，受让人请求债务人履行的，人民法院不予支持；债务人接到债权转让通知后仍然向让与人履行，受让人请求债务人履行的，人民法院应予支持。让与人未通知债务人，受让人直接起诉债务人请求履行债务，人民法院经审理确认债权转让事实的，应当认定债权转让自起诉状副本送达时对债务人发生效力。债务人主张因未通知而给其增加的费用或者造成的损失从认定的债权数额中扣除的，人民法院依法予以支持。

债务人接到债权转让通知后，让与人以债权转让合同不成立、无效、被撤销或者确定不发生效力为由请求债务人向其履行的，人民法院不予支持。但是，该债权转让通知被依法撤销的除外。受让人基于债务人对债权真实存在的确认受让债权后，债务人又以该债权不存在为由拒绝向受让人履行的，人民法院不予支持。但是，受让人知道或者应当知道该债权不存在的除外。

2.不得转让的债权

债权人可以将债权的全部或者部分转让给第三人，但是有下列情形之一的除外：①根据债权性质不得转让；②按照当事人约定不得转让；③依照法律规定不得转让。

当事人约定非金钱债权不得转让的，不得对抗善意第三人。当事人约定金钱债权不得转让的，不得对抗第三人。

3.从权利的转让

债权人转让债权的，受让人取得与债权有关的从权利，但是该从权利专属于债权人自身的除外。

受让人取得从权利不因该从权利未办理转移登记手续或者未转移占有而受到影响。

4.债务人的权利

（1）抗辩权

债务人接到债权转让通知后，债务人对让与人的抗辩，可以向受让人主张。司法解释规定，债权转让后，债务人向受让人主张其对让与人的抗辩的，人民法院可以追加让与人为第三人。

（2）抵销权

有下列情形之一的，债务人可以向受让人主张抵销：①债务人接到债权转让通知时，债务人对让与人享有债权，且债务人的债权先于转让的债权到期或者同时到期；②债务人的债权与转让的债权是基于同一合同产生。

5.费用承担

因债权转让增加的履行费用，由让与人负担。

6.一权多让的处理

《最高人民法院关于适用〈中华人民共和国民法典〉合同编通则若干问题的解释》对同一债权转让给多人的情形进行了规定。让与人将同一债权转让给两个以上受让人，债务人以已经向最先通知的受让人履行为由主张其不再履行债务的，人民法院应予支持。债务人明知接受履行的受让人不是最先通知的受让人，最先通知的受让人请求债务人继续履行债务或者依据债权转让协议请求让与人承担违约责任的，人民法院应予支持；最先通知的受让人请求接受履行的受让人返还其接受的财产的，人民法院不予支持，但是接受履行的受让人明知该债权在其受让前已经转让给其他受让人的除外。

前述所称最先通知的受让人，是指最先到达债务人的转让通知中载明的受让人。当事人之间对通知到达时间有争议的，人民法院应当结合通知的方式等因素综合判断，而不能仅根据债务人认可的通知时间或者通知记载的时间予以认定。当事人采用邮寄、通信电子系统等方式发出通知的，人民法院应当以邮戳时间或者通信电子系统记载的时间等作为认定通知到达时间的依据。

（二）债务转让

1.债务转让须经债权人同意

债务转让是债务人将债务全部或部分转让给他人。由于不同债务人债务承担能力、信用水平不同，会对债权人的债权实现产生实质性影响，因此，债务转让必须经得债权人同意。《民法典》也作出了这样的规定：债务人将债务的全部或者部分转移给第三人的，应当经债权人同意。债务人或者第三人可以催告债权人在合理期限内予以同意，债权人未作表示的，视为不同意。

2.债务加入

法律规定，第三人与债务人约定加入债务并通知债权人，或者第三人向债权人表示愿意加入债务，债权人未在合理期限内明确拒绝的，债权人可以请求第三人在其愿意承担的债务范围内和债务人承担连带债务。

为了保护第三人的权益，司法解释规定，第三人加入债务并与债务人约定了追偿权，其履行债务后主张向债务人追偿的，人民法院应予支持；没有约定追偿权，第三人依照《民法典》关于不当得利等的规定，在其已经向债权人履行债务的范围内请求债务人向其履行的，人民法院应予支持，但是第三人知道或者应当知道加入债务会损害债务人利益的除外。债务人就其对债权人享有的抗辩向加入债务的第三人主张的，人民法院应予支持。

3.新债务人的权利、义务

《民法典》规定，债务人转移债务的，新债务人可以主张原债务人对债权人的抗辩；原债务人对债权人享有债权的，新债务人不得向债权人主张抵销。债务人转移债务的，新债务人应当承担与主债务有关的从债务，但是该从债务专属于原债务人自身的除外。司法解释规定，债务转移后，新债务人主张原债务人对债权人的抗辩的，人民法院可以追加原债务人为第三人。

（三）债权债务的概括转移

债权债务的概括转移是合同当事人将权利义务同时转让给第三人。由于概括转移包含了债务转让，故须经得对方当事人同意。法律规定，当事人一方经对方同意，可以将自己在合同中的权利和义务一并转让给第三人。合同的权利和义务一并转让的，适用债权转让、债务转移的有关规定。

根据司法解释，当事人一方将合同权利义务一并转让后，对方就合同权利义务向受让人主张抗辩或者受让人就合同权利义务向对方主张抗辩的，人民法院可以追加让与人为第三人。

第七节　合同权利、义务的终止

一、合同终止概述

合同终止是合同权利义务的终止，是当事人债权债务关系的终结。

根据《民法典》，有下列情形之一的，债权债务终止：①债务已经履行；②债务相互抵销；③债务人依法将标的物提存；④债权人免除债务；⑤债权债务同归于一人；⑥法律规定或者当事人约定终止的其他情形。合同解除的，该合同的权利义务关系终止。

债权债务终止后，当事人应当遵循诚信等原则，根据交易习惯履行通知、协助、保密、旧物回收等义务。

债权债务终止时，债权的从权利同时消灭，但是法律另有规定或者当事人另有约定的除外。

二、清偿

清偿是当事人按照合同约定，对债务进行全面履行，从而消灭合同债务的行为。清偿需要注意如下问题：

（一）债务人对同一债权人负担的数项债务

债务人对同一债权人负担的数项债务种类相同，债务人的给付不足以清偿全部债务的，除当事人另有约定外，由债务人在清偿时指定其履行的债务。

债务人未作指定的，应当优先履行已经到期的债务；数项债务均到期的，优先履行对债权人缺乏担保或者担保最少的债务；均无担保或者担保相等的，优先履行债务人负担较重的债务；负担相同的，按照债务到期的先后顺序履行；到期时间相同的，按照债务比例履行。

（二）债务人不足以清偿全部债务的

债务人在履行主债务外还应当支付利息和实现债权的有关费用，其给付不足以清偿全部债务的，除当事人另有约定外，应当按照下列顺序履行：①实现债权的有关费用；②利息；③主债务。

三、解除

合同解除是生效合同在履行完毕之前，当事人基于合同约定、协商或法律规定主动终结合同权利义务的行为。

（一）分类

解除分为约定解除、协议解除和法定解除。

1.约定解除

当事人可以约定一方解除合同的事由。约定解除是出现了合同约定的合同解除情形而解除合同。

2.协议解除

当事人协商一致，可以解除合同。协议解除是基于当事人的协商而自愿解除合同。

《最高人民法院关于适用〈中华人民共和国民法典〉合同编通则若干问题的解释》就有关问题进行了规定。当事人就解除合同协商一致时未对合同解除后的违约责任、结算和清理等问题作出处理，一方主张合同已经解除的，人民法院应予支持。但是，当事人另有约定的除外。

有下列情形之一的，除当事人一方另有意思表示外，人民法院可以认定合同解除：①当事人一方主张行使法律规定或者合同约定的解除权，经审理认为不符合解除权行使条件但是对方同意解除；②双方当事人均不符合解除权行使的条件但是均主张解除合同。

3.法定解除

法定解除是出现了法律规定的情形而由当事人单方解除合同，无须对方同意。解除合同的事由发生时，解除权人可以单方解除合同。由于约定解除和协议解除属于私法自治的范畴，法律不宜过多干预。我们需要更关注法定解除的情形。

《民法典》规定了法定解除的情形。有下列情形之一的，当事人可以解除合同：①因不可抗力致使不能实现合同目的；②在履行期限届满前，当事人一方明确表示或者以自己的行为表明不履行主要债务；③当事人一方迟延履行主要债务，经催告后在合理期限内仍未履行；④当事人一方迟延履行债务或者有其他违约行为致使不能实现合同目的；⑤法律规定的其他情形。以持续履行的债务为内容的不定期合同，当事人可以随时解除合同，但是应当在合理期限之前通知对方。

其中，情形①“不可抗力”是不能预见、不能避免、不能克服的客观情况，因不可抗力导致无法履行合同的，当事人均可单方解除合同，且无须承担违约责任。当然，迟延履行后发生不可抗力的，不免除违约责任。情形②指的是预期违约。情形③是迟延履行，但要注意的是须迟延履行主要债务，如果大部分已经履行，则不能解除，而且守约方有催告义务。情形④指的是根本违约。

（二）解除权的行使期限

解除权属于形成权，解除权行使期限是除斥期间，不存在中止、中断、延长的情形。《民法典》规定，法律规定或者当事人约定解除权行使期限，期限届满当事人不行使的，该权利消灭。法律没有规定或者当事人没有约定解除权行使期限，自解除权人知道或者应当知道解除事由之日起一年内不行使，或者经对方催告后在合理期限内不行使的，该权利消灭。

（三）合同解除的程序

《民法典》规定，当事人一方依法主张解除合同的，应当通知对方。合同自通知到达对方时解除；通知载明债务人在一定期限内不履行债务则合同自动解除，债务人在该期限内未履行债务的，合同自通知载明的期限届满时解除。对方对解除合同有异议的，任何一方当事人均可以请求人民法院或者仲裁机构确认解除行为的效力。

当事人一方未通知对方，直接以提起诉讼或者申请仲裁的方式依法主张解除合同，人民法院或者仲裁机构确认该主张的，合同自起诉状副本或者仲裁申请书副本送达对方时解除。

司法解释规定，当事人一方以通知方式解除合同，并以对方未在约定的异议期限或者其他合理期限内提出异议为由主张合同已经解除的，人民法院应当对其是否享有法律规定或者合同约定的解除权进行审查。经审查，享有解除权的，合同自通知到达对方时解除；不享有解除权的，不发生合同解除的效力。

当事人一方未通知对方，直接以提起诉讼的方式主张解除合同，撤诉后再次起诉主张解除合同，人民法院经审理支持该主张的，合同自再次起诉的起诉状副本送达对方时解除。但是，当事人一方撤诉后又通知对方解除合同且该通知已经到达对方的除外。

（四）合同解除的效力

根据《民法典》，合同解除后，尚未履行的，终止履行；已经履行的，根据履行情况和合同性质，当事人可以请求恢复原状或者采取其他补救措施，并有权请求赔偿损失。

合同因违约解除的，解除权人可以请求违约方承担违约责任，但是当事人另有约定的除外。

主合同解除后，担保人对债务人应当承担的民事责任仍应当承担担保责任，但是担保合同另有约定的除外。

合同的权利义务关系终止，不影响合同中结算和清理条款的效力。

四、抵销

抵销是互负债务的当事人以协议或单方通知方式以债权充当债务的履行，双方债权债务在对等额度内消灭。

（一）约定抵销

约定抵销是合同当事人通过协商，以各自债权冲抵债务履行，消灭各自债务的抵销。《民法典》规定，当事人互负债务，标的物种类、品质不相同的，经协商一致，也可以抵销。

协议抵销属于当事人自治范围，法律不作过多干涉。

（二）法定抵销

1.法定抵销的概念

法定抵销是法律所规定的，当事人互负债务，该债务的标的物种类、品质相同的，任何一方可以将自己的债务与对方的到期债务抵销。该种抵销即为法定抵销，该种抵销只需当事人一方意思表示即可，无须对方同意。

2.不得抵销的情形

根据债务性质、按照当事人约定或者依照法律规定不得抵销的，不能抵销。司法解释规定，因侵害自然人人身权益，或者故意、重大过失侵害他人财产权益产生的损害赔偿债务，侵权人主张抵销的，人民法院不予支持。

3.抵销的生效

法律和司法解释规定了抵销权的行使方法。当事人主张抵销的，应当通知对方。通知自到达对方时生效。抵销不得附条件或者附期限。

当事人一方依据法律规定主张法定抵销，人民法院经审理认为抵销权成立的，应当认定通知到达对方时双方互负的主债务、利息、违约金或者损害赔偿金等债务在同等数额内消灭。

行使抵销权的一方负担的数项债务种类相同，但是享有的债权不足以抵销全部债务，当事人因抵销的顺序发生争议的，人民法院可以参照《民法典》第五百六十条的规定处理。

行使抵销权的一方享有的债权不足以抵销其负担的包括主债务、利息、实现债权的有关费用在内的全部债务，当事人因抵销的顺序发生争议的，人民法院可以参照《民法典》第五百六十一条的规定处理。

4.债权的诉讼时效期间届满

司法解释规定，当事人互负债务，一方以其诉讼时效期间已经届满的债权通知对方主张抵销，对方提出诉讼时效抗辩的，人民法院对该抗辩应予支持。一方的债权诉讼时效期间已经届满，对方主张抵销的，人民法院应予支持。

五、提存

提存是由于债权人原因导致债务人无法向其履行合同，债务人将标的物提交提存机关，以消灭债务的行为。

（一）提存的原因

《民法典》第五百七十条规定了提存的情形。有下列情形之一，难以履行债务的，债务人可以将标的物提存：①债权人无正当理由拒绝受领；②债权人下落不明；③债权人死亡未确定继承人、遗产管理人，或者丧失民事行为能力未确定监护人；④法律规定的其他情形。标的物不适于提存或者提存费用过高的，债务人依法可以拍卖或者变卖标的物，提存所得的价款。

（二）提存的效力

1.对债务人的效力

债务人将标的物或者将标的物依法拍卖、变卖所得价款交付提存部门时，提存成立。

提存成立的，视为债务人在其提存范围内已经交付标的物。

2.债务人的通知义务

标的物提存后，债务人应当及时通知债权人或者债权人的继承人、遗产管理人、监护人、财产代管人。

3.风险转移与费用承担

标的物提存后，毁损、灭失的风险由债权人承担。提存期间，标的物的孳息归债权人所有。提存费用由债权人负担。

4.对债权人的效力

债权人可以随时领取提存物。但是，债权人对债务人负有到期债务的，在债权人未履行债务或者提供担保之前，提存部门根据债务人的要求应当拒绝其领取提存物。

债权人领取提存物的权利，自提存之日起五年内不行使而消灭，提存物扣除提存费用后归国家所有。但是，债权人未履行对债务人的到期债务，或者债权人向提存部门书面表示放弃领取提存物权利的，债务人负担提存费用后有权取回提存物。

六、免除

免除是债权人对债务人放弃自己的全部或部分债权，以消灭债权债务关系的行为。《民法典》第五百七十五条规定：债权人免除债务人部分或者全部债务的，债权债务部分或者全部终止，但是债务人在合理期限内拒绝的除外。

七、混同

混同是指债权债务同归于一人，从而导致债权债务关系消灭的行为。混同多发生于继承、合并等情形。《民法典》第五百七十六条规定，债权和债务同归于一人的，债权债务终止，但是损害第三人利益的除外。

第八节 违约责任

一、违约责任的概念与特征

（一）违约责任的概念

违约责任是合同当事人因未履行或未完全履行合同义务，而应向守约方承担的不利法律后果。

（二）违约责任的特征

1.违约责任具有约定性

违约责任往往由当事人在合同中予以约定，包括责任形式及数额。但如没有约定，也可根据法律规定追究违约方的违约责任，如继续履行、赔偿损失等。

2.违约责任的方式多样

违约责任承担方式包括继续履行、采取补救措施、赔偿损失、支付违约金等，且可能同时采取数个责任形式。

3.违约责任以金钱责任为主

尽管违约责任承担方式多样，但守约方往往要求违约方以赔偿损失、支付违约金等金钱方式来承担。

4.违约责任是无过错责任

除非有法定或约定的免责情形，只要一方违约，就应向守约方承担违约责任，不以违约方的主观过错作为承担责任的前提。

5.违约责任补偿性较强，兼顾惩罚性

违约责任一般以弥补守约方的损失为目的，不让守约方获取损失之外的利益。但这并不是绝对的，如关于违约金的约定，即使没有给守约方造成损失，守约方依旧可以根据约定要求违约方支付一定金额的违约金。在消费领域和食品方面，甚至可能要求违约方承担严厉的惩罚性赔偿金。

二、违约行为的类型

（一）预期违约

预期违约是指在合同履行期限届满之前，一方当事人明确表示或以行为表明不履行主要合同义务。《民法典》第五百七十八条规定：“当事人一方明确表示或者以自己的行为表明不履行合同义务的，对方可以在履行期限届满前请求其承担违约责任。”

（二）迟延履行

迟延履行是一方当事人迟延履行主要债务，经守约方催告后在合理期限内仍未履行。

（三）根本违约

根本违约是因一方当事人迟延履行债务或其他违约情形，导致合同目的无法实现。

（四）债权人迟延受领

《民法典》第五百八十九条规定了此种情况。债务人按照约定履行债务，债权人无正当理由拒绝受领的，债务人可以请求债权人赔偿增加的费用。在债权人受领迟延期间，债务人无须支付利息。

三、违约责任的承担方式

《民法典》第五百七十七条规定，当事人一方不履行合同义务或者履行合同义务不符合约定的，应当承担继续履行、采取补救措施或者赔偿损失等违约责任。

（一）继续履行

一方当事人未履行合同义务，守约方可以要求其继续履行，除非事实上或法律上无法履行。

《民法典》设计了继续履行的规则。当事人一方未支付价款、报酬、租金、利息，或者不履行其他金钱债务的，对方可以请求其支付。

当事人一方不履行非金钱债务或者履行非金钱债务不符合约定的，对方可以请求履行，但是有下列情形之一的除外：①法律上或者事实上不能履行；②债务的标的不适于强制履行或者履行费用过高；③债权人在合理期限内未请求履行。有上述规定的除外情形之一，致使不能实现合同目的的，人民法院或者仲裁机构可以根据当事人的请求终止合同权利义务关系，但是不影响违约责任的承担。

当事人一方不履行债务或者履行债务不符合约定，根据债务的性质不得强制履行的，对方可以请求其负担由第三人替代履行的费用。

（二）采取补救措施

根据法律规定，履行不符合约定的，应当按照当事人的约定承担违约责任。对违约责任没有约定或者约定不明确，依据《民法典》第五百一十条的规定仍不能确定的，受损害方根据标的的性质以及损失的大小，可以合理选择请求对方承担修理、重作、更换、退货、减少价款或者报酬等违约责任。第五百一十条规定的是：合同生效后，当事人就质量、价款或者报酬、履行地点等内容没有约定或者约定不明确的，可以协议补充；不能达成补充协议的，按照合同相关条款或者交易习惯确定。

当事人一方不履行合同义务或者履行合同义务不符合约定的，在履行义务或者采取补救措施后，对方还有其他损失的，应当赔偿损失。

（三）赔偿损失

当事人一方不履行合同义务或者履行合同义务不符合约定，造成对方损失的，损失赔偿额应当相当于因违约所造成的损失，包括合同履行后可以获得的利益；但是，不得超过违约一方订立合同时预见到或者应当预见到的因违约可能造成的损失。

关于“可以获得的利益”，《最高人民法院关于适用〈中华人民共和国民法典〉合同编通则若干问题的解释》规定，人民法院依据《民法典》第五百八十四条的规定确定合同履行后可以获得的利益时，可以在扣除非违约方为订立、履行合同支出的费用等合理成本后，按照非违约方能够获得的生产利润、经营利润或者转售利润等计算。

非违约方依法行使合同解除权并实施了替代交易，主张按照替代交易价格与合同价格的差额确定合同履行后可以获得的利益的，人民法院依法予以支持；替代交易价格明显偏离替代交易发生时当地的市场价格，违约方主张按照市场价格与合同价格的差额确定合同履行后可以获得的利益的，人民法院应予支持。

非违约方依法行使合同解除权但是未实施替代交易，主张按照违约行为发生后合理期间内合同履行地的市场价格与合同价格的差额确定合同履行后可以获得的利益的，人民法院应予支持。

在以持续履行的债务为内容的定期合同中，一方不履行支付价款、租金等金钱债务，对方请求解除合同，人民法院经审理认为合同应当依法解除的，可以根据当事人的主张，参考合同主体、交易类型、市场价格变化、剩余履行期限等因素确定非违约方寻找替代交易的合理期限，并按照该期限对应的价款、租金等扣除非违约方应当支付的相应履约成本确定合同履行后可以获得的利益。

非违约方主张按照合同解除后剩余履行期限相应的价款、租金等扣除履约成本确定合同履行后可以获得的利益的，人民法院不予支持。但是，剩余履行期限少于寻找替代交易的合理期限的除外。

非违约方在合同履行后可以获得的利益难以根据司法解释第六十条、第六十一条的规定予以确定的，人民法院可以综合考虑违约方因违约获得的利益、违约方的过错程度、其他违约情节等因素，遵循公平原则和诚信原则确定。

关于“违约一方订立合同时预见到或者应当预见到的因违约可能造成的损失”，《最高人民法院关于适用〈中华人民共和国民法典〉合同编通则若干问题的解释》规定，人民法院应当根据当事人订立合同的目的，综合考虑合同主体、合同内容、交易类型、交易习惯、磋商过程等因素，按照与违约方处于相同或者类似情况的民事主体在订立合同时预见到或者应当预见到的损失予以确定。

除合同履行后可以获得的利益外，非违约方主张还有其向第三人承担违约责任应当支出的额外费用等其他因违约所造成的损失，并请求违约方赔偿，经审理认为该损失系违约一方订立合同时预见到或者应当预见到的，人民法院应予支持。

在确定违约损失赔偿额时，违约方主张扣除非违约方未采取适当措施导致的扩大损失、非违约方也有过错造成的相应损失、非违约方因违约获得的额外利益或者减少的必要支出的，人民法院依法予以支持。

（四）违约金

《民法典》规定，违约金是违约方因违约向守约方支付的一定数额的金钱。当事人可以约定一方违约时应当根据违约情况向对方支付一定数额的违约金，也可以约定因违约产生的损失赔偿额的计算方法。

约定的违约金低于造成的损失的，人民法院或者仲裁机构可以根据当事人的请求予以增加；约定的违约金过分高于造成的损失的，人民法院或者仲裁机构可以根据当事人的请求予以适当减少。需要注意的是，只要约定的违约金低于造成的损失的，守约方就可以要求增加；违约金过分高于造成的损失时，违约方才可以要求适当减少。

当事人就迟延履行约定违约金的，违约方支付违约金后，还应当履行债务。

需要注意的是，违约方支付的违约金首先用于弥补守约方的损失，不足以弥补的，守约方可以要求赔偿剩余部分的损失。也就是说，违约金和损失赔偿金并不是简单叠加，而是应先用违约金冲抵损失。

《最高人民法院关于适用〈中华人民共和国民法典〉合同编通则若干问题的解释》规定，当事人一方通过反诉或者抗辩的方式，请求调整违约金的，人民法院依法予以支持。违约方主张约定的违约金过分高于违约造成的损失，请求予以适当减少的，应当承担举证责任。非违约方主张约定的违约金合理的，也应当提供相应的证据。

当事人仅以合同约定不得对违约金进行调整为由主张不予调整违约金的，人民法院不予支持。

当事人主张约定的违约金过分高于违约造成的损失，请求予以适当减少的，人民法院应当以《民法典》第五百八十四条规定的损失为基础，兼顾合同主体、交易类型、合同的履行情况、当事人的过错程度、履约背景等因素，遵循公平原则和诚信原则进行衡量，并作出裁判。

约定的违约金超过造成损失的百分之三十的，人民法院一般可以认定为过分高于造成的损失。

恶意违约的当事人一方请求减少违约金的，人民法院一般不予支持。

（五）定金

定金是为了担保合同债务的履行，一方向另一方支付的一定数额的金钱。交付定金的一方违约，不得收回定金；收受定金的一方违约的，应当双倍返还定金。当然，不履行债务或者履行债务不符合约定，须致使不能实现合同目的，方能适用定金条款。

《民法典》规定：当事人可以约定一方向对方给付定金作为债权的担保。定金合同自实际交付定金时成立。

定金的数额由当事人约定；但是，不得超过主合同标的额的百分之二十，超过部分不产生定金的效力。实际交付的定金数额多于或者少于约定数额的，视为变更约定的定金数额。

债务人履行债务的，定金应当抵作价款或者收回。给付定金的一方不履行债务或者履行债务不符合约定，致使不能实现合同目的的，无权请求返还定金；收受定金的一方不履行债务或者履行债务不符合约定，致使不能实现合同目的的，应当双倍返还定金。

当事人既约定违约金，又约定定金的，一方违约时，对方可以选择适用违约金或者定金条款。定金不足以弥补一方违约造成的损失的，对方可以请求赔偿超过定金数额的损失。

《最高人民法院关于适用〈中华人民共和国民法典〉合同编通则若干问题的解释》规定，当事人交付留置金、担保金、保证金、订约金、押金或者订金等，但是没有约定定金性质，一方主张适用《民法典》第五百八十七条规定的定金罚则的，人民法院不予支持。当事人约定了定金性质，但是未约定定金类型或者约定不明，一方主张为违约定金的，人民法院应予支持。

当事人约定以交付定金作为订立合同的担保，一方拒绝订立合同或者在磋商订立合同时违背诚信原则导致未能订立合同，对方主张适用《民法典》第五百八十七条规定的定金罚则的，人民法院应予支持。

当事人约定以交付定金作为合同成立或者生效条件，应当交付定金的一方未交付定金，但是合同主要义务已经履行完毕并为对方所接受的，人民法院应当认定合同在对方接受履行时已经成立或者生效。

当事人约定定金性质为解约定金，交付定金的一方主张以丧失定金为代价解除合同的，或者收受定金的一方主张以双倍返还定金为代价解除合同的，人民法院应予支持。

四、违约责任的免责情形

（一）不可抗力

不可抗力是不能预见、不能避免、不能克服的客观情况。《民法典》规定，当事人一方因不可抗力不能履行合同的，根据不可抗力的影响，部分或者全部免除责任，但是法律另有规定的除外。因不可抗力不能履行合同的，应当及时通知对方，以减轻可能给对方造成的损失，并应当在合理期限内提供证明。

当事人迟延履行后发生不可抗力的，不免除其违约责任。

《最高人民法院关于适用〈中华人民共和国民法典〉合同编通则若干问题的解释》规定，双方当事人均具有致使不能实现合同目的的违约行为，其中一方请求适用定金罚则的，人民法院不予支持。当事人一方仅有轻微违约，对方具有致使不能实现合同目的的违约行为，轻微违约方主张适用定金罚则，对方以轻微违约方也构成违约为由抗辩的，人民法院对该抗辩不予支持。

当事人一方已经部分履行合同，对方接受并主张按照未履行部分所占比例适用定金罚则的，人民法院应予支持。对方主张按照合同整体适用定金罚则的，人民法院不予支持，但是部分未履行致使不能实现合同目的的除外。

因不可抗力致使合同不能履行，非违约方主张适用定金罚则的，人民法院不予支持。

（二）债权人过错

《民法典》规定，当事人一方违约后，对方应当采取适当措施防止损失的扩大；没有采取适当措施致使损失扩大的，不得就扩大的损失请求赔偿。当事人因防止损失扩大而支出的合理费用，由违约方负担。

当事人都违反合同的，应当各自承担相应的责任。当事人一方违约造成对方损失，对方对损失的发生有过错的，可以减少相应的损失赔偿额。

需要注意的是，第三人原因导致债务人违约，并不能免除其违约责任，违约方只能在承担违约责任后向第三人追偿。《民法典》第五百九十三条明确了这一规定：当事人一方因第三人的原因造成违约的，应当依法向对方承担违约责任。当事人一方和第三人之间的纠纷，依照法律规定或者按照约定处理。

（三）免责条款

当事人在如在合同中约定了免责条款，符合约定情形时也可免除违约方的责任。但下列免责条款无效：①造成对方人身损害的；②因故意或者重大过失造成对方财产损失的。

第九节　几种典型合同

一、买卖合同

买卖合同是出卖人转移标的物的所有权于买受人，买受人支付价款的合同。

买卖合同是双务合同、诺成合同、不要式合同、有偿合同。

（一）当事人的权利、义务

1.交付标的物

出卖人应当按照约定向买受人交付标的物。根据《民法典》，有下列事宜需要特别注意：

（1）交付标的物或提取标的物的单证

出卖人应当履行向买受人交付标的物或者交付提取标的物的单证，并转移标的物所有权的义务。

（2）因出卖人未取得处分权致使标的物所有权不能转移

因出卖人未取得处分权致使标的物所有权不能转移的，买受人可以解除合同并请求出卖人承担违约责任。

法律、行政法规禁止或者限制转让的标的物，依照其规定。

（3）交付单证

出卖人应当按照约定或者交易习惯向买受人交付提取标的物单证以外的有关单证和资料。

（4）知识产权归属

出卖具有知识产权的标的物的，除法律另有规定或者当事人另有约定外，该标的物的知识产权不属于买受人。

（5）交付时间

出卖人应当按照约定的时间交付标的物。约定交付期限的，出卖人可以在该交付期限内的任何时间交付。

当事人没有约定标的物的交付期限或者约定不明确的，可以补充约定。不能达成补充协议的，按照合同相关条款或者交易习惯确定。仍不能确定的，债务人可以随时履行，债权人也可以随时请求履行，但是应当给对方必要的准备时间。

（6）交付地点

出卖人应当按照约定的地点交付标的物。

当事人没有约定交付地点或者约定不明确，依据《民法典》第五百一十条的规定仍不能确定的，适用下列规定：①标的物需要运输的，出卖人应当将标的物交付给第一承运人以运交给买受人；②标的物不需要运输，出卖人和买受人订立合同时知道标的物在某一地点的，出卖人应当在该地点交付标的物；不知道标的物在某一地点的，应当在出卖人订立合同时的营业地交付标的物。

2.标的物风险负担

根据《民法典》，标的物风险负担依据如下规则：

（1）一般规则

标的物毁损、灭失的风险，在标的物交付之前由出卖人承担，交付之后由买受人承担，但是法律另有规定或者当事人另有约定的除外。

因买受人的原因致使标的物未按照约定的期限交付的，买受人应当自违反约定时起承担标的物毁损、灭失的风险。

（2）在途标的物

出卖人出卖交由承运人运输的在途标的物，除当事人另有约定外，毁损、灭失的风险自合同成立时起由买受人承担。

（3）送至买受人指定地点

出卖人按照约定将标的物运送至买受人指定地点并交付给承运人后，标的物毁损、灭失的风险由买受人承担。

当事人没有约定交付地点或者约定不明确，依据《民法典》第六百零三条第二款第一项的规定标的物需要运输的，出卖人将标的物交付给第一承运人后，标的物毁损、灭失的风险由买受人承担。

出卖人按照约定或者依据《民法典》第六百零三条第二款第二项的规定将标的物置于交付地点，买受人违反约定没有收取的，标的物毁损、灭失的风险自违反约定时起由买受人承担。

（4）未交付有关标的物的单证和资料

出卖人按照约定未交付有关标的物的单证和资料的，不影响标的物毁损、灭失风险的转移。

（5）标的物不符合质量要求

因标的物不符合质量要求，致使不能实现合同目的的，买受人可以拒绝接受标的物或者解除合同。买受人拒绝接受标的物或者解除合同的，标的物毁损、灭失的风险由出卖人承担。

（6）风险转移不影响违约责任

标的物毁损、灭失的风险由买受人承担的，不影响因出卖人履行义务不符合约定，买受人请求其承担违约责任的权利。

3.出卖人的担保义务

根据《民法典》，出卖人的担保义务主要有：

（1）权利瑕疵担保

出卖人就交付的标的物，负有保证第三人对该标的物不享有任何权利的义务，但是法律另有规定的除外。买受人订立合同时知道或者应当知道第三人对买卖的标的物享有权利的，出卖人不承担该权利瑕疵担保义务。

买受人有确切证据证明第三人对标的物享有权利的，可以中止支付相应的价款，但是出卖人提供适当担保的除外。

（2）质量担保

出卖人应当按照约定的质量要求交付标的物。出卖人提供有关标的物质量说明的，交付的标的物应当符合该说明的质量要求。

当事人对标的物的质量要求没有约定或者约定不明确，可以协议补充。不能达成补充协议的，按照合同相关条款或者交易习惯确定。仍不能确定的，按照强制性国家标准履行；没有强制性国家标准的，按照推荐性国家标准履行；没有推荐性国家标准的，按照行业标准履行；没有国家标准、行业标准的，按照通常标准或者符合合同目的的特定标准履行。

（3）免责条款无效

当事人约定减轻或者免除出卖人对标的物瑕疵承担的责任，因出卖人故意或者重大过失不告知买受人标的物瑕疵的，出卖人无权主张减轻或者免除责任。

（4）包装方式

出卖人应当按照约定的包装方式交付标的物。对包装方式没有约定或者约定不明确，依据《民法典》第五百一十条的规定仍不能确定的，应当按照通用的方式包装；没有通用方式的，应当采取足以保护标的物且有利于节约资源、保护生态环境的包装方式。

4.买受人的检验义务

根据《民法典》，买受人的检验义务主要体现在：

买受人收到标的物时应当在约定的检验期限内检验。没有约定检验期限的，应当及时检验。

当事人约定检验期限的，买受人应当在检验期限内将标的物的数量或者质量不符合约定的情形通知出卖人。买受人怠于通知的，视为标的物的数量或者质量符合约定。

当事人没有约定检验期限的，买受人应当在发现或者应当发现标的物的数量或者质量不符合约定的合理期限内通知出卖人。买受人在合理期限内未通知或者自收到标的物之日起两年内未通知出卖人的，视为标的物的数量或者质量符合约定；但是，标的物有质量保证期的，适用质量保证期，不适用该两年的规定。

出卖人知道或者应当知道提供的标的物不符合约定的，买受人不受前述规定的通知时间的限制。

当事人约定的检验期限过短，根据标的物的性质和交易习惯，买受人在检验期限内难以完成全面检验的，该期限仅视为买受人对标的物的外观瑕疵提出异议的期限。

约定的检验期限或者质量保证期短于法律、行政法规规定期限的，应当以法律、行政法规规定的期限为准。

当事人对检验期限未作约定，买受人签收的送货单、确认单等载明标的物数量、型号、规格的，推定买受人已经对数量和外观瑕疵进行检验，但是有相关证据足以推翻的除外。

出卖人依照买受人的指示向第三人交付标的物，出卖人和买受人约定的检验标准与买受人和第三人约定的检验标准不一致的，以出卖人和买受人约定的检验标准为准。

5.出卖人的回收义务

依照法律、行政法规的规定或者按照当事人的约定，标的物在有效使用年限届满后应予回收的，出卖人负有自行或者委托第三人对标的物予以回收的义务。

6.买受人的付款义务

《民法典》对买受人的付款义务主要有以下规则：

（1）数额和支付方式

买受人应当按照约定的数额和支付方式支付价款。对价款的数额和支付方式没有约定或者约定不明确的，适用《民法典》第五百一十条、第五百一十一条第二项和第五项的规定。

（2）支付地点

买受人应当按照约定的地点支付价款。对支付地点没有约定或者约定不明确，依据《民法典》第五百一十条的规定仍不能确定的，买受人应当在出卖人的营业地支付；但是，约定支付价款以交付标的物或者交付提取标的物单证为条件的，在交付标的物或者交付提取标的物单证的所在地支付。

（3）支付时间

买受人应当按照约定的时间支付价款。对支付时间没有约定或者约定不明确，依据《民法典》第五百一十条的规定仍不能确定的，买受人应当在收到标的物或者提取标的物单证的同时支付。

（4）出卖人多交标的物

出卖人多交标的物的，买受人可以接收或者拒绝接收多交的部分。买受人接收多交部分的，按照约定的价格支付价款；买受人拒绝接收多交部分的，应当及时通知出卖人。

（5）孳息收取

标的物在交付之前产生的孳息，归出卖人所有；交付之后产生的孳息，归买受人所有。但是，当事人另有约定的除外。

7.特别解除规则

（1）标的物的主物不符合约定

因标的物的主物不符合约定而解除合同的，解除合同的效力及于从物。因标的物的从物不符合约定被解除的，解除的效力不及于主物。

（2）标的物为数物，其中一物不符合约定

标的物为数物，其中一物不符合约定的，买受人可以就该物解除。但是，该物与他物分离使标的物的价值显受损害的，买受人可以就数物解除合同。

（3）分批交付标的物

出卖人分批交付标的物的，出卖人对其中一批标的物不交付或者交付不符合约定，致使该批标的物不能实现合同目的的，买受人可以就该批标的物解除。

出卖人不交付其中一批标的物或者交付不符合约定，致使之后其他各批标的物的交付不能实现合同目的的，买受人可以就该批以及之后其他各批标的物解除。

买受人如果就其中一批标的物解除，该批标的物与其他各批标的物相互依存的，可以就已经交付和未交付的各批标的物解除。

（二）特种买卖合同

1.分期付款买卖合同

分期付款的买受人未支付到期价款的数额达到全部价款的五分之一，经催告后在合理期限内仍未支付到期价款的，出卖人可以请求买受人支付全部价款或者解除合同。

出卖人解除合同的，可以向买受人请求支付该标的物的使用费。

2.凭样品买卖合同

凭样品买卖的当事人应当封存样品，并可以对样品质量予以说明。出卖人交付的标的物应当与样品及其说明的质量相同。

凭样品买卖的买受人不知道样品有隐蔽瑕疵的，即使交付的标的物与样品相同，出卖人交付的标的物的质量仍然应当符合同种物的通常标准。

3.试用买卖合同

试用买卖的当事人可以约定标的物的试用期限。对试用期限没有约定或者约定不明确，依据《民法典》第五百一十条的规定仍不能确定的，由出卖人确定。试用买卖的买受人在试用期内可以购买标的物，也可以拒绝购买。试用期限届满，买受人对是否购买标的物未作表示的，视为购买。

试用买卖的买受人在试用期内已经支付部分价款或者对标的物实施出卖、出租、设立担保物权等行为的，视为同意购买。

试用买卖的当事人对标的物使用费没有约定或者约定不明确的，出卖人无权请求买受人支付。

标的物在试用期内毁损、灭失的风险由出卖人承担。

4.所有权保留

当事人可以在买卖合同中约定买受人未履行支付价款或者其他义务的，标的物的所有权属于出卖人。出卖人对标的物保留的所有权，未经登记，不得对抗善意第三人。

当事人约定出卖人保留合同标的物的所有权，在标的物所有权转移前，买受人有下列情形之一，造成出卖人损害的，除当事人另有约定外，出卖人有权取回标的物：①未按照约定支付价款，经催告后在合理期限内仍未支付；②未按照约定完成特定条件；③将标的物出卖、出质或者作出其他不当处分。出卖人可以与买受人协商取回标的物；协商不成的，可以参照适用担保物权的实现程序。

出卖人依据规定取回标的物后，买受人在双方约定或者出卖人指定的合理回赎期限内，消除出卖人取回标的物的事由的，可以请求回赎标的物。

买受人在回赎期限内没有回赎标的物，出卖人可以以合理价格将标的物出卖给第三人，出卖所得价款扣除买受人未支付的价款以及必要费用后仍有剩余的，应当返还买受人；不足部分由买受人清偿。

二、借款合同

借款合同是借款人向贷款人借款，到期返还借款并支付利息的合同。借款合同有金融机构提供借款的合同和包括自然人之间在内的民间借贷合同，适用的规则有较大区别。

（一）金融机构借款合同

金融机构指的是经金融监管部门批准设立的从事贷款业务的机构及其分支机构。《民法典》对借款合同主要设计了以下规则：

1.合同形式

借款合同应当采用书面形式。

2.合同内容

借款合同的内容一般包括借款种类、币种、用途、数额、利率、期限和还款方式等条款。

3.借款人的告知义务

订立借款合同，借款人应当按照贷款人的要求提供与借款有关的业务活动和财务状况的真实情况。否则，可能构成骗取贷款行为甚至骗取贷款罪。金融机构串通或未尽审核义务的，可能涉及违法放贷罪。

4.利息不得预先在本金中扣除

借款的利息不得预先在本金中扣除。利息预先在本金中扣除的，应当按照实际借款数额返还借款并计算利息。

5.贷款人和借款人的责任

贷款人未按照约定的日期、数额提供借款，造成借款人损失的，应当赔偿损失。借款人未按照约定的日期、数额收取借款的，应当按照约定的日期、数额支付利息。

6.贷款人按照约定可以检查、监督借款的使用情况

借款人应当按照约定向贷款人定期提供有关财务会计报表或者其他资料。借款人未按照约定的借款用途使用借款的，贷款人可以停止发放借款、提前收回借款或者解除合同。

7.利息支付

借款人应当按照约定的期限支付利息。对支付利息的期限没有约定或者约定不明确，依据《民法典》第五百一十条的规定仍不能确定，借款期间不满一年的，应当在返还借款时一并支付；借款期间一年以上的，应当在每届满一年时支付，剩余期间不满一年的，应当在返还借款时一并支付。

8.还款期限

借款人应当按照约定的期限返还借款。对借款期限没有约定或者约定不明确，依据

《民法典》第五百一十条的规定仍不能确定的，借款人可以随时返还；贷款人可以催告借款人在合理期限内返还。

借款人未按照约定的期限返还借款的，应当按照约定或者国家有关规定支付逾期利息。

借款人提前返还借款的，除当事人另有约定外，应当按照实际借款的期间计算利息。

借款人可以在还款期限届满前向贷款人申请展期；贷款人同意的，可以展期。

（二）民间借贷合同

根据《最高人民法院关于审理民间借贷案件适用法律若干问题的规定》，民间借贷，是指自然人、法人和非法人组织之间进行资金融通的行为。

1.民间借贷合同的形式

民间借贷合同为不要式合同，无须书面形式。

根据司法解释，出借人向人民法院提起民间借贷诉讼时，应当提供借据、收据、欠条等债权凭证以及其他能够证明借贷法律关系存在的证据。当事人持有的借据、收据、欠条等债权凭证没有载明债权人，持有债权凭证的当事人提起民间借贷诉讼的，人民法院应予受理。被告对原告的债权人资格提出有事实依据的抗辩，人民法院经审查认为原告不具有债权人资格的，裁定驳回起诉。

原告以借据、收据、欠条等债权凭证为依据提起民间借贷诉讼，被告依据基础法律关系提出抗辩或者反诉，并提供证据证明债权纠纷非民间借贷行为引起的，人民法院应当依据查明的案件事实，按照基础法律关系审理。当事人通过调解、和解或者清算达成的债权债务协议，不适用上述规定。

原告仅依据借据、收据、欠条等债权凭证提起民间借贷诉讼，被告抗辩已经偿还借款的，被告应当对其主张提供证据证明。被告提供相应证据证明其主张后，原告仍应就借贷关系的存续承担举证责任。

被告抗辩借贷行为尚未实际发生并能作出合理说明的，人民法院应当结合借贷金额、款项交付、当事人的经济能力、当地或者当事人之间的交易方式、交易习惯、当事人财产变动情况以及证人证言等事实和因素，综合判断查证借贷事实是否发生。

原告仅依据金融机构的转账凭证提起民间借贷诉讼，被告抗辩转账系偿还双方之前借款或者其他债务的，被告应当对其主张提供证据证明。被告提供相应证据证明其主张后，原告仍应就借贷关系的成立承担举证责任。

2.有保证人时的诉讼主体

司法解释规定，他人在借据、收据、欠条等债权凭证或者借款合同上签名或者盖章，但是未表明其保证人身份或者承担保证责任，或者通过其他事实不能推定其为保证人，出借人请求其承担保证责任的，人民法院不予支持。

保证人为借款人提供连带责任保证，出借人仅起诉借款人的，人民法院可以不追加保证人为共同被告；出借人仅起诉保证人的，人民法院可以追加借款人为共同被告。

保证人为借款人提供一般保证，出借人仅起诉保证人的，人民法院应当追加借款人为共同被告；出借人仅起诉借款人的，人民法院可以不追加保证人为共同被告。

3.民间借贷合同的成立

自然人之间的借款合同是实践合同，自贷款人提供借款时成立

司法解释规定，自然人之间的借款合同具有下列情形之一的，可以视为合同成立：①以现金支付的，自借款人收到借款时；②以银行转账、网上电子汇款等形式支付的，自资金到达借款人账户时；③以票据交付的，自借款人依法取得票据权利时；④出借人将特定资金账户支配权授权给借款人的，自借款人取得对该账户实际支配权时；⑤出借人以与借款人约定的其他方式提供借款并实际履行完成时。

除自然人之间的借款合同外，当事人主张民间借贷合同自合同成立时生效的，人民法院应予支持，但当事人另有约定或者法律、行政法规另有规定的除外。

4.民间借贷合同的无效

根据司法解释，具有下列情形之一的，人民法院应当认定民间借贷合同无效：①套取金融机构贷款转贷的；②以向其他营利法人借贷、向本单位职工集资，或者以向公众非法吸收存款等方式取得的资金转贷的；③未依法取得放贷资格的出借人，以营利为目的向社会不特定对象提供借款的；④出借人事先知道或者应当知道借款人借款用于违法犯罪活动仍然提供借款的；⑤违反法律、行政法规强制性规定的；⑥违背公序良俗的。

5.网贷平台

司法解释规定，借贷双方通过网络贷款平台形成借贷关系，网络贷款平台的提供者仅提供媒介服务，当事人请求其承担担保责任的，人民法院不予支持。

网络贷款平台的提供者通过网页、广告或者其他媒介明示或者有其他证据证明其为借贷提供担保，出借人请求网络贷款平台的提供者承担担保责任的，人民法院应予支持。

6.个人与单位责任承担

法人的法定代表人或者非法人组织的负责人以单位名义与出借人签订民间借贷合同，有证据证明所借款项系法定代表人或者负责人个人使用，出借人请求将法定代表人或者负责人列为共同被告或者第三人的，人民法院应予准许。

法人的法定代表人或者非法人组织的负责人以个人名义与出借人订立民间借贷合同，所借款项用于单位生产经营，出借人请求单位与个人共同承担责任的，人民法院应予支持。

7.利息

《民法典》规定借款合同对支付利息没有约定的，视为没有利息。借款合同对支付利息约定不明确，当事人不能达成补充协议的，按照当地或者当事人的交易方式、交易习惯、市场利率等因素确定利息；自然人之间借款的，视为没有利息。禁止高利放贷，借款的利率不得违反国家有关规定。

根据有关司法解释，借贷双方没有约定利息，出借人主张支付利息的，人民法院不予支持。自然人之间借贷对利息约定不明，出借人主张支付利息的，人民法院不予支持。除自然人之间借贷的外，借贷双方对借贷利息约定不明，出借人主张利息的，人民

法院应当结合民间借贷合同的内容，并根据当地或者当事人的交易方式、交易习惯、市场报价利率等因素确定利息。

出借人请求借款人按照合同约定利率支付利息的，人民法院应予支持，但是双方约定的利率超过合同成立时一年期贷款市场报价利率四倍的除外。“一年期贷款市场报价利率”，是指中国人民银行授权全国银行间同业拆借中心自2019年8月20日起每月发布的一年期贷款市场报价利率。

三、保理合同

（一）保理合同概述

1.保理合同的概念

保理合同是应收账款债权人将现有的或者将有的应收账款转让给保理人，保理人提供资金融通、应收账款管理或者催收、应收账款债务人付款担保等服务的合同。

2.保理合同的内容与形式

保理合同的内容一般包括业务类型、服务范围、服务期限、基础交易合同情况、应收账款信息、保理融资款或者服务报酬及其支付方式等条款。

保理合同为要式合同，应当采用书面形式。

3.保理合同的分类

保理合同分为有追索权的保理和无追索权的保理。有追索权的保理是保理人可以向应收账款债权人主张返还保理融资款本息或者回购应收账款债权的保理。

（二）保理合同的履行

根据《民法典》，保理合同履行中有以下问题需要重点关注：

1.应收账款债权人与债务人虚构应收账款

应收账款债权人与债务人虚构应收账款作为转让标的，与保理人订立保理合同的，应收账款债务人不得以应收账款不存在为由对抗保理人，但是保理人明知虚构的除外。

2.保理人向应收账款债务人发出应收账款转让通知的，应当表明保理人身份并附有必要凭证

3.擅自变更或终止基础交易合同

应收账款债务人接到应收账款转让通知后，应收账款债权人与债务人无正当理由协商变更或者终止基础交易合同，对保理人产生不利影响的，对保理人不发生效力。

4.有追索权的保理

当事人约定有追索权保理的，保理人可以向应收账款债权人主张返还保理融资款本息或者回购应收账款债权，也可以向应收账款债务人主张应收账款债权。保理人向应收账款债务人主张应收账款债权，在扣除保理融资款本息和相关费用后有剩余的，剩余部分应当返还给应收账款债权人。

5.无追索权的保理

当事人约定无追索权保理的，保理人应当向应收账款债务人主张应收账款债权，保理人取得超过保理融资款本息和相关费用的部分，无需向应收账款债权人返还。

可以看出，有追索权的保理有一定的担保功能，保理人风险较小。无追索权的保理基本相当于债权转让。

6.保理权顺序

应收账款债权人就同一应收账款订立多个保理合同，致使多个保理人主张权利的，已经登记的先于未登记的取得应收账款；均已经登记的，按照登记时间的先后顺序取得应收账款；均未登记的，由最先到达应收账款债务人的转让通知中载明的保理人取得应收账款；既未登记也未通知的，按照保理融资款或者服务报酬的比例取得应收账款。

四、合伙合同

《民法典》将合伙合同作为典型合同进行了规定，相关内容与合伙企业法有相通之处。

（一）合伙合同的概念

合伙合同是两个以上合伙人为了共同的事业目的，订立的共享利益、共担风险的协议。合伙合同未必都是以营利为目的的商事合伙。

（二）当事人的权利与义务

根据《民法典》，合伙合同当事人的权利与义务主要有：

1.出资义务

合伙人应当按照约定的出资方式、数额和缴付期限，履行出资义务。

2.合伙财产

合伙人的出资、因合伙事务依法取得的收益和其他财产，属于合伙财产。

合伙合同终止前，合伙人不得请求分割合伙财产。

3.合伙事务的执行

合伙人就合伙事务作出决定的，除合伙合同另有约定外，应当经全体合伙人一致同意。

合伙事务由全体合伙人共同执行。按照合伙合同的约定或者全体合伙人的决定，可以委托一个或者数个合伙人执行合伙事务；其他合伙人不再执行合伙事务，但是有权监督执行情况。

合伙人分别执行合伙事务的，执行事务合伙人可以对其他合伙人执行的事务提出异议；提出异议后，其他合伙人应当暂停该项事务的执行。

合伙人不得因执行合伙事务而请求支付报酬，但是合伙合同另有约定的除外。

4.合伙的利润分配和亏损分担

合伙的利润分配和亏损分担，按照合伙合同的约定办理；合伙合同没有约定或者约定不明确的，由合伙人协商决定；协商不成的，由合伙人按照实缴出资比例分配、分担；无法确定出资比例的，由合伙人平均分配、分担。

合伙人对合伙债务承担连带责任。清偿合伙债务超过自己应当承担份额的合伙人，有权向其他合伙人追偿。

5.合伙份额的转让

除合伙合同另有约定外，合伙人向合伙人以外的人转让其全部或者部分财产份额的，须经其他合伙人一致同意。

（三）合伙期限

合伙人对合伙期限没有约定或者约定不明确，依据《民法典》第五百一十条的规定仍不能确定的，视为不定期合伙。

合伙期限届满，合伙人继续执行合伙事务，其他合伙人没有提出异议的，原合伙合同继续有效，但是合伙期限为不定期。

合伙人可以随时解除不定期合伙合同，但是应当在合理期限之前通知其他合伙人。

（四）合伙合同的终止

合伙人死亡、丧失民事行为能力或者终止的，合伙合同终止；但是，合伙合同另有约定或者根据合伙事务的性质不宜终止的除外。

合伙合同终止后，合伙财产在支付因终止而产生的费用以及清偿合伙债务后有剩余的，依据《民法典》第九百七十二条的规定进行分配。

同步测试

一、单项选择题

1.定金数额不得超过合同标的额的（ ）。

A.10%　　B.20%　　C.30%　　D.50%

2.合同保全中，撤销权自债权人知道或者应当知道撤销事由之日起（ ）年内行使。

A.一　　B.二　　C.三　　D.五

3.债务人在履行主债务外还应当支付利息和实现债权的有关费用，其给付不足以清偿全部债务的，除当事人另有约定外，根据规定，最先支付的应该是（ ）。

A.实现债权的有关费用　　B.利息

C.主债务　　D.违约金

二、多项选择题

1.有下列情形之一的，当事人可以解除合同：（ ）。

A.因不可抗力致使不能实现合同目的

B.在履行期限届满前，当事人一方明确表示或者以自己的行为表明不履行主要债务

C.当事人一方迟延履行主要债务，经催告后在合理期限内仍未履行

D.当事人一方迟延履行债务或者有其他违约行为致使不能实现合同目的

2.关于买卖合同，下列说法正确的有（ ）。

A.因出卖人未取得处分权致使标的物所有权不能转移的，买受人可以解除合同并请求出卖人承担违约责任

B.出卖人应当按照约定或者交易习惯向买受人交付提取标的物单证以外的有关单证和资料，如没有交付单证和资料，则买卖合同无效

C. 出卖人出卖交由承运人运输的在途标的物，除当事人另有约定外，毁损、灭失的风险自合同成立时起由买受人承担

D. 试用买卖的买受人在试用期内可以购买标的物，也可以拒绝购买。试用期限届满，买受人对是否购买标的物未作表示的，视为购买

3. 受赠人有下列（ ）情形之一的，赠与人可以撤销赠与。

A. 严重侵害赠与人或者赠与人近亲属的合法权益

B. 对赠与人有扶养义务而不履行

C. 不履行赠与合同约定的义务

D. 没有支付货款

三、思考题

1. 如何理解合同法基本原则之一的诚实信用原则？

2. 违约责任承担方式及免责情形主要有哪些？

第五章

担保法

学习目标

知识目标：

（1）了解和掌握主要的担保方式；

（2）掌握担保中相关当事人的权利与义务。

能力目标：

（1）通过查找各种担保的区别，培养学生比较分析能力；

（2）培养学生全面的风险控制能力。

素养目标：

（1）树立风险意识和诚信观念；

（2）培养全过程系统把控能力，强化大局意识。

引导案例

甲因向乙银行借款，遂请求朋友丙提供保证担保，具体方式为连带责任保证。后因甲未按期足额还款，乙银行要求丙承担保证责任。丙认为自己没有使用贷款，完全是朋友之间帮忙，不该承担责任，而且银行应该先起诉并执行甲的财产。本纠纷该如何处理呢？

担保是为了保障债权人债权的实现，债权人与债务人或第三人依照法律或约定以债务人、第三人的财产或第三人的信用设立的促进债权实现的制度。债权人可以就担保财产优先受偿，或要求保证人承担担保责任。《民法典》关于担保的规定主要在物权编担保物权和合同编保证合同。我国目前比较典型的担保方式是保证、抵押、质押、留置和定金。《民法典》软化了物权法定原则，允许非典型担保。《民法典》第三百八十八条规定，担保合同包括抵押合同、质押合同和其他具有担保功能的合同。非典型担保，如所有权保留、保理、融资租赁等，也具有一定的担保功能。由于本书在他处介绍了定金及非典型担保，本章主要介绍担保物权和保证合同涉及的几种担保方式，即抵押、质押、留置和保证。

第一节　一般规定

《民法典》第二编物权编第四分编担保物权规定了抵押权、质权、留置权，对应的担保方式就是抵押、质押和留置。合同编第二分编典型合同中规定了保证合同，对应的担保方式是保证。

一、担保合同的从属性

担保合同目的在于担保主债权的实现，担保合同是从合同，约定主债权债务关系的合同才是主合同。根据规定，主债权债务合同无效的，担保合同无效，但是法律另有规定的除外。

《最高人民法院关于适用〈中华人民共和国民法典〉有关担保制度的解释》规定，当事人在担保合同中约定担保合同的效力独立于主合同，或者约定担保人对主合同无效的法律后果承担担保责任，该有关担保独立性的约定无效。主合同有效的，有关担保独立性的约定无效不影响担保合同的效力；主合同无效的，人民法院应当认定担保合同无效，但是法律另有规定的除外。

因金融机构开立的独立保函发生的纠纷，适用《最高人民法院关于审理独立保函纠纷案件若干问题的规定》。

二、担保合同担保的范围

《民法典》第三百八十九条规定了担保物权的担保范围：包括主债权及其利息、违约金、损害赔偿金、保管担保财产和实现担保物权的费用。当事人另有约定的，按照其约定。第六百九十一条规定了保证的范围：包括主债权及其利息、违约金、损害赔偿金和实现债权的费用。当事人另有约定的，按照其约定。

司法解释规定，当事人对担保责任的承担约定专门的违约责任，或者约定的担保责任范围超出债务人应当承担的责任范围，担保人主张仅在债务人应当承担的责任范围内承担责任的，人民法院应予支持。

担保人承担的责任超出债务人应当承担的责任范围，担保人向债务人追偿，债务人主张仅在其应当承担的责任范围内承担责任的，人民法院应予支持；担保人请求债权人返还超出部分的，人民法院依法予以支持。

三、担保物权的受托持有

根据司法解释，有下列情形之一，当事人将担保物权登记在他人名下，债务人不履行到期债务或者发生当事人约定的实现担保物权的情形，债权人或者其受托人主张就该财产优先受偿的，人民法院依法予以支持：①为债券持有人提供的担保物权登记在债券受托管理人名下；②为委托贷款人提供的担保物权登记在受托人名下；③担保人知道债权人与他人之间存在委托关系的其他情形。

四、关于担保资格

法律对于担保人资格有积极条件或消极条件的，均须遵守相应规定。司法解释规定，机关法人提供担保的，人民法院应当认定担保合同无效，但是经国务院批准为使用外国政府或者国际经济组织贷款进行转贷的除外。

居民委员会、村民委员会提供担保的，人民法院应当认定担保合同无效，但是依法代行村集体经济组织职能的村民委员会，依照村民委员会组织法规定的讨论决定程序对外提供担保的除外。

以公益为目的的非营利性学校、幼儿园、医疗机构、养老机构等提供担保的，人民法院应当认定担保合同无效，但是有下列情形之一的除外：①在购入或者以融资租赁方式承租教育设施、医疗卫生设施、养老服务设施和其他公益设施时，出卖人、承租人为担保价款或者租金实现而在该公益设施上保留所有权；②以教育设施、医疗卫生设施、养老服务设施和其他公益设施以外的不动产、动产或者财产权利设立担保物权。

登记为营利法人的学校、幼儿园、医疗机构、养老机构等提供担保，当事人以其不具有担保资格为由主张担保合同无效的，人民法院不予支持。

五、公司法定代表人越权担保

一般情况下，公司法定代表人有权以公司名义从事民事活动，即便公司内部对其职权有限制，也只是内部有效，不得对抗善意相对人。该法定代表人的行为对公司有约束力。《最高人民法院关于适用〈中华人民共和国民法典〉有关担保制度的解释》规定，公司的法定代表人违反公司法关于公司对外担保决议程序的规定，超越权限代表公司与相对人订立担保合同，人民法院应当依照《民法典》第六十一条和第五百零四条等规定处理：

（1）相对人善意的，担保合同对公司发生效力；相对人请求公司承担担保责任的，人民法院应予支持。

（2）相对人非善意的，担保合同对公司不发生效力；相对人请求公司承担赔偿责任的，参照适用本解释第十七条的有关规定。

法定代表人超越权限提供担保造成公司损失，公司请求法定代表人承担赔偿责任的，人民法院应予支持。

善意，是指相对人在订立担保合同时不知道且不应当知道法定代表人超越权限。相对人有证据证明已对公司决议进行了合理审查，人民法院应当认定其构成善意，但是公司有证据证明相对人知道或者应当知道决议系伪造、变造的除外。

六、无须机关决议的情形

公司法对公司对外担保有严格的程序要求，一般需要董事会或股东会的决议。《最高人民法院关于适用〈中华人民共和国民法典〉有关担保制度的解释》规定，有下列情形之一，公司以未经决议程序为由主张不承担担保责任的，人民法院不予支持：①金融机构开立保函或者担保公司提供担保；②公司为其全资子公司开展经营活动提供担保；③担保合同系由单独或者共同持有公司三分之二以上对担保事项有表决权的股东签字同意。上市公司对外提供担保，不适用第二项、第三项的规定。

七、上市公司提供担保

因上市公司涉及面广，社会影响大，监管部门对上市公司行为一直进行比较严格的规范。司法解释规定，相对人根据上市公司公开披露的关于担保事项已经董事会或者股东大会决议通过的信息，与上市公司订立担保合同，相对人主张担保合同对上市公司发生效力，并由上市公司承担担保责任的，人民法院应予支持。

相对人未根据上市公司公开披露的关于担保事项已经董事会或者股东大会决议通过的信息，与上市公司订立担保合同，上市公司主张担保合同对其不发生效力，且不承担担保责任或者赔偿责任的，人民法院应予支持。

相对人与上市公司已公开披露的控股子公司、股票在国务院批准的其他全国性证券交易场所交易的公司订立的担保合同，适用前述规定。

八、一人公司为其股东提供担保

一人公司是股东只有一人的有限公司或股份公司。由于一人公司股东缺少制约，易出现公司债权人受损的情形，公司法特别设计了股东不能证明自身财产独立于公司财产时须对公司债务承担连带责任的制度。

《最高人民法院关于适用〈中华人民共和国民法典〉有关担保制度的解释》规定，一人有限责任公司为其股东提供担保，公司以违反公司法关于公司对外担保决议程序的规定为由主张不承担担保责任的，人民法院不予支持。公司因承担担保责任导致无法清偿其他债务，提供担保时的股东不能证明公司财产独立于自己的财产，其他债权人请求该股东承担连带责任的，人民法院应予支持。

九、公司的分支机构提供担保

公司分支机构不具备法人资格，不能独立承担民事责任，由总公司承担。虽然分公司具有签约主体和诉讼主体的资格，但其对外担保则一般需要取得总公司的授权。《最高人民法院关于适用〈中华人民共和国民法典〉有关担保制度的解释》规定，公司的分支机构未经公司股东会或者董事会决议以自己的名义对外提供担保，相对人请求公司或者其分支机构承担担保责任的，人民法院不予支持，但是相对人不知道且不应当知道分支机构对外提供担保未经公司决议程序的除外。

金融机构的分支机构在其营业执照记载的经营范围内开立保函，或者经有权从事担保业务的上级机构授权开立保函，金融机构或者其分支机构以违反公司法关于公司对外担保决议程序的规定为由主张不承担担保责任的，人民法院不予支持。金融机构的分支机构未经金融机构授权提供保函之外的担保，金融机构或者其分支机构主张不承担担保责任的，人民法院应予支持，但是相对人不知道且不应当知道分支机构对外提供担保未经金融机构授权的除外。

担保公司的分支机构未经担保公司授权对外提供担保，担保公司或者其分支机构主张不承担担保责任的，人民法院应予支持，但是相对人不知道且不应当知道分支机构对外提供担保未经担保公司授权的除外。

公司的分支机构对外提供担保，相对人非善意，其请求公司承担赔偿责任的，参照司法解释第十七条（担保合同无效的法律后果）的有关规定处理。

十、共同担保人之间的追偿权

共同担保是两个以上担保人对同一债务进行担保，包括按份担保和连带担保。一般情况下，担保人之间并无相互追偿的权利。

《最高人民法院关于适用〈中华人民共和国民法典〉有关担保制度的解释》规定，同一债务有两个以上第三人提供担保，担保人之间约定相互追偿及分担份额，承担了担保责任的担保人请求其他担保人按照约定分担份额的，人民法院应予支持；担保人之间约定承担连带共同担保，或者约定相互追偿但是未约定分担份额的，各担保人按照比例分担向债务人不能追偿的部分。

同一债务有两个以上第三人提供担保，担保人之间未对相互追偿作出约定且未约定承担连带共同担保，但是各担保人在同一份合同书上签字、盖章或者按指印，承担了担保责任的担保人请求其他担保人按照比例分担向债务人不能追偿部分的，人民法院应予支持。

除前两款规定的情形外，承担了担保责任的担保人请求其他担保人分担向债务人不能追偿部分的，人民法院不予支持。

十一、担保人受让债权

一般情况下，债权人可以将债权予以转让，只是需要通知债务人及担保人。

司法实践中，有的担保人为了取代债权人对债务人的位置，继而取得挑选承担担保责任担保人的主动权，以避免代偿后无法追偿的困境，采取受让债权的方式成为新的债权人。对此，《最高人民法院关于适用〈中华人民共和国民法典〉有关担保制度的解释》规定，同一债务有两个以上第三人提供担保，担保人受让债权的，人民法院应当认定该行为系承担担保责任。受让债权的担保人作为债权人请求其他担保人承担担保责任的，人民法院不予支持；该担保人请求其他担保人分担相应份额的，依照司法解释第十三条（共同担保人之间的追偿权）的规定处理。

十二、关于借新还旧

实践中，经常出现借新还旧以变相延长借款期限，这对担保人明显不利。《最高人民法院关于适用〈中华人民共和国民法典〉有关担保制度的解释》规定，主合同当事人协议以新贷偿还旧贷，债权人请求旧贷的担保人承担担保责任的，人民法院不予支持；债权人请求新贷的担保人承担担保责任的，按照下列情形处理：①新贷与旧贷的担保人相同的，人民法院应予支持；②新贷与旧贷的担保人不同，或者旧贷无担保新贷有担保的，人民法院不予支持，但是债权人有证据证明新贷的担保人提供担保时对以新贷偿还旧贷的事实知道或者应当知道的除外。

主合同当事人协议以新贷偿还旧贷，旧贷的物的担保人在登记尚未注销的情形下同意继续为新贷提供担保，在订立新的贷款合同前又以该担保财产为其他债权人设立担保物权，其他债权人主张其担保物权顺位优先于新贷债权人的，人民法院不予支持。

十三、担保合同无效的法律后果

主合同有效而第三人提供的担保合同无效，人民法院应当区分不同情形确定担保人的赔偿责任：

（1）债权人与担保人均有过错的，担保人承担的赔偿责任不应超过债务人不能清偿部分的二分之一。

（2）担保人有过错而债权人无过错的，担保人对债务人不能清偿的部分承担赔偿责任。

（3）债权人有过错而担保人无过错的，担保人不承担赔偿责任。

主合同无效导致第三人提供的担保合同无效，担保人无过错的，不承担赔偿责任；担保人有过错的，其承担的赔偿责任不应超过债务人不能清偿部分的三分之一。

十四、追偿中对债务人的担保物权

司法解释规定，承担了担保责任或者赔偿责任的担保人，在其承担责任的范围内向债务人追偿的，人民法院应予支持。

同一债权既有债务人自己提供的物的担保，又有第三人提供的担保，承担了担保责任或者赔偿责任的第三人，主张行使债权人对债务人享有的担保物权的，人民法院应予支持。

十五、因债权人原因导致担保人未能预先行使追偿权

债权人知道或者应当知道债务人破产，既未申报债权也未通知担保人，致使担保人不能预先行使追偿权的，担保人就该债权在破产程序中可能受偿的范围内免除担保责任，但是担保人因自身过错未行使追偿权的除外。

第二节　担保物权

一、担保物权概述

（一）担保物权的概念

《民法典》第三百八十六条规定：担保物权人在债务人不履行到期债务或者发生当事人约定的实现担保物权的情形，依法享有就担保财产优先受偿的权利，但是法律另有

规定的除外。

因此，担保物权就是债权人享有的，在债务人不履行到期债务或者发生当事人约定的实现担保物权的情形，就担保财产优先受偿的权利。

（二）担保物权的特征

1.从属性

担保物权中的担保方式担保的是主合同债权，担保合同是主合同的从合同。当然，由于留置是法定担保方式，不存在留置合同之说。对此，《民法典》第三百八十八条规定，设立担保物权，应当依照本法和其他法律的规定订立担保合同。担保合同包括抵押合同、质押合同和其他具有担保功能的合同。担保合同是主债权债务合同的从合同。主债权债务合同无效的，担保合同无效，但是法律另有规定的除外。

2.优先受偿性

担保物权是为了担保债权人债权的实现，当发生实现担保物权的情形时，担保物权人有权就担保物优先受偿。优先受偿权是债权人的核心权利。

3.物上代位性

物上代位性，简单讲就是当担保物灭失或毁损时，债权人有权就代替担保物的财产继续优先受偿。《民法典》第三百九十条规定，担保期间，担保财产毁损、灭失或者被征收等，担保物权人可以就获得的保险金、赔偿金或者补偿金等优先受偿。被担保债权的履行期限未届满的，也可以提存该保险金、赔偿金或者补偿金等。

《最高人民法院关于适用〈中华人民共和国民法典〉有关担保制度的解释》规定，抵押权依法设立后，抵押财产毁损、灭失或者被征收等，抵押权人请求按照原抵押权的顺位就保险金、赔偿金或者补偿金等优先受偿的，人民法院应予支持。

给付义务人已经向抵押人给付了保险金、赔偿金或者补偿金，抵押权人请求给付义务人向其给付保险金、赔偿金或者补偿金的，人民法院不予支持，但是给付义务人接到抵押权人要求向其给付的通知后仍然向抵押人给付的除外。

抵押权人请求给付义务人向其给付保险金、赔偿金或者补偿金的，人民法院可以通知抵押人作为第三人参加诉讼。

4.不可分性

《最高人民法院关于适用〈中华人民共和国民法典〉有关担保制度的解释》规定，主债权未受全部清偿，担保物权人主张就担保财产的全部行使担保物权的，人民法院应予支持。

担保财产被分割或者部分转让，担保物权人主张就分割或者转让后的担保财产行使担保物权的，人民法院应予支持，但是法律或者司法解释另有规定的除外。

主债权被分割或者部分转让，各债权人主张就其享有的债权份额行使担保物权的，人民法院应予支持，但是法律另有规定或者当事人另有约定的除外。

主债务被分割或者部分转移，债务人自己提供物的担保，债权人请求以该担保财产担保全部债务履行的，人民法院应予支持；第三人提供物的担保，该第三人主张对未经其书面同意转移的债务不再承担担保责任的，人民法院应予支持。

（三）担保合同

设立担保物权，应当依照《民法典》和其他法律的规定订立担保合同。担保合同包括抵押合同、质押合同和其他具有担保功能的合同。担保合同是主债权债务合同的从合同。

担保合同被确认无效后，债务人、担保人、债权人有过错的，应当根据其过错各自承担相应的民事责任。

（四）担保物权担保的范围

根据《民法典》，担保物权的担保范围包括主债权及其利息、违约金、损害赔偿金、保管担保财产和实现担保物权的费用。当事人另有约定的，按照其约定。

（五）未经担保人同意，债务转让的后果

第三人提供担保，未经其书面同意，债权人允许债务人转移全部或者部分债务的，担保人不再承担相应的担保责任。

（六）担保方式实现顺序

法律规定，被担保的债权既有物的担保又有人的担保的，债务人不履行到期债务或者发生当事人约定的实现担保物权的情形，债权人应当按照约定实现债权；没有约定或者约定不明确，债务人自己提供物的担保的，债权人应当先就该物的担保实现债权；第三人提供物的担保的，债权人可以就物的担保实现债权，也可以请求保证人承担保证责任。提供担保的第三人承担担保责任后，有权向债务人追偿。

（七）担保物权的消灭

根据《民法典》规定有下列情形之一的，担保物权消灭：①主债权消灭；②担保物权实现；③债权人放弃担保物权；④法律规定担保物权消灭的其他情形。

二、抵押权

（一）概念

抵押是债务人或第三人将自己的财产以不转移占有的方式作为债务人债务履行的担保，债务人不履行债务时，债权人有权将该物拍卖、变卖或折价，从所得价款优先受偿的担保方式。《民法典》对抵押权进行了规定：为担保债务的履行，债务人或者第三人不转移财产的占有，将该财产抵押给债权人的，债务人不履行到期债务或者发生当事人约定的实现抵押权的情形，债权人有权就该财产优先受偿。债务人或者第三人为抵押人，债权人为抵押权人，提供担保的财产为抵押财产。

（二）抵押财产的范围

1.可以设定抵押的财产

债务人或者第三人有权处分的下列财产可以抵押：①建筑物和其他土地附着物；②建设用地使用权；③海域使用权；④生产设备、原材料、半成品、产品；⑤正在建造的建筑物、船舶、航空器；⑥交通运输工具；⑦法律、行政法规未禁止抵押的其他财产。抵押人可以将上述所列财产一并抵押。

《最高人民法院关于适用〈中华人民共和国民法典〉有关担保制度的解释》规定，

以违法的建筑物抵押的，抵押合同无效，但是一审法庭辩论终结前已经办理合法手续的除外。

当事人以建设用地使用权设立抵押，抵押人以土地上存在违法的建筑物为由主张抵押合同无效的，人民法院不予支持。

抵押人以划拨建设用地上的建筑物抵押，当事人以该建设用地使用权不能抵押或者未办理批准手续为由主张抵押合同无效或者不生效的，人民法院不予支持。抵押权依法实现时，拍卖、变卖建筑物所得的价款，应当优先用于补缴建设用地使用权出让金。

当事人以划拨方式取得的建设用地使用权抵押，抵押人以未办理批准手续为由主张抵押合同无效或者不生效的，人民法院不予支持。已经依法办理抵押登记，抵押权人主张行使抵押权的，人民法院应予支持。

当事人仅以建设用地使用权抵押，债权人主张抵押权的效力及于土地上已有的建筑物以及正在建造的建筑物已完成部分的，人民法院应予支持。债权人主张抵押权的效力及于正在建造的建筑物的续建部分以及新增建筑物的，人民法院不予支持。

当事人以正在建造的建筑物抵押，抵押权的效力范围限于已办理抵押登记的部分。当事人按照担保合同的约定，主张抵押权的效力及于续建部分、新增建筑物以及规划中尚未建造的建筑物的，人民法院不予支持。

抵押人将建设用地使用权、土地上的建筑物或者正在建造的建筑物分别抵押给不同债权人的，人民法院应当根据抵押登记的时间先后确定清偿顺序。

2.浮动抵押财产

根据法律，企业、个体工商户、农业生产经营者可以将现有的以及将有的生产设备、原材料、半成品、产品抵押，债务人不履行到期债务或者发生当事人约定的实现抵押权的情形，债权人有权就抵押财产确定时的动产优先受偿。

3.建筑物、土地使用权

《民法典》第三百九十七条对建筑物、土地使用权抵押作出了规定。以建筑物抵押的，该建筑物占用范围内的建设用地使用权一并抵押。以建设用地使用权抵押的，该土地上的建筑物一并抵押。抵押人未依据规定一并抵押的，未抵押的财产视为一并抵押。

需要注意的是，土地抵押后，债权人对新形成的建筑物不享有优先受偿权。

《民法典》第三百九十八条规定：乡镇、村企业的建设用地使用权不得单独抵押。以乡镇、村企业的厂房等建筑物抵押的，其占用范围内的建设用地使用权一并抵押。建设用地使用权抵押后，该土地上新增的建筑物不属于抵押财产。该建设用地使用权实现抵押权时，应当将该土地上新增的建筑物与建设用地使用权一并处分。但是，新增建筑物所得的价款，抵押权人无权优先受偿。以集体所有土地的使用权依法抵押的，实现抵押权后，未经法定程序，不得改变土地所有权的性质和土地用途。

4.不得抵押的财产

《民法典》规定了禁止抵押的财产。

下列财产不得抵押：①土地所有权；②宅基地、自留地、自留山等集体所有土地的使用权，但是法律规定可以抵押的除外；③学校、幼儿园、医疗机构等为公益目的成立的非营利法人的教育设施、医疗卫生设施和其他公益设施；④所有权、使用权不明或者有争议的财产；⑤依法被查封、扣押、监管的财产；⑥法律、行政法规规定不得抵押的其他财产。

（三）抵押权的设立

1.抵押合同的形式和内容

包括抵押合同在内的担保合同均须以书面形式签订，合同主体是债权人与担保人。抵押合同由债权人与抵押人订立，抵押人可以是债务人或第三人。

抵押合同一般包括下列条款：①被担保债权的种类和数额；②债务人履行债务的期限；③抵押财产的名称、数量等情况；④担保的范围。

2.绝押合同

绝押合同是指在债务履行期限届满前，抵押人与债权人约定，债务人不履行到期债务时抵押财产归债权人所有的抵押合同。已经废止的原《中华人民共和国担保法》认定绝押合同无效。但《民法典》采取了不同的效力规定：抵押权人在债务履行期限届满前，与抵押人约定债务人不履行到期债务时抵押财产归债权人所有的，只能依法就抵押财产优先受偿。也就是说，绝押合同并非绝对无效，只是不能发生所有权转移的效果，但却使得债权人享有了优先受偿权。

3.抵押权的成立情形

（1）强制登记的抵押物，抵押权自登记时设立

以建筑物和其他土地附着物、建设用地使用权、海域使用权及正在建造的建筑物抵押的，应当办理抵押登记。抵押权自登记时设立。

（2）自愿登记的抵押物，抵押权自抵押合同生效时设立

以动产抵押的，抵押权自抵押合同生效时设立；未经登记，不得对抗善意第三人。

需要注意的是，不管是强制登记的抵押还是自愿登记的抵押，抵押合同只要符合生效要件即为有效。即使是强制登记未登记，抵押合同仍是有效的，只是不能产生抵押权而已。自愿登记未登记的，不能对抗善意第三人。本书认为，对债权人而言，一概进行抵押登记，应不是坏事。

根据司法解释，不动产抵押合同生效后未办理抵押登记手续，债权人请求抵押人办理抵押登记手续的，人民法院应予支持。

抵押财产因不可归责于抵押人自身的原因灭失或者被征收等导致不能办理抵押登记，债权人请求抵押人在约定的担保范围内承担责任的，人民法院不予支持；但是抵押人已经获得保险金、赔偿金或者补偿金等，债权人请求抵押人在其所获金额范围内承担相应赔偿责任的，人民法院应予支持。

因抵押人转让抵押财产或者其他可归责于抵押人自身的原因导致不能办理抵押登记，债权人请求抵押人在约定的担保范围内承担责任的，人民法院应予支持，但是不得超过抵押权能够设立时抵押人应当承担的责任范围。

不动产登记簿就抵押财产、被担保的债权范围等所作的记载与抵押合同约定不一致的，人民法院应当根据登记簿的记载确定抵押财产、优先受偿的范围等事项。

当事人申请办理抵押登记手续时，因登记机构的过错致使其不能办理抵押登记，当事人请求登记机构承担赔偿责任的，人民法院依法予以支持。

（四）动产抵押与正常经营活动

《民法典》第四百零四条规定："以动产抵押的，不得对抗正常经营活动中已经支付合理价款并取得抵押财产的买受人。"

司法解释规定，买受人在出卖人正常经营活动中通过支付合理对价取得已被设立担保物权的动产，担保物权人请求就该动产优先受偿的，人民法院不予支持，但是有下列情形之一的除外：①购买商品的数量明显超过一般买受人；②购买出卖人的生产设备；③订立买卖合同的目的在于担保出卖人或者第三人履行债务；④买受人与出卖人存在直接或者间接控制关系；⑤买受人应当查询抵押登记的其他情形。

出卖人正常经营活动，是指出卖人的经营活动属于其营业执照明确记载的经营范围，且出卖人持续销售同类商品。担保物权人，是指已经办理登记的抵押权人、所有权保留买卖的出卖人、融资租赁合同的出租人。

（五）抵押与租赁

法律规定，抵押权设立前，抵押财产已经出租并转移占有的，原租赁关系不受该抵押权的影响。

根据相关司法解释，动产抵押合同订立后未办理抵押登记，动产抵押权的效力按照下列情形分别处理：①抵押人转让抵押财产，受让人取得抵押财产所有权后，抵押权人向受让人请求行使抵押权的，人民法院不予支持，但是抵押权人能够举证证明受让人知道或者应当知道已经订立抵押合同的除外；②抵押人将抵押财产出租给他人并移转占有，抵押权人行使抵押权的，租赁关系不受影响，但是抵押权人能够举证证明承租人知道或者应当知道已经订立抵押合同的除外；③抵押人的其他债权人向人民法院申请保全或者执行抵押财产，人民法院已经作出财产保全裁定或者采取执行措施，抵押权人主张对抵押财产优先受偿的，人民法院不予支持；④抵押人破产，抵押权人主张对抵押财产优先受偿的，人民法院不予支持。

（六）抵押物的转让

原《物权法》规定，抵押期间，抵押物转让必须经抵押权人的同意。为了提升物的流通性，《民法典》采取了不同的规定：抵押期间，抵押人可以转让抵押财产。当事人另有约定的，按照其约定。抵押财产转让的，抵押权不受影响。抵押人转让抵押财产的，应当及时通知抵押权人。抵押权人能够证明抵押财产转让可能损害抵押权的，可以请求抵押人将转让所得的价款向抵押权人提前清偿债务或者提存。转让的价款超过债权数额的部分归抵押人所有，不足部分由债务人清偿。

《最高人民法院关于适用〈中华人民共和国民法典〉有关担保制度的解释》规定，当事人约定禁止或者限制转让抵押财产但是未将约定登记，抵押人违反约定转让抵押财产，抵押权人请求确认转让合同无效或者该转让不发生物权效力的，人民法院不予支持；抵押权人请求抵押人承担违约责任的，人民法院依法予以支持。

当事人约定禁止或者限制转让抵押财产且已经将约定登记，抵押人违反约定转让抵押财产，抵押权人请求确认转让合同无效的，人民法院不予支持；抵押财产已经交付或者登记，抵押权人主张转让不发生物权效力的，人民法院应予支持，但是因受让人代替债务人清偿债务导致抵押权消灭的除外。抵押人与抵押权人之间关于禁止或者限制转让抵押财产的约定未经登记，但有证据证明受让人知道的，参照该规定处理。

（七）抵押权的转让

抵押权不得与债权分离而单独转让或者作为其他债权的担保。债权转让的，担保该债权的抵押权一并转让，但是法律另有规定或者当事人另有约定的除外。

（八）抵押财产的保全

《民法典》规定，抵押人的行为足以使抵押财产价值减少的，抵押权人有权请求抵押人停止其行为；抵押财产价值减少的，抵押权人有权请求恢复抵押财产的价值，或者提供与减少的价值相应的担保。抵押人不恢复抵押财产的价值，也不提供担保的，抵押权人有权请求债务人提前清偿债务。

（九）抵押权及其顺位的放弃

《民法典》规定，抵押权人可以放弃抵押权或者抵押权的顺位。抵押权人与抵押人可以协议变更抵押权顺位以及被担保的债权数额等内容。但是，抵押权的变更未经其他抵押权人书面同意的，不得对其他抵押权人产生不利影响。

债务人以自己的财产设定抵押，抵押权人放弃该抵押权、抵押权顺位或者变更抵押权的，其他担保人在抵押权人丧失优先受偿权益的范围内免除担保责任，但是其他担保人承诺仍然提供担保的除外。

（十）抵押物的处置

《民法典》规定，债务人不履行到期债务或者发生当事人约定的实现抵押权的情形，抵押权人可以与抵押人协议以抵押财产折价或者以拍卖、变卖该抵押财产所得的价款优先受偿。协议损害其他债权人利益的，其他债权人可以请求人民法院撤销该协议。

抵押权人与抵押人未就抵押权实现方式达成协议的，抵押权人可以请求人民法院拍卖、变卖抵押财产。

抵押财产折价或者变卖的，应当参照市场价格。

抵押财产折价或者拍卖、变卖后，其价款超过债权数额的部分归抵押人所有，不足部分由债务人清偿。

关于抵押物的从物，司法解释规定，从物产生于抵押权依法设立前，抵押权人主张抵押权的效力及于从物的，人民法院应予支持，但是当事人另有约定的除外。从物产生于抵押权依法设立后，抵押权人主张抵押权的效力及于从物的，人民法院不予支持，但是在抵押权实现时可以一并处分。

关于添附物，司法解释规定，抵押权依法设立后，抵押财产被添附，抵押人对添附物享有所有权，抵押权人主张抵押权的效力及于添附物的，人民法院应予支持，但是添附导致抵押财产价值增加的，抵押权的效力不及于增加的部分。抵押权依法设立后，抵押人与第三人因添附成为添附物的共有人，抵押权人主张抵押权的效力及于抵押人对共有物享有的份额的，人民法院应予支持。添附，包括附和、混合与加工。

（十一）抵押财产孳息收取

债务人不履行到期债务或者发生当事人约定的实现抵押权的情形，致使抵押财产被人民法院依法扣押的，自扣押之日起，抵押权人有权收取该抵押财产的天然孳息或者法定孳息，但是抵押权人未通知应当清偿法定孳息义务人的除外。孳息应当先充抵收取孳息的费用。

（十二）担保财产的清偿顺序

同一财产向两个以上债权人抵押的，拍卖、变卖抵押财产所得的价款依照下列规定清偿：①抵押权已经登记的，按照登记的时间先后确定清偿顺序；②抵押权已经登记的先于未登记的受偿；③抵押权未登记的，按照债权比例清偿。

其他可以登记的担保物权，清偿顺序参照适用上述规定。

同一财产既设立抵押权又设立质权的，拍卖、变卖该财产所得的价款按照登记、交付的时间先后确定清偿顺序。

（十三）超级优先权

动产抵押担保的主债权是抵押物的价款，标的物交付后十日内办理抵押登记的，该抵押权人优先于抵押物买受人的其他担保物权人受偿，但是留置权人除外。

根据司法解释，担保人在设立动产浮动抵押并办理抵押登记后又购入或者以融资租赁方式承租新的动产，下列权利人为担保价款债权或者租金的实现而订立担保合同，并在该动产交付后十日内办理登记，主张其权利优先于在先设立的浮动抵押权的，人民法院应予支持：①在该动产上设立抵押权或者所有权保留买卖的出卖人；②为价款支付提供融资而在该动产上设立抵押权的债权人；③以融资租赁方式出租该动产的出租人。

同一动产上存在多个价款优先权的，人民法院应当按照登记的时间先后确定清偿顺序。

（十四）抵押权行使期限

抵押权人应当在主债权诉讼时效期间行使抵押权；未行使的，人民法院不予保护。

根据司法解释，主债权诉讼时效期间届满后，抵押权人主张行使抵押权的，人民法院不予支持；抵押人以主债权诉讼时效届满为由，主张不承担担保责任的，人民法院应予支持。主债权诉讼时效期间届满前，债权人仅对债务人提起诉讼，经人民法院判决或者调解后未在民事诉讼法规定的申请执行期间内对债务人申请强制执行，其向抵押人主张行使抵押权的，人民法院不予支持。

主债权诉讼时效期间届满后，财产被留置的债务人或者第三人请求债权人返还留置财产的，人民法院不予支持；债务人或者第三人请求拍卖、变卖留置财产并以所得价款清偿债务的，人民法院应予支持。

（十五）最高额抵押权

1. 概念

为担保债务的履行，债务人或者第三人对一定期间内将要连续发生的债权提供担保财产的，债务人不履行到期债务或者发生当事人约定的实现抵押权的情形，抵押权人有权在最高债权额限度内就该担保财产优先受偿。

2.设立与转让

最高额抵押权设立前已经存在的债权，经当事人同意，可以转入最高额抵押担保的债权范围。

最高额抵押担保的债权确定前，部分债权转让的，最高额抵押权不得转让，但是当事人另有约定的除外。

最高额抵押担保的债权确定前，抵押权人与抵押人可以通过协议变更债权确定的期间、债权范围以及最高债权额。但是，变更的内容不得对其他抵押权人产生不利影响。

3.最高额抵押债权的确定

有下列情形之一的，抵押权人的债权确定：①约定的债权确定期间届满；②没有约定债权确定期间或者约定不明确，抵押权人或者抵押人自最高额抵押权设立之日起满2年后请求确定债权；③新的债权不可能发生；④抵押权人知道或者应当知道抵押财产被查封、扣押；⑤债务人、抵押人被宣告破产或者解散；⑥法律规定债权确定的其他情形。

三、质权

（一）动产质权

1.概念

为担保债务的履行，债务人或者第三人将其动产出质给债权人占有的，债务人不履行到期债务或者发生当事人约定的实现质权的情形，债权人有权就该动产优先受偿。该债务人或者第三人为出质人，债权人为质权人，交付的动产为质押财产。

质权与抵押权相比，比较大的区别在于：一是是否转移占有，二是担保财产。

2.质押合同

（1）质押合同的设立与内容

设立质权，当事人应当采用书面形式订立质押合同。

质押合同一般包括下列条款：①被担保债权的种类和数额；②债务人履行债务的期限；③质押财产的名称、数量等情况；④担保的范围；⑤质押财产交付的时间、方式。

（2）流质合同

质权人在债务履行期限届满前，与出质人约定债务人不履行到期债务时质押财产归债权人所有的，只能依法就质押财产优先受偿。这与绝押合同相关规定比较相似。

3.动产质权的设立

动产质权自出质人交付质押财产时设立。

4.孳息收取

质权人有权收取质押财产的孳息，但是合同另有约定的除外。孳息应当先充抵收取孳息的费用。

5.质押财产的保全

质权人在质权存续期间，未经出质人同意，擅自使用、处分质押财产，造成出质人损害的，应当承担赔偿责任。质权人在质权存续期间，未经出质人同意转质，造成质押财产毁损、灭失的，应当承担赔偿责任。质权人负有妥善保管质押财产的义务；因保管不善致使质押财产毁损、灭失的，应当承担赔偿责任。质权人的行为可能使质押财产毁损、灭失的，出质人可以请求质权人将质押财产提存，或者请求提前清偿债务并返还质押财产。

因不可归责于质权人的事由可能使质押财产毁损或者价值明显减少，足以危害质权人权利的，质权人有权请求出质人提供相应的担保；出质人不提供的，质权人可以拍卖、变卖质押财产，并与出质人协议将拍卖、变卖所得的价款提前清偿债务或者提存。

6.质权的放弃

根据《民法典》，质权人可以放弃质权。债务人以自己的财产出质，质权人放弃该质权的，其他担保人在质权人丧失优先受偿权益的范围内免除担保责任，但是其他担保人承诺仍然提供担保的除外。

7.质物的处置

质物的处置与抵押物处置相似。债务人履行债务或者出质人提前清偿所担保的债权的，质权人应当返还质押财产。债务人不履行到期债务或者发生当事人约定的实现质权的情形，质权人可以与出质人协议以质押财产折价，也可以就拍卖、变卖质押财产所得的价款优先受偿。质押财产折价或者变卖的，应当参照市场价格。

出质人可以请求质权人在债务履行期限届满后及时行使质权；质权人不行使的，出质人可以请求人民法院拍卖、变卖质押财产。出质人请求质权人及时行使质权，因质权人怠于行使权利造成出质人损害的，由质权人承担赔偿责任。

质押财产折价或者拍卖、变卖后，其价款超过债权数额的部分归出质人所有，不足部分由债务人清偿。

（二）权利质权

特定的权利也可以质押，质权自交付或登记时产生。

1.可以质押的权利

《民法典》规定，债务人或者第三人有权处分的下列权利可以出质：①汇票、本票、支票；②债券、存款单；③仓单、提单；④可以转让的基金份额、股权；⑤可以转让的注册商标专用权、专利权、著作权等知识产权中的财产权；⑥现有的以及将有的应收账款；⑦法律、行政法规规定可以出质的其他财产权利。

2.质权的设立

根据《民法典》，出质的权利不同，质权设立的条件也不同

（1）汇票、本票、支票、债券、存款单、仓单、提单

以汇票、本票、支票、债券、存款单、仓单、提单出质的，质权自权利凭证交付质权人时设立；没有权利凭证的，质权自办理出质登记时设立。法律另有规定的，依照其规定。

汇票、本票、支票、债券、存款单、仓单、提单的兑现日期或者提货日期先于主债权到期的，质权人可以兑现或者提货，并与出质人协议将兑现的价款或者提取的货物提前清偿债务或者提存。

（2）基金份额、股权

以基金份额、股权出质的，质权自办理出质登记时设立。

基金份额、股权出质后，不得转让，但是出质人与质权人协商同意的除外。出质人转让基金份额、股权所得的价款，应当向质权人提前清偿债务或者提存。

（3）知识产权中的财产权

以注册商标专用权、专利权、著作权等知识产权中的财产权出质的，质权自办理出质登记时设立。

知识产权中的财产权出质后，出质人不得转让或者许可他人使用，但是出质人与质权人协商同意的除外。出质人转让或者许可他人使用出质的知识产权中的财产权所得的价款，应当向质权人提前清偿债务或者提存。

（4）应收账款

以应收账款出质的，质权自办理出质登记时设立。

应收账款出质后，不得转让，但是出质人与质权人协商同意的除外。出质人转让应收账款所得的价款，应当向质权人提前清偿债务或者提存。

根据司法解释，以现有的应收账款出质，应收账款债务人向质权人确认应收账款的真实性后，又以应收账款不存在或者已经消灭为由主张不承担责任的，人民法院不予支持。

以现有的应收账款出质，应收账款债务人未确认应收账款的真实性，质权人以应收账款债务人为被告，请求就应收账款优先受偿，能够举证证明办理出质登记时应收账款真实存在的，人民法院应予支持；质权人不能举证证明办理出质登记时应收账款真实存在，仅以已经办理出质登记为由，请求就应收账款优先受偿的，人民法院不予支持。

以现有的应收账款出质，应收账款债务人已经向应收账款债权人履行了债务，质权人请求应收账款债务人履行债务的，人民法院不予支持，但是应收账款债务人接到质权人要求向其履行的通知后，仍然向应收账款债权人履行的除外。

以基础设施和公用事业项目收益权、提供服务或者劳务产生的债权以及其他将有的应收账款出质，当事人为应收账款设立特定账户，发生法定或者约定的质权实现事由时，质权人请求就该特定账户内的款项优先受偿的，人民法院应予支持；特定账户内的款项不足以清偿债务或者未设立特定账户，质权人请求折价或者拍卖、变卖项目收益权等将有的应收账款，并以所得的价款优先受偿的，人民法院依法予以支持。

四、留置权

留置是典型担保中唯一的法定担保方式，故不存在留置合同的说法。

（一）概念

债务人不履行到期债务，债权人可以留置已经合法占有的债务人的动产，并有权就该动产优先受偿。债权人为留置权人，占有的动产为留置财产。

（二）留置的条件

1.债权人合法占有债务人的动产

债权人通过承揽、运输、保管等合同已经占有债务人的动产，且留置的财产只能是动产。当然，法律规定或者当事人约定不得留置的动产，不得留置。留置权人对留置财产丧失占有或者留置权人接受债务人另行提供担保的，留置权消灭。

2.债权已届清偿期，债务人迟延履行债务

3.留置的财产与债权有牵连关系

债权人留置的动产，应当与债权属于同一法律关系，但是企业之间留置的除外。

根据《最高人民法院关于适用〈中华人民共和国民法典〉有关担保制度的解释》规定，债务人不履行到期债务，债权人因同一法律关系留置已经合法占有的第三人的动产，并主张就该留置财产优先受偿的，人民法院应予支持。第三人以该留置财产并非债务人的财产为由请求返还的，人民法院不予支持。

企业之间留置的动产与债权并非同一法律关系，债务人以该债权不属于企业持续经营中发生的债权为由请求债权人返还留置财产的，人民法院应予支持。

企业之间留置的动产与债权并非同一法律关系，债权人留置第三人的财产，第三人请求债权人返还留置财产的，人民法院应予支持。

4.留置的财产应适量

留置财产为可分物的，留置财产的价值应当相当于债务的金额。

（三）留置权人的保管义务

留置权人负有妥善保管留置财产的义务；因保管不善致使留置财产毁损、灭失的，应当承担赔偿责任。

（四）孳息的收取

留置权人有权收取留置财产的孳息，孳息应当先充抵收取孳息的费用。

（五）留置财产的处置

留置权人与债务人应当约定留置财产后的债务履行期限；没有约定或者约定不明确的，留置权人应当给债务人六十日以上履行债务的期限，但是鲜活易腐等不易保管的动产除外。债务人逾期未履行的，留置权人可以与债务人协议以留置财产折价，也可以就拍卖、变卖留置财产所得的价款优先受偿。

留置财产折价或者变卖的，应当参照市场价格。留置财产折价或者拍卖、变卖后，其价款超过债权数额的部分归债务人所有，不足部分由债务人清偿。

债务人可以请求留置权人在债务履行期限届满后行使留置权；留置权人不行使的，债务人可以请求人民法院拍卖、变卖留置财产。

（六）担保物权的顺序

同一动产上已经设立抵押权或者质权，该动产又被留置的，留置权人优先受偿。

第三节 保证

（一）保证的概念与特征

1.概念

保证是为保障债权的实现，保证人和债权人约定，当债务人不履行到期债务或者发生当事人约定的情形时，保证人履行债务或者承担责任的担保方式。

2.保证担保方式的特征

（1）保证是一种信用担保，是人的担保，担保人未提供现实财产进行担保。

（2）担保人的资格有较多限制。

（3）保证人只能是第三人，不能是债务人自己。

（4）一般情况下的无偿性。尽管现实中有担保公司这种营利性担保机构，但大多数的保证担保往往是民间的无偿的。

（5）补充性。

保证仅是为了让债权人的债权实现可能性更大，但如果债务人自己履行了债务，则保证人无须承担责任。这决定了保证合同均有如下特性：

第一，从属性。保证合同是为了担保主合同债务履行与债权人债权实现，保证合同是主合同的从合同；

第二，相对独立性。《民法典》第六百八十二条规定：保证合同是主债权债务合同的从合同。主债权债务合同无效的，保证合同无效，但是法律另有规定的除外。

第三，单务性。保证合同中，只有保证人有义务，债权人不承担义务。

（二）保证合同的无效

根据《民法典》的规定，保证合同是主债权债务合同的从合同。主债权债务合同无效的，保证合同无效，但是法律另有规定的除外。保证合同被确认无效后，债务人、保证人、债权人有过错的，应当根据其过错各自承担相应的民事责任。

因此，保证合同无效，并不代表保证人不承担责任，而是要根据过错承担相应的民事责任。

（三）担保资格

《民法典》第六百八十三条规定，机关法人不得为保证人，但是经国务院批准为使用外国政府或者国际经济组织贷款进行转贷的除外。以公益为目的的非营利法人、非法人组织不得为保证人。

之所以不允许该类主体作为保证人，因为其承担的是概括责任，如代为履行或承担责任，很可能会影响其公共职能的履行。当然，非公益性组织不受此限。

（四）保证合同的内容与形式

1.内容

保证合同的内容一般包括被保证的主债权的种类、数额，债务人履行债务的期限，保证的方式、范围和期间等条款。

2.形式

保证合同可以是单独订立的书面合同，也可以是主债权债务合同中的保证条款。第三人单方以书面形式向债权人作出保证，债权人接收且未提出异议的，保证合同成立。

（五）保证方式

《民法典》规定了保证方式包括一般保证和连带责任保证。当事人在保证合同中对保证方式没有约定或者约定不明确的，按照一般保证承担保证责任。这一规定与之前的现已废止的《中华人民共和国担保法》有明显不同。当时的规定恰好相反：当事人在保证合同中对保证方式没有约定或者约定不明确的，按照连带责任保证承担保证责任。可以明确的是对于保证人而言，一般保证更为有利。而对债权人而言，更喜欢选择连带责任保证。《民法典》之所以进行修改，主要原因在于专业担保机构往往会在合同中约定担保方式，而法律知识比较欠缺的保证人往往不了解保证方式不同对其会产生不同的影响。现实中的保证大多为无偿的，对于本已慷慨帮忙的保证人，再让其对债务人债务承担连带责任，实属不公。

1.一般保证

当事人在保证合同中约定，债务人不能履行债务时，由保证人承担保证责任的，为一般保证。此处“不能”，指的是确实没有清偿能力。

一般保证的保证人享有先诉抗辩权，即一般保证的保证人在主合同纠纷未经审判或者仲裁，并就债务人财产依法强制执行仍不能履行债务前，有权拒绝向债权人承担保证责任，但是有下列情形之一的除外：①债务人下落不明，且无财产可供执行；②人民法院已经受理债务人破产案件；③债权人有证据证明债务人的财产不足以履行全部债务或者丧失履行债务能力；④保证人书面表示放弃本款规定的权利。

2.连带责任保证

当事人在保证合同中约定保证人和债务人对债务承担连带责任的，为连带责任保证。

连带责任保证的债务人不履行到期债务或者发生当事人约定的情形时，债权人可以请求债务人履行债务，也可以请求保证人在其保证范围内承担保证责任。

需要注意的是，连带责任保证与连带保证是不同的。连带责任保证强调的是保证人与债务人对债务承担连带责任。而连带保证属于共同保证，连带保证强调的是，保证人有两人以上，各保证人对债务承担连带责任。

（六）最高额保证

保证人与债权人可以协商订立最高额保证的合同，约定在最高债权额限度内就一定期间连续发生的债权提供保证。

（七）保证范围

保证的范围包括主债权及其利息、违约金、损害赔偿金和实现债权的费用。当事人另有约定的，按照其约定。

（八）保证期间

保证期间是确定保证人承担保证责任的期间，不发生中止、中断和延长。

《民法典》规定：债权人与保证人可以约定保证期间，但是约定的保证期间早于主债务履行期限或者与主债务履行期限同时届满的，视为没有约定；没有约定或者约定不明确的，保证期间为主债务履行期限届满之日起六个月。债权人与债务人对主债务履行期限没有约定或者约定不明确的，保证期间自债权人请求债务人履行债务的宽限期届满之日起计算。

一般保证的债权人未在保证期间对债务人提起诉讼或者申请仲裁的，保证人不再承担保证责任。连带责任保证的债权人未在保证期间请求保证人承担保证责任的，保证人不再承担保证责任。

一般保证的债权人在保证期间届满前对债务人提起诉讼或者申请仲裁的，从保证人拒绝承担保证责任的权利消灭之日起，开始计算保证债务的诉讼时效。连带责任保证的债权人在保证期间届满前请求保证人承担保证责任的，从债权人请求保证人承担保证责任之日起，开始计算保证债务的诉讼时效。

（九）债权债务变更对保证责任的影响

1.债务数额变更

根据《民法典》，债权人和债务人未经保证人书面同意，协商变更主债权债务合同内容，减轻债务的，保证人仍对变更后的债务承担保证责任；加重债务的，保证人对加重的部分不承担保证责任。

2.履行期限变更

债权人和债务人变更主债权债务合同的履行期限，未经保证人书面同意的，保证期间不受影响。

3.债权转让

债权人转让全部或者部分债权，未通知保证人的，该转让对保证人不发生效力。保证人与债权人约定禁止债权转让，债权人未经保证人书面同意转让债权的，保证人对受让人不再承担保证责任。

4.债务转让

债权人未经保证人书面同意，允许债务人转移全部或者部分债务，保证人对未经其同意转移的债务不再承担保证责任，但是债权人和保证人另有约定的除外。

第三人加入债务的，保证人的保证责任不受影响。

5.保证责任的免除

一般保证的保证人在主债务履行期限届满后，向债权人提供债务人可供执行财产的真实情况，债权人放弃或者怠于行使权利致使该财产不能被执行的，保证人在其提供可供执行财产的价值范围内不再承担保证责任。

（十）共同保证

共同保证是两个以上保证人对同一债务承担保证责任，分为按份保证和连带保证。

同一债务有两个以上保证人的，保证人应当按照保证合同约定的保证份额，承担保证责任。此为按份保证；没有约定保证份额的，债权人可以请求任何一个保证人在其保证范围内承担保证责任，此为连带保证。

（十一）保证责任的追偿

《民法典》规定，保证人承担保证责任后，除当事人另有约定外，有权在其承担保证责任的范围内向债务人追偿，享有债权人对债务人的权利，但是不得损害债权人的利益。

需要注意的是，法律仅规定了承担保证责任的保证人有权向债务人追偿，但并没有赋予其向其他保证人追偿的权利。

（十二）债务人的抗辩权

保证人可以主张债务人对债权人的抗辩。债务人放弃抗辩的，保证人仍有权向债权人主张抗辩。

债务人对债权人享有抵销权或者撤销权的，保证人可以在相应范围内拒绝承担保证责任。

同步测试

一、单项选择题

1.债权人与保证人可以约定保证期间，但是约定的保证期间早于主债务履行期限或者与主债务履行期限同时届满的，视为没有约定；没有约定或者约定不明确的，保证期间为主债务履行期限届满之日起（　　）个月。

A.三　　B.六　　C.十二　　D.二十四

2.当事人在保证合同中对保证方式没有约定或者约定不明确的，按照（　　）承担保证责任。

A.一般保证　　B.连带保证　　C.连带责任保证　　D.共同保证

3.下列属于法定担保方式的是（　　）。

A.保证　　B.抵押　　C.质押　　D.留置

二、多项选择题

1.下列财产不得抵押的有（　　）。

A.土地所有权

B.宅基地、自留地、自留山等集体所有土地的使用权，但是法律规定可以抵押的除外

C.学校、幼儿园、医疗机构等为公益目的成立的非营利法人的教育设施、医疗卫生设施和其他公益设施

D.所有权、使用权不明或者有争议的财产

2.有下列情形之一，公司以未经决议程序为由主张不承担担保责任的，人民法院不予支持（　　）。

A.金融机构开立保函或者担保公司提供担保

B.公司为其全资子公司开展经营活动提供担保

C.担保合同系由单独或者共同持有公司三分之二以上对担保事项有表决权的股东签字同意

D.已经加盖公司印章的

3.关于质押，下列说法正确的有（　）。

A.质权人在债务履行期限届满前，与出质人约定债务人不履行到期债务时质押财产归债权人所有的，只能依法就质押财产优先受偿

B.质权人有权收取质押财产的孳息，但是合同另有约定的除外

C.质权人可以放弃质权。债务人以自己的财产出质，质权人放弃该质权的，其他担保人在质权人丧失优先受偿权益的范围内免除担保责任，但是其他担保人承诺仍然提供担保的除外

D.以汇票、本票、支票、债券、存款单、仓单、提单出质的，质权自权利凭证交付质权人时设立

三、思考题

1.抵押与质押的区别有哪些？

2.在保证担保中，债权人应注意哪些问题以全面维护自己利益？

第六章

证券法

学习目标

知识目标：

（1）了解和掌握股票发行的基本规定；

（2）掌握禁止的交易行为种类及表现。

能力目标：

（1）培养学生从事证券非诉业务能力；

（2）培养学生投融资风险把控能力。

素养目标：

（1）强化公开、公平、公正观念；

（2）以证券交易要求为基础，强化合规意识。

引导案例

中国证监会行政处罚决定书（恒大地产及其责任人员）指出，恒大地产披露的2019年、2020年年度报告存在虚假记载。恒大地产通过提前确认收入方式实施财务造假，2019年虚增收入2 139.89亿元，占当期营业收入的50.14%，对应虚增成本1 732.67亿元，虚增利润407.22亿元，占当期利润总额的63.31%；2020年虚增收入3 501.57亿元，占当期营业收入的78.54%，对应虚增成本2 988.68亿元，虚增利润512.89亿元，占当期利润总额的86.88%。

同时，恒大地产公开发行公司债券存在欺诈发行。恒大地产2020年5月26日发行20恒大02债券，发行规模40亿元；2020年6月5日发行20恒大03债券，发行规模25亿元；2020年9月23日发行20恒大04债券，发行规模40亿元；2020年10月19日发行20恒大05债券，发行规模21亿元；2021年4月27日发行21恒大01债券，发行规模82亿元。恒大地产在发行上述债券过程中公告的发行文件中分别引用了存在虚假记载的2019年、2020年年度报告的相关数据，存在欺诈发行。

另外，恒大地产未按规定披露相关信息。一是恒大地产未按期披露2021年年度报告、2022年中期报告及2022年年度报告；二是未按规定披露重大诉讼仲裁的情况；三是未按规定披露未能清偿到期债务的情况。

第一节　证券法概述

一、证券概述

（一）证券的概念

证券是表明持有人财产权利的书面凭证。广义的证券包括货币证券、资本证券和商品证券；狭义的证券是指资本证券，包括股票、债券、存托凭证等。证券法所指的证券便是资本证券。

（二）证券的特征

1.权利性

每一种证券都代表一定的权利，如股票代表所有权，债券代表债权。

2.流通性

一般情况下，证券可以转让。

3.收益性

权利人可以通过持有证券获得股息、分红或者债券利息，也可以通过转让获得差价收入。

4.风险性

证券价值和发行人发展状况息息相关，同时价格又受供求关系、市场变化及其他不确定因素的影响，其往往会发生波动甚至剧烈波动，带有较强的风险性。

二、我国的证券立法

（一）证券法的概念

广义的证券法是调整证券发行、交易等行为的全部法律规范的总称，包括《中华人民共和国证券法》以及国务院的行政法规、证券监管机构的部门规章和证券交易所的相关规则等；狭义的证券法特指《中华人民共和国证券法》。

（二）《中华人民共和国证券法》的变革

《中华人民共和国证券法》于1998年12月29日第九届全国人民代表大会常务委员会第六次会议通过，根据2004年8月28日第十届全国人民代表大会常务委员会第十一次会议《关于修改〈中华人民共和国证券法〉的决定》第一次修正，2005年10月27日第十届全国人民代表大会常务委员会第十八次会议第一次修订，根据2013年6月29日第十二届全国人民代表大会常务委员会第三次会议《关于修改〈中华人民共和国文物保护法〉等十二部法律的决定》第二次修正，根据2014年8月31日第十二届全国人民代表大会常务委员会第十次会议《关于修改〈中华人民共和国保险法〉等五部法律的决定》第三次修正，2019年12月28日第十三届全国人民代表大会常务委员会第十五次会议第二次修订。

（三）《中华人民共和国证券法》的适用范围

根据《中华人民共和国证券法》第二条，在中华人民共和国境内，股票、公司债券、存托凭证和国务院依法认定的其他证券的发行和交易，适用本法；本法未规定的，适用《中华人民共和国公司法》和其他法律、行政法规的规定。政府债券、证券投资基金份额的上市交易，适用本法；其他法律、行政法规另有规定的，适用其规定。资产支持证券、资产管理产品发行、交易的管理办法，由国务院依照本法的原则规定。在中华人民共和国境外的证券发行和交易活动，扰乱中华人民共和国境内市场秩序，损害境内投资者合法权益的，依照本法有关规定处理并追究法律责任。

三、证券法的基本原则

（一）公开、公平、公正原则

证券的发行、交易活动，必须遵循公开、公平、公正的原则。当然，如果是非公开发行证券，则无须遵循公开原则。

（二）自愿、有偿、诚实信用原则

证券发行、交易活动的当事人具有平等的法律地位，应当遵守自愿、有偿、诚实信用的原则。

（三）合法原则

证券的发行、交易活动，必须遵守法律、行政法规规定；禁止欺诈、内幕交易和操纵证券市场的行为。

（四）分业经营、分业管理

证券业和银行业、信托业、保险业实行分业经营、分业管理，证券公司与银行、信托、保险业务机构分别设立。国家另有规定的除外。

（五）统一监管、审计监督

国务院证券监督管理机构依法对全国证券市场实行集中统一监督管理。国务院证券监督管理机构根据需要可以设立派出机构，按照授权履行监督管理职责。

国家审计机关依法对证券交易场所、证券公司、证券登记结算机构、证券监督管理机构进行审计监督。

第二节 证券发行

一、证券发行的概念

证券发行是发行人为了筹集资金向社会出售证券、投资者用资金购买证券的行为。

二、证券发行的种类

重要的证券发行分类主要有：

（1）根据发行的证券种类不同，可以分为股票发行、债券发行及其他证券发行。

（2）根据发行主体不同，可以分为国家发行、企业发行、金融机构发行等。

（3）根据发行对象不同，可以分为公开发行和非公开发行。

根据证券相关法律的规定，有下列情形之一的，为公开发行：①向不特定对象发行证券；②向特定对象发行证券累计超过二百人，但依法实施员工持股计划的员工人数不计算在内；③法律、行政法规规定的其他发行行为。非公开发行证券，不得采用广告、公开劝诱和变相公开方式。

三、公开发行注册制

根据《中华人民共和国证券法》，公开发行证券，必须符合法律、行政法规规定的条件，并依法报经国务院证券监督管理机构或者国务院授权的部门注册。未经依法注册，任何单位和个人不得公开发行证券。证券发行注册制的具体范围、实施步骤，由国务院规定。

四、保荐制度

《中华人民共和国证券法》要求，发行人申请公开发行股票、可转换为股票的公司债券，依法采取承销方式的，或者公开发行法律、行政法规规定实行保荐制度的其他证券的，应当聘请证券公司担任保荐人。

保荐人应当遵守业务规则和行业规范，诚实守信，勤勉尽责，对发行人的申请文件和信息披露资料进行审慎核查，督导发行人规范运作。

（一）概念

保荐制是由保荐人对发行人相关发行行为承担连带责任的制度，其目的是敦促保荐人审慎履职，进而提高发行质量。

（二）证券发行实施保荐制度的情形

《证券发行上市保荐业务管理办法》规定，发行人申请从事下列发行事项，依法采取承销方式的，应当聘请具有保荐业务资格的证券公司履行保荐职责：①首次公开发行股票；②上市公司发行新股、可转换公司债券；③公开发行存托凭证；④中国证券监督管理委员会（以下简称中国证监会）认定的其他情形。发行人申请公开发行法律、行政法规规定实行保荐制度的其他证券的，依照前述规定办理。在实施证券发行核准制的板块，发行人应当就上述已发行证券的上市事项聘请具有保荐业务资格的证券公司履行保荐职责。

（三）保荐业务资格条件

证券公司从事证券发行上市保荐业务，应当依照规定向中国证监会申请保荐业务资格。未经中国证监会核准，任何机构不得从事保荐业务。

证券公司申请保荐业务资格，应当具备下列条件：①注册资本不低于人民币1亿元，净资本不低于人民币5 000万元；②具有完善的公司治理和内部控制制度，风险控制指标符合相关规定；③保荐业务部门具有健全的业务规程、内部风险评估和控制系统，内部机构设置合理，具备相应的研究能力、销售能力等后台支持；④具有良好的保荐业务团队且专业结构合理，从业人员不少于35人，其中最近3年从事保荐相关业务的人员不少于20人；⑤保荐代表人不少于4人；⑥最近3年内未因重大违法违规行为受到行政处罚；⑦中国证监会规定的其他条件。

保荐机构履行保荐职责，应当指定品行良好、具备组织实施保荐项目专业能力的保荐代表人具体负责保荐工作。保荐代表人应当熟练掌握保荐业务相关的法律、会计、财务管理、税务、审计等专业知识，最近5年内具备36个月以上保荐相关业务经历、最近12个月持续从事保荐相关业务，最近3年未受到证券交易所等自律组织的重大纪律处分或者中国证监会的行政处罚、重大行政监管措施。

（四）保荐职责

保荐机构应当尽职推荐发行人证券发行上市。发行人证券上市后，保荐机构应当持续督导发行人履行规范运作、信守承诺、信息披露等义务。

保荐机构推荐发行人证券发行上市，应当遵循诚实守信、勤勉尽责的原则，按照中国证监会对保荐机构尽职调查工作的要求，对发行人进行全面调查，充分了解发行人的经营状况及其面临的风险和问题。

1.辅导

保荐机构在推荐发行人首次公开发行股票并上市前，应当对发行人进行辅导。辅导内容包括，对发行人的董事、监事和高级管理人员、持有5%以上股份的股东和实际控制人（或者其法定代表人）进行系统的法规知识、证券市场知识培训，使其全面掌握发行上市、规范运作等方面的有关法律法规和规则，知悉信息披露和履行承诺等方面的责任和义务，树立进入证券市场的诚信意识、自律意识和法治意识，以及中国证监会规定的其他事项。

2.签订保荐协议

保荐机构应当与发行人签订保荐协议，明确双方的权利和义务，按照行业规范协商确定履行保荐职责的相关费用。

保荐协议签订后，保荐机构应当在5个工作日内向承担辅导验收职责的中国证监会派出机构报告。

3.调查、复核、尽职调查

保荐机构应当确信发行人符合法律、行政法规和中国证监会、证券交易所的有关规定，方可推荐其证券发行上市。

保荐机构决定推荐发行人证券发行上市的，可以根据发行人的委托，组织编制申请文件并出具推荐文件。

对发行人申请文件、证券发行募集文件中有证券服务机构及其签字人员出具专业意见的内容，保荐机构可以合理信赖，对相关内容应当保持职业怀疑、运用职业判断进行分析，存在重大异常、前后重大矛盾，或者与保荐机构获得的信息存在重大差异的，保荐机构应当对有关事项进行调查、复核，并可聘请其他证券服务机构提供专业服务。

对发行人申请文件、证券发行募集文件中无证券服务机构及其签字人员专业意见支持的内容，保荐机构应当获得充分的尽职调查证据，在对各种证据进行综合分析的基础上对发行人提供的资料和披露的内容进行独立判断，并有充分理由确信所作的判断与发行人申请文件、证券发行募集文件的内容不存在实质性差异。

4.提交相关文件

保荐机构推荐发行人发行证券，应当向中国证监会提交发行保荐书、保荐代表人专项授权书以及中国证监会要求的其他与保荐业务有关的文件。

保荐机构推荐发行人证券上市，应当向证券交易所提交上市保荐书以及证券交易所要求的其他与保荐业务有关的文件，并报中国证监会备案。

在发行保荐书和上市保荐书中，保荐机构应当就下列事项作出承诺：①有充分理由确信发行人符合法律法规及中国证监会有关证券发行上市的相关规定；②有充分理由确信发行人申请文件和信息披露资料不存在虚假记载、误导性陈述或者重大遗漏；③有充分理由确信发行人及其董事在申请文件和信息披露资料中表达意见的依据充分合理；④有充分理由确信申请文件和信息披露资料与证券服务机构发表的意见不存在实质性差异；⑤保证所指定的保荐代表人及本保荐机构的相关人员已勤勉尽责，对发行人申请文件和信息披露资料进行了尽职调查、审慎核查；⑥保证保荐书、与履行保荐职责有关的其他文件不存在虚假记载、误导性陈述或者重大遗漏；⑦保证对发行人提供的专业服务和出具的专业意见符合法律、行政法规、中国证监会的规定和行业规范；⑧自愿接受中国证监会依照《证券发行上市保荐业务管理办法》采取的监管措施；⑨中国证监会规定的其他事项。

5.配合审核

保荐机构提交发行保荐书后，应当配合中国证监会的审核，并承担下列工作：①组织发行人及证券服务机构对中国证监会的意见进行答复；②按照中国证监会的要求对涉及本次证券发行上市的特定事项进行尽职调查或者核查；③指定保荐代表人与中国证监会职能部门进行专业沟通，保荐代表人在发行审核委员会会议上接受委员质询；④中国证监会规定的其他工作。

在实施证券发行注册制的板块，保荐机构应当配合证券交易所、中国证监会的发行上市审核和注册工作，并按规定承担相应工作。

6.持续督导

保荐机构应当针对发行人的具体情况，确定证券发行上市后持续督导的内容，督导发行人履行有关上市公司规范运作、信守承诺和信息披露等义务，审阅信息披露文件及向中国证监会、证券交易所提交的其他文件，并承担下列工作：①督导发行人有效执行并完善防止控股股东、实际控制人、其他关联方违规占用发行人资源的制度；②督导发行人有效执行并完善防止其董事、监事、高级管理人员利用职务之便损害发行人利益的内控制度；③督导发行人有效执行并完善保障关联交易公允性和合规性的制度，并对关联交易发表意见；④持续关注发行人募集资金的专户存储、投资项目的实施等承诺事项；⑤持续关注发行人为他人提供担保等事项，并发表意见；⑥中国证监会、证券交易所规定及保荐协议约定的其他工作。

持续督导期届满，如有尚未完结的保荐工作，保荐机构应当继续完成。保荐机构在履行保荐职责期间未勤勉尽责的，其责任不因持续督导期届满而免除或者终止。

五、股票发行

（一）设立发行

设立股份有限公司公开发行股票，应当符合《中华人民共和国公司法》规定的条件和经国务院批准的国务院证券监督管理机构规定的其他条件，向国务院证券监督管理机构报送募股申请和相关文件。法律、行政法规规定设立公司必须报经批准的，还应当提交相应的批准文件。

（二）新股发行

公司首次公开发行新股，应当符合下列条件：①具备健全且运行良好的组织机构；②具有持续经营能力；③最近三年财务会计报告被出具无保留意见审计报告；④发行人及其控股股东、实际控制人最近三年不存在贪污、贿赂、侵占财产、挪用财产或者破坏社会主义市场经济秩序的刑事犯罪；⑤经国务院批准的国务院证券监督管理机构规定的其他条件。

发行人申请首次公开发行股票的，在提交申请文件后，应当按照国务院证券监督管理机构的规定预先披露有关申请文件。

上市公司发行新股，应当符合经国务院批准的国务院证券监督管理机构规定的条件，具体管理办法由国务院证券监督管理机构规定。

公开发行存托凭证的，应当符合首次公开发行新股的条件以及国务院证券监督管理机构规定的其他条件。

公司对公开发行股票所募集的资金，必须按照招股说明书或者其他公开发行募集文件所列资金用途使用；改变资金用途，必须经股东大会作出决议。擅自改变用途，未作纠正的，或者未经股东大会认可的，不得公开发行新股。

六、公司债券发行

公司债券，是指公司发行的约定按期还本付息的有价证券。

（一）公开发行的条件

《中华人民共和国证券法》规定，公开发行公司债券，应当符合下列条件：①具备健全且运行良好的组织机构；②最近三年平均可分配利润足以支付公司债券一年的利息；③国务院规定的其他条件。

根据《公司债券发行与交易管理办法》，公开发行公司债券，应当符合下列条件：①具备健全且运行良好的组织机构；②最近三年平均可分配利润足以支付公司债券一年的利息；③具有合理的资产负债结构和正常的现金流量；④国务院规定的其他条件。公开发行公司债券，由证券交易所负责受理、审核，并报中国证监会注册。

（二）发行审核与注册

1.申请与受理

发行人公开发行公司债券，应当按照中国证监会有关规定制作注册申请文件，由发行人向证券交易所申报。证券交易所收到注册申请文件后，在五个工作日内作出是否受理的决定。

自注册申请文件受理之日起，发行人及其控股股东、实际控制人、董事、监事、高级管理人员，以及与本次债券公开发行并上市相关的主承销商、证券服务机构及相关责任人员，即承担相应法律责任。

注册申请文件受理后，未经中国证监会或者证券交易所同意，不得改动。发生重大事项的，发行人、主承销商、证券服务机构应当及时向证券交易所报告，并按要求更新注册申请文件和信息披露资料。

2.审核、注册

证券交易所负责审核发行人公开发行公司债券并上市的申请。证券交易所主要通过向发行人提出审核问询、发行人回答问题方式开展审核工作，判断发行人是否符合发行条件、上市条件和信息披露要求。

证券交易所按照规定的条件和程序，提出审核意见。认为发行人符合发行条件和信息披露要求的，将审核意见、注册申请文件及相关审核资料报送中国证监会履行发行注册程序。认为发行人不符合发行条件或信息披露要求的，作出终止发行上市审核决定。

证券交易所应当自受理注册申请文件之日起两个月内出具审核意见，中国证监会应当自证券交易所受理注册申请文件之日起三个月内作出同意注册或者不予注册的决定。发行人根据中国证监会、证券交易所要求补充、修改注册申请文件的时间不计算在内。

公开发行公司债券，可以申请一次注册，分期发行。中国证监会同意注册的决定自作出之日起两年内有效，发行人应当在注册决定有效期内发行公司债券，并自主选择发行时点。公开发行公司债券的募集说明书自最后签署之日起六个月内有效。发行人应当及时更新债券募集说明书等公司债券发行文件，并在每期发行前报证券交易所备案。

3.中止审核或注册的情形

存在下列情形之一的，发行人、主承销商、证券服务机构应当及时书面报告证券交易所或者中国证监会，证券交易所或者中国证监会应当中止相应发行上市审核程序或者发行注册程序：

（1）发行人因涉嫌违法违规被行政机关调查，或者被司法机关侦查，尚未结案，对其公开发行公司债券行政许可影响重大。

（2）发行人的主承销商，以及律师事务所、会计师事务所、资信评级机构等证券服务机构被中国证监会依法采取限制业务活动、责令停业整顿、指定其他机构托管、接管等监管措施，或者被证券交易所实施一定期限内不接受其出具的相关文件的纪律处分，尚未解除。

（3）发行人的主承销商，以及律师事务所、会计师事务所、资信评级机构等证券服务机构签字人员被中国证监会依法采取限制从事证券服务业务等监管措施或者证券市场禁入的措施，或者被证券交易所实施一定期限内不接受其出具的相关文件的纪律处分，尚未解除。

（4）发行人或主承销商主动要求中止发行上市审核程序或者发行注册程序，理由正当且经证券交易所或者中国证监会批准。

（5）中国证监会或证券交易所规定的其他情形。

中国证监会、证券交易所根据发行人、主承销商申请，决定中止审核的，待相关情形消失后，发行人、主承销商可以向中国证监会、证券交易所申请恢复审核。中国证监会、证券交易所依据相关规定中止审核的，待相关情形消失后，中国证监会、证券交易所按规定恢复审核。

4.终止审核或注册的情形

存在下列情形之一的，证券交易所或者中国证监会应当终止相应发行上市审核程序或者发行注册程序，并向发行人说明理由：

（1）发行人主动要求撤回申请或主承销商申请撤回所出具的核查意见。

（2）发行人未在要求的期限内对注册申请文件作出解释说明或者补充、修改。

（3）注册申请文件存在虚假记载、误导性陈述或重大遗漏。

（4）发行人阻碍或者拒绝中国证监会、证券交易所依法对发行人实施检查、核查。

（5）发行人及其关联方以不正当手段严重干扰发行上市审核或者发行注册工作。

（6）发行人法人资格终止。

（7）发行人注册申请文件内容存在重大缺陷，严重影响投资者理解和发行上市审核或者发行注册工作。

（8）发行人中止发行上市审核程序超过证券交易所规定的时限或者中止发行注册程序超过六个月仍未恢复。

（9）证券交易所认为发行人不符合发行条件或信息披露要求。

（10）中国证监会或证券交易所规定的其他情形。

（三）募集资金使用

公开发行公司债券筹集的资金，必须按照公司债券募集办法所列资金用途使用；改变资金用途，必须经债券持有人会议作出决议。公开发行公司债券筹集的资金，不得用于弥补亏损和非生产性支出。

（四）需提交的文件

申请公开发行公司债券，应当向国务院授权的部门或者国务院证券监督管理机构报送下列文件：①公司营业执照；②公司章程；③公司债券募集办法；④国务院授权的部门或者国务院证券监督管理机构规定的其他文件。依照规定聘请保荐人的，还应当报送保荐人出具的发行保荐书。

发行人报送的证券发行申请文件，应当充分披露投资者作出价值判断和投资决策所必需的信息，内容应当真实、准确、完整。为证券发行出具有关文件的证券服务机构和人员，必须严格履行法定职责，保证所出具文件的真实性、准确性和完整性。

（五）不得再次发行的情形

有下列情形之一的，不得再次公开发行公司债券：

（1）对已公开发行的公司债券或者其他债务有违约或者延迟支付本息的事实，仍处于继续状态。

（2）违反规定，改变公开发行公司债券所募资金的用途。

（六）公司债券投资者

根据《公司债券发行与交易管理办法》，资信状况符合以下标准的公开发行公司债券，专业投资者和普通投资者可以参与认购：

（1）发行人最近3年无债务违约或者延迟支付本息的事实。

（2）发行人最近3年平均可分配利润不少于债券一年利息的1.5倍。

（3）发行人最近一期末净资产规模不少于250亿元。

（4）发行人最近36个月内累计公开发行债券不少于3期，发行规模不少于100亿元。

（5）中国证监会根据投资者保护的需要规定的其他条件。

未达到规定标准的公开发行公司债券，仅限于专业投资者参与认购。

七、发行审核

（一）审核主体

国务院证券监督管理机构或者国务院授权的部门依照法定条件负责证券发行申请的注册。证券公开发行注册的具体办法由国务院规定。按照国务院的规定，证券交易所等可以审核公开发行证券申请，判断发行人是否符合发行条件、信息披露要求，督促发行人完善信息披露内容。

依照规定参与证券发行申请注册的人员，不得与发行申请人有利害关系，不得直接或者间接接受发行申请人的馈赠，不得持有所注册的发行申请的证券，不得私下与发行申请人进行接触。

（二）审核期限

国务院证券监督管理机构或者国务院授权的部门应当自受理证券发行申请文件之日起三个月内，依照法定条件和法定程序作出予以注册或者不予注册的决定，发行人根据要求补充、修改发行申请文件的时间不计算在内。不予注册的，应当说明理由。

（三）公告公开

证券发行申请经注册后，发行人应当依照法律、行政法规的规定，在证券公开发行前公告公开发行募集文件，并将该文件置备于指定场所供公众查阅。发行证券的信息依法公开前，任何知情人不得公开或者泄露该信息。

发行人不得在公告公开发行募集文件前发行证券。

（四）错误发行的处理

国务院证券监督管理机构或者国务院授权的部门对已作出的证券发行注册的决定，发现不符合法定条件或者法定程序，尚未发行证券的，应当予以撤销，停止发行。已经发行尚未上市的，撤销发行注册决定，发行人应当按照发行价并加算银行同期存款利息返还证券持有人；发行人的控股股东、实际控制人以及保荐人，应当与发行人承担连带责任，但是能够证明自己没有过错的除外。

股票的发行人在招股说明书等证券发行文件中隐瞒重要事实或者编造重大虚假内容，已经发行并上市的，国务院证券监督管理机构可以责令发行人回购证券，或者责令负有责任的控股股东、实际控制人买回证券。

八、证券承销

证券承销是由符合资格的证券公司帮助发行人进行证券销售的行为。

（一）承销方式

根据《中华人民共和国证券法》，发行人向不特定对象发行的证券，法律、行政法规规定应当由证券公司承销的，发行人应当同证券公司签订承销协议。证券承销业务采取代销或者包销方式。

证券代销是指证券公司代发行人发售证券，在承销期结束时，将未售出的证券全部退还给发行人的承销方式。

证券包销是指证券公司将发行人的证券按照协议全部购入或者在承销期结束时将售后剩余证券全部自行购入的承销方式。

（二）承销商的义务

1.核查义务

证券公司承销证券，应当对公开发行募集文件的真实性、准确性、完整性进行核查。发现有虚假记载、误导性陈述或者重大遗漏的，不得进行销售活动；已经销售的，必须立即停止销售活动，并采取纠正措施。

2.承销禁止行为

证券公司承销证券，不得有下列行为：①进行虚假的或者误导投资者的广告宣传或者其他宣传推介活动；②以不正当竞争手段招揽承销业务；③其他违反证券承销业务规定的行为。证券公司有上述所列行为，给其他证券承销机构或者投资者造成损失的，应当依法承担赔偿责任。

承销机构应当制定合理的薪酬考核体系，不得以业务包干等承包方式开展公司债券承销业务，或者以其他形式实施过度激励。承销机构应当综合评估项目执行成本与风险责任，合理确定报价，不得以明显低于行业定价水平等不正当竞争方式招揽业务。

（三）承销团

向不特定对象发行证券聘请承销团承销的，承销团应当由主承销和参与承销的证券公司组成。

根据《证券发行与承销管理办法》，发行人和主承销商应当签订承销协议，在承销协议中界定双方的权利义务关系，约定明确的承销基数。采用包销方式的，应当明确包销责任；采用代销方式的，应当约定发行失败后的处理措施。

证券发行由承销团承销的，组成承销团的承销商应当签订承销团协议，由主承销商负责组织承销工作。证券发行由两家以上证券公司联合主承销的，所有担任主承销商的证券公司应当共同承担主承销责任，履行相关义务。承销团由三家以上承销商组成的，可以设副主承销商，协助主承销商组织承销活动。

证券公司不得以不正当竞争手段招揽承销业务。承销团成员应当按照承销团协议及承销协议的规定进行承销活动，不得进行虚假承销。

（四）承销期限

证券的代销、包销期限最长不得超过九十日。

证券公司在代销、包销期内，对所代销、包销的证券应当保证先行出售给认购人，证券公司不得为本公司预留所代销的证券和预先购入并留存所包销的证券。

（五）承销价格的确定

股票发行采取溢价发行的，其发行价格由发行人与承销的证券公司协商确定。

根据《证券发行与承销管理办法》，首次公开发行证券，可以通过询价的方式确定证券发行价格，也可以通过发行人与主承销商自主协商直接定价等其他合法可行的方式确定发行价格。发行人和主承销商应当在招股意向书和发行公告中披露本次发行证券的定价方式。首次公开发行证券通过询价方式确定发行价格的，可以初步询价后确定发行价格，也可以在初步询价确定发行价格区间后，通过累计投标询价确定发行价格。

首次公开发行证券发行数量2 000万股（份）以下且无老股转让计划的，发行人和主承销商可以通过直接定价的方式确定发行价格。发行人尚未盈利的，应当通过向网下投资者询价方式确定发行价格，不得直接定价。通过直接定价方式确定的发行价格对应市盈率不得超过同行业上市公司二级市场平均市盈率；已经或者同时境外发行的，通过直接定价方式确定的发行价格还不得超过发行人境外市场价格。

首次公开发行证券采用询价方式的，应当向证券公司、基金管理公司、期货公司、信托公司、保险公司、财务公司、合格境外投资者和私募基金管理人等专业机构投资者，以及经中国证监会批准的证券交易所规则规定的其他投资者询价。上述询价对象统称网下投资者。网下投资者应当具备丰富的投资经验、良好的定价能力和风险承受能力，向中国证券业协会注册，接受中国证券业协会的自律管理，遵守中国证券业协会的自律规则。

发行人和主承销商可以在符合中国证监会相关规定和证券交易所、中国证券业协会自律规则前提下，协商设置网下投资者的具体条件，并在发行公告中预先披露。主承销商应当对网下投资者是否符合预先披露的条件进行核查，对不符合条件的投资者，应当拒绝或剔除其报价。

（六）投资者申购

首次公开发行证券的网下发行应当和网上发行同时进行，网下和网上投资者在申购时无须缴付申购资金。网上申购时仅公告发行价格区间、未确定发行价格的，主承销商应当安排投资者按价格区间上限申购。投资者应当自行选择参与网下发行或网上发行，不得同时参与。

首次公开发行证券，市场发生重大变化的，发行人和主承销商可以要求网下投资者缴纳保证金，保证金占拟申购金额比例上限由证券交易所规定。

网下和网上投资者申购证券获得配售后，应当按时足额缴付认购资金。网上投资者在一定期限内多次未足额缴款的，由中国证券业协会会同证券交易所进行自律管理。

首次公开发行证券，市场发生重大变化，投资者弃购数量占本次公开发行证券数量的比例较大的，发行人和主承销商可以就投资者弃购部分向网下投资者进行二次配售，具体要求适用证券交易所规定。

首次公开发行证券，可以实施战略配售。参与战略配售的投资者不得参与本次公开发行证券网上发行与网下发行，但证券投资基金管理人管理的未参与战略配售的公募基金、社保基金、养老金、年金基金除外。参与战略配售的投资者应当按照最终确定的发行价格认购其承诺认购数量的证券，并承诺获得本次配售的证券持有期限不少于十二个月，持有期限自本次公开发行的证券上市之日起计算。

首次公开发行证券实施战略配售的，参与战略配售的投资者的数量应当不超过三十五名，战略配售证券数量占本次公开发行证券数量的比例应当不超过百分之五十。

首次公开发行证券，发行人和主承销商可以在发行方案中采用超额配售选择权。采用超额配售选择权发行证券的数量不得超过首次公开发行证券数量的百分之十五。超额配售选择权的实施应当遵守证券交易所、证券登记结算机构和中国证券业协会的规定。

（七）发行失败

股票发行采用代销方式，代销期限届满，向投资者出售的股票数量未达到拟公开发行股票数量百分之七十的，为发行失败。发行人应当按照发行价并加算银行同期存款利息返还股票认购人。

（八）发行情况备案

公开发行股票，代销、包销期限届满，发行人应当在规定的期限内将股票发行情况报国务院证券监督管理机构备案。

第三节 证券交易

一、证券交易概述

（一）概念

证券交易是指证券持有人根据相关交易规则，将所持证券转让给其他投资者的行为。

（二）证券交易的标的

证券交易当事人依法买卖的证券，必须是依法发行并交付的证券。非依法发行的证券，不得买卖。

（三）限制的证券交易

依法发行的证券，《中华人民共和国公司法》和其他法律对其转让期限有限制性规定的，在限定的期限内不得转让。

上市公司持有百分之五以上股份的股东、实际控制人、董事、监事、高级管理人员，以及其他持有发行人首次公开发行前发行的股份或者上市公司向特定对象发行的股份的股东，转让其持有的本公司股份的，不得违反法律、行政法规和国务院证券监督管理机构关于持有期限、卖出时间、卖出数量、卖出方式、信息披露等规定，并应当遵守证券交易所的业务规则。

（四）证券交易的场所

根据是公开发行还是非公开发行，交易的场所也有所不同。公开发行的证券，应当在依法设立的证券交易所上市交易或者在国务院批准的其他全国性证券交易场所交易。非公开发行的证券，可以在证券交易所、国务院批准的其他全国性证券交易场所、按照国务院规定设立的区域性股权市场转让。

（五）证券交易的方式和形式

证券在证券交易所上市交易，应当采用公开的集中交易方式或者国务院证券监督管理机构批准的其他方式。

证券交易当事人买卖的证券可以采用纸面形式或者国务院证券监督管理机构规定的其他形式。

（六）禁止交易的主体和期限

1.禁止交易的主体

证券交易场所、证券公司和证券登记结算机构的从业人员，证券监督管理机构的工作人员以及法律、行政法规规定禁止参与股票交易的其他人员，在任期或者法定限期内，不得直接或者以化名、借他人名义持有、买卖股票或者其他具有股权性质的证券，也不得收受他人赠送的股票或者其他具有股权性质的证券。

任何人在成为前述所列人员时，其原已持有的股票或者其他具有股权性质的证券，必须依法转让。

实施股权激励计划或者员工持股计划的证券公司的从业人员，可以按照国务院证券监督管理机构的规定持有、卖出本公司股票或者其他具有股权性质的证券。

2.禁止交易的期限

为证券发行出具审计报告或者法律意见书等文件的证券服务机构和人员，在该证券承销期内和期满后六个月内，不得买卖该证券。

除上述规定外，为发行人及其控股股东、实际控制人，或者收购人、重大资产交易方出具审计报告或者法律意见书等文件的证券服务机构和人员，自接受委托之日起至上述文件公开后五日内，不得买卖该证券。实际开展上述有关工作之日早于接受委托之日的，自实际开展上述有关工作之日起至上述文件公开后五日内，不得买卖该证券。

（七）短线交易

短线交易是法律所规定的主体在六个月内完成一次买和卖的违法证券交易行为，不管买卖的先后顺序如何。因短线交易所获收益归公司所有。

根据《中华人民共和国证券法》，上市公司、股票在国务院批准的其他全国性证券交易场所交易的公司持有百分之五以上股份的股东、董事、监事、高级管理人员，将其持有的该公司的股票或者其他具有股权性质的证券在买入后六个月内卖出，或者在卖出后六个月内又买入，由此所得收益归该公司所有，公司董事会应当收回其所得收益。但是，证券公司因购入包销售后剩余股票而持有百分之五以上股份，以及有国务院证券监督管理机构规定的其他情形的除外。

董事、监事、高级管理人员、自然人股东持有的股票或者其他具有股权性质的证券，包括其配偶、父母、子女持有的及利用他人账户持有的股票或者其他具有股权性质的证券。

公司董事会不按照规定执行的，股东有权要求董事会在三十日内执行。公司董事会未在上述期限内执行的，股东有权为了公司的利益以自己的名义直接向人民法院提起诉讼。负有责任的董事依法承担连带责任。

二、证券上市

（一）概念

证券上市，指的是依法发行的证券在证券交易所挂牌交易。需要指出的是，尽管符合条件的股票、公司债券均可上市，但上市公司特指的是股票在证券交易所上市交易的股份有限公司。

（二）上市申请与审核

申请证券上市交易，应当向证券交易所提出申请，由证券交易所依法审核同意，并由双方签订上市协议。

证券交易所根据国务院授权的部门的决定安排政府债券上市交易。

（三）股票上市条件

申请证券上市交易，应当符合证券交易所上市规则规定的上市条件。证券交易所上市规则规定的上市条件，应当对发行人的经营年限、财务状况、最低公开发行比例和公司治理、诚信记录等提出要求。

1.上海证券交易所

《上海证券交易所股票上市规则》规定的境内发行人申请首次公开发行股票并在该所上市，应当符合的条件有：①符合《证券法》、中国证监会规定的发行条件。②发行后的股本总额不低于5 000万元。③公开发行的股份达到公司股份总数的25%以上；公司股本总额超过4亿元的，公开发行股份的比例为10%以上。④市值及财务指标符合本规则规定的标准。⑤本所要求的其他条件。

境内发行人申请在上交所上市，市值及财务指标应当至少符合下列标准中的一项：①最近3年净利润均为正，且最近3年净利润累计不低于2亿元，最近一年净利润不低于1亿元，最近3年经营活动产生的现金流量净额累计不低于2亿元或营业收入累计不低于15亿元。②预计市值不低于50亿元，且最近一年净利润为正，最近一年营业收入不低于6亿元，最近3年经营活动产生的现金流量净额累计不低于2.5亿元。③预计市值不低于100亿元，且最近一年净利润为正，最近一年营业收入不低于10亿元。

2.深圳证券交易所

境内企业申请首次公开发行股票并在本所上市，应当符合下列条件：①符合《证券法》、中国证监会规定的发行条件。②发行后股本总额不低于5 000万元。③公开发行的股份达到公司股份总数的25%以上；公司股本总额超过4亿元的，公开发行股份的比例为10%以上。④市值以及财务指标符合本规则规定的标准。⑤本所要求的其他条件。

境内企业申请在本所上市，市值以及财务指标应当至少符合下列标准中的一项：①最近三年净利润均为正，且最近三年净利润累计不低于2亿元，最近一年净利润不低于1亿元，最近三年经营活动产生的现金流量净额累计不低于2亿元或者营业收入累计不低于15亿元。②预计市值不低于50亿元，且最近一年净利润为正，最近一年营业收入不低于6亿元，最近三年经营活动产生的现金流量净额累计不低于2.5亿元。③预计市值不低于100亿元，且最近一年净利润为正，最近一年营业收入不低于10亿元。

3.北京证券交易所

发行人申请公开发行并上市，应当符合下列条件：①发行人为在全国股转系统连续挂牌满12个月的创新层挂牌公司。②符合中国证券监督管理委员会规定的发行条件。③最近一年期末净资产不低于5 000万元。④向不特定合格投资者公开发行的股份不少于100万股，发行对象不少于100人。⑤公开发行后，公司股本总额不少于3 000万元。⑥公开发行后，公司股东人数不少于200人，公众股东持股比例不低于公司股本总额的25%；公司股本总额超过4亿元的，公众股东持股比例不低于公司股本总额的10%。⑦市值及财务指标符合本规则规定的标准；⑧本所规定的其他上市条件。

发行人申请公开发行并上市，市值及财务指标应当至少符合下列标准中的一项：①预计市值不低于2亿元，最近两年净利润均不低于1 500万元且加权平均净资产收益率平均不低于8%，或者最近一年净利润不低于2 500万元且加权平均净资产收益率不低于8%。②预计市值不低于4亿元，最近两年营业收入平均不低于1亿元，且最近一年营业收入增长率不低于30%，最近一年经营活动产生的现金流量净额为正。③预计市值不低于8亿元，最近一年营业收入不低于2亿元，最近两年研发投入合计占最近两年营业收入合计比例不低于8%。④预计市值不低于15亿元，最近两年研发投入合计不低于5 000万元。

发行人申请公开发行并上市，不得存在下列情形：①最近36个月内，发行人及其控股股东、实际控制人，存在贪污、贿赂、侵占财产、挪用财产或者破坏社会主义市场经济秩序的刑事犯罪存在欺诈发行、重大信息披露违法或者其他涉及国家安全、公共安全、生态安全、生产安全、公众健康安全等领域的重大违法行为。②最近12个月内，发行人及其控股股东、实际控制人、董事、监事、高级管理人员受到中国证监会及其派出机构行政处罚，或因证券市场违法违规行为受到全国中小企业股份转让系统有限责任公司（以下简称全国股转公司）、证券交易所等自律监管机构公开谴责。③发行人及其控股股东、实际控制人、董事、监事、高级管理人员因涉嫌犯罪正被司法机关立案侦查或涉嫌违法违规正被中国证监会及其派出机构立案调查，尚未有明确结论意见。④发行人及其控股股东、实际控制人被列入失信被执行人名单且情形尚未消除。⑤最近36个月内，未按照《证券法》和中国证监会的相关规定在每个会计年度结束之日起4个月内编制并披露年度报告，或者未在每个会计年度的上半年结束之日起2个月内编制并披露中期报告。⑥中国证监会和本所规定的，对发行人经营稳定性、直接面向市场独立持续经营的能力具有重大不利影响，或者存在发行人利益受到损害等其他情形。

（四）终止上市

上市交易的证券，有证券交易所规定的终止上市情形的，由证券交易所按照业务规则终止其上市交易。证券交易所决定终止证券上市交易的，应当及时公告，并报国务院证券监督管理机构备案。

对证券交易所作出的不予上市交易、终止上市交易决定不服的，可以向证券交易所设立的复核机构申请复核。

三、禁止的交易行为

（一）内幕交易

1.内幕交易的形式

《中华人民共和国证券法》规定，禁止证券交易内幕信息的知情人和非法获取内幕信息的人利用内幕信息从事证券交易活动。

证券交易内幕信息的知情人和非法获取内幕信息的人，在内幕信息公开前，不得买卖该公司的证券，或者泄露该信息，或者建议他人买卖该证券。

因此，内幕交易的行为方式包括：①利用内幕信息买卖证券；②泄露内幕信息，使得他人买卖证券；③利用内幕信息，建议他人买卖该证券。

2.内幕信息的知情人

《中华人民共和国证券法》规定，证券交易内幕信息的知情人包括：①发行人及其董事、监事、高级管理人员；②持有公司百分之五以上股份的股东及其董事、监事、高级管理人员，公司的实际控制人及其董事、监事、高级管理人员；③发行人控股或者实际控制的公司及其董事、监事、高级管理人员；④由于所任公司职务或者因与公司业务往来可以获取公司有关内幕信息的人员；⑤上市公司收购人或者重大资产交易方及其控股股东、实际控制人、董事、监事和高级管理人员；⑥因职务、工作可以获取内幕信息的证券交易场所、证券公司、证券登记结算机构、证券服务机构的有关人员；⑦因职责、工作可以获取内幕信息的证券监督管理机构工作人员；⑧因法定职责对证券的发行、交易或者对上市公司及其收购、重大资产交易进行管理可以获取内幕信息的有关主管部门、监管机构的工作人员；⑨国务院证券监督管理机构规定的可以获取内幕信息的其他人员。

需要指出的是，现行证券法将之前的“知情人员”修改为“知情人”，目的在于让内幕交易的主体由个人扩展到单位，也就是单位也可以是内幕交易的主体。

3.内幕信息

证券交易活动中，涉及发行人的经营、财务或者对该发行人证券的市场价格有重大影响的尚未公开的信息，为内幕信息。《中华人民共和国证券法》第八十条第二款、第八十一条第二款所列重大事件属于内幕信息。

可见，内幕信息具有未公开性和价格敏感性。一般认为，真实性不是内幕信息的必要条件，虚假信息一样可能成为内幕交易主体利用的信息。

法律规定，禁止证券交易场所、证券公司、证券登记结算机构、证券服务机构和其他金融机构的从业人员、有关监管部门或者行业协会的工作人员，利用因职务便利获取的内幕信息以外的其他未公开的信息，违反规定从事与该信息相关的证券交易活动，或者明示、暗示他人从事相关交易活动。利用未公开信息进行交易给投资者造成损失的，应当依法承担赔偿责任。

（二）操纵市场

1.概念

操纵市场是以获利或避损为目的，利用资金、信息、技术等优势，采取一定方式操纵证券市场，影响或者意图影响证券交易价格或者证券交易量，扰乱证券市场的行为。

2.操纵市场的方式

《中华人民共和国证券法》规定，禁止任何人以下列手段操纵证券市场，影响或者意图影响证券交易价格或者证券交易量：①单独或者通过合谋，集中资金优势、持股优势或者利用信息优势联合或者连续买卖；②与他人串通，以事先约定的时间、价格和方式相互进行证券交易；③在自己实际控制的账户之间进行证券交易；④不以成交为目的，频繁或者大量申报并撤销申报；⑤利用虚假或者不确定的重大信息，诱导投资者进行证券交易；⑥对证券、发行人公开作出评价、预测或者投资建议，并进行反向证券交易；⑦利用在其他相关市场的活动操纵证券市场；⑧操纵证券市场的其他手段。

操纵证券市场行为给投资者造成损失的，应当依法承担赔偿责任。

（三）编造、传播虚假信息或者误导性信息

法律规定，禁止任何单位和个人编造、传播虚假信息或者误导性信息，扰乱证券市场。

禁止证券交易场所、证券公司、证券登记结算机构、证券服务机构及其从业人员，证券业协会、证券监督管理机构及其工作人员，在证券交易活动中作出虚假陈述或者信息误导。各种传播媒介传播证券市场信息必须真实、客观，禁止误导。传播媒介及其从事证券市场信息报道的工作人员不得从事与其工作职责发生利益冲突的证券买卖。

编造、传播虚假信息或者误导性信息，扰乱证券市场，给投资者造成损失的，应当依法承担赔偿责任。

（四）欺诈客户

这一违法行为的主体是证券公司及其从业人员。根据法律，禁止证券公司及其从业人员从事下列损害客户利益的行为：①违背客户的委托为其买卖证券；②不在规定时间内向客户提供交易的确认文件；③未经客户的委托，擅自为客户买卖证券，或者假借客户的名义买卖证券；④为牟取佣金收入，诱使客户进行不必要的证券买卖；⑤其他违背客户真实意思表示，损害客户利益的行为。

违反上述规定给客户造成损失的，应当依法承担赔偿责任。

（五）出借或借用证券账户

任何单位和个人不得违反规定，出借自己的证券账户或者借用他人的证券账户从事证券交易。

（六）资金违规入市

依法拓宽资金入市渠道，禁止资金违规流入股市。禁止投资者违规利用财政资金、银行信贷资金买卖证券。

（七）国企违规买卖股票

国有独资企业、国有独资公司、国有资本控股公司买卖上市交易的股票，必须遵守国家有关规定。

第四节 上市公司的收购

一、上市公司收购方式

投资者可以采取要约收购、协议收购及其他合法方式收购上市公司。

二、报告、通知及公告

1.达到百分之五时的报告、通知及公告义务

《中华人民共和国证券法》规定，通过证券交易所的证券交易，投资者持有或者通过协议、其他安排与他人共同持有一个上市公司已发行的有表决权股份达到百分之五时，应当在该事实发生之日起三日内，向国务院证券监督管理机构、证券交易所作出书面报告，通知该上市公司，并予公告，在上述期限内不得再行买卖该上市公司的股票，但国务院证券监督管理机构规定的情形除外。

2.台阶规则

投资者持有或者通过协议、其他安排与他人共同持有一个上市公司已发行的有表决权股份达到百分之五后，其所持该上市公司已发行的有表决权股份比例每增加或者减少百分之五，应当依照规定进行报告和公告，在该事实发生之日起至公告后三日内，不得再行买卖该上市公司的股票，但国务院证券监督管理机构规定的情形除外。

投资者持有或者通过协议、其他安排与他人共同持有一个上市公司已发行的有表决权股份达到百分之五后，其所持该上市公司已发行的有表决权股份比例每增加或者减少百分之一，应当在该事实发生的次日通知该上市公司，并予公告。

违反上述规定买入上市公司有表决权的股份的，在买入后的三十六个月内，对该超过规定比例部分的股份不得行使表决权。

3.应当公告的内容

依照前述规定所作的公告，应当包括下列内容：①持股人的名称、住所；②持有的股票的名称、数额；③持股达到法定比例或者持股增减变化达到法定比例的日期、增持股份的资金来源；④在上市公司中拥有有表决权的股份变动的时间及方式。

三、要约收购

（一）比例要求

通过证券交易所的证券交易，投资者持有或者通过协议、其他安排与他人共同持有一个上市公司已发行的有表决权股份达到百分之三十时，继续进行收购的，应当依法向该上市公司所有股东发出收购上市公司全部或者部分股份的要约。

收购上市公司部分股份的要约应当约定，被收购公司股东承诺出售的股份数额超过预定收购的股份数额的，收购人按比例进行收购。

（二）上市公司收购报告书

依照前述规定发出收购要约，收购人必须公告上市公司收购报告书，并载明下列事项：①收购人的名称、住所；②收购人关于收购的决定；③被收购的上市公司名称；④收购目的；⑤收购股份的详细名称和预定收购的股份数额；⑥收购期限、收购价格；⑦收购所需资金额及资金保证；⑧公告上市公司收购报告书时持有被收购公司股份数占该公司已发行的股份总数的比例。

（三）收购期限

收购要约约定的收购期限不得少于三十日，并不得超过六十日。

在收购要约确定的承诺期限内，收购人不得撤销其收购要约。收购人需要变更收购要约的，应当及时公告，载明具体变更事项，且不得存在下列情形：①降低收购价格；②减少预定收购股份数额；③缩短收购期限；④国务院证券监督管理机构规定的其他情形。

收购要约提出的各项收购条件，适用于被收购公司的所有股东。上市公司发行不同种类股份的，收购人可以针对不同种类股份提出不同的收购条件。

采取要约收购方式的，收购人在收购期限内，不得卖出被收购公司的股票，也不得采取要约规定以外的形式和超出要约的条件买入被收购公司的股票。

四、协议收购

（一）报告与公告

采取协议收购方式的，收购人可以依照法律、行政法规的规定同被收购公司的股东以协议方式进行股份转让。

以协议方式收购上市公司时，达成协议后，收购人必须在三日内将该收购协议向国务院证券监督管理机构及证券交易所作出书面报告，并予以公告。在公告前不得履行收购协议。

（二）强制要约收购

采取协议收购方式的，收购人收购或者通过协议、其他安排与他人共同收购一个上市公司已发行的有表决权股份达到百分之三十时，继续进行收购的，应当依法向该上市公司所有股东发出收购上市公司全部或者部分股份的要约。但是，按照国务院证券监督管理机构的规定免除发出要约的除外。

五、其他要求

（一）终止上市与强制收购

收购期限届满，被收购公司股权分布不符合证券交易所规定的上市交易要求的，该上市公司的股票应当由证券交易所依法终止上市交易；其余仍持有被收购公司股票的股东，有权向收购人以收购要约的同等条件出售其股票，收购人应当收购。

收购行为完成后，被收购公司不再具备股份有限公司条件的，应当依法变更企业形式。

（二）转让限制

在上市公司收购中，收购人持有的被收购的上市公司的股票，在收购行为完成后的十八个月内不得转让。

（三）报告、公告

收购行为完成后，收购人应当在十五日内将收购情况报告国务院证券监督管理机构和证券交易所，并予公告。

第五节　信息披露

信息披露是公开原则的重要抓手，也是投资者权益保护的重要环节。信息披露制度是我国证券法的重要组成部分，除了《中华人民共和国证券法》对信息披露作出统一规定外，《上市公司信息披露管理办法》也对上市公司信息披露作了专门规定。

一、一般规定

发行人及法律、行政法规和国务院证券监督管理机构规定的其他信息披露义务人，应当及时依法履行信息披露义务。

信息披露义务人披露的信息，应当真实、准确、完整，简明清晰，通俗易懂，不得有虚假记载、误导性陈述或者重大遗漏。

证券同时在境内境外公开发行、交易的，其信息披露义务人在境外披露的信息，应当在境内同时披露。

信息披露文件包括定期报告、临时报告、招股说明书、募集说明书、上市公告书、收购报告书等。

二、定期报告

定期报告包括年度报告和中期报告。

上市公司、公司债券上市交易的公司、股票在国务院批准的其他全国性证券交易场所交易的公司，应当按照国务院证券监督管理机构和证券交易场所规定的内容和格式编制定期报告，并按照以下规定报送和公告：

1.年度报告

在每一会计年度结束之日起四个月内，报送并公告年度报告，其中的年度财务会计报告应当经符合证券法规定的会计师事务所审计。

年度报告应当记载以下内容：①公司基本情况；②主要会计数据和财务指标；③公司股票、债券发行及变动情况，报告期末股票、债券总额、股东总数，公司前十大股东持股情况；④持股百分之五以上股东、控股股东及实际控制人情况；⑤董事、监事、高级管理人员的任职情况、持股变动情况、年度报酬情况；⑥董事会报告；⑦管理层讨论与分析；⑧报告期内重大事件及对公司的影响；⑨财务会计报告和审计报告全文；⑩中国证监会规定的其他事项。

2.中期报告

在每一会计年度的上半年结束之日起两个月内，报送并公告中期报告。

中期报告应当记载以下内容：①公司基本情况；②主要会计数据和财务指标；③公司股票、债券发行及变动情况、股东总数、公司前十大股东持股情况，控股股东及实际控制人发生变化的情况；④管理层讨论与分析；⑤报告期内重大诉讼、仲裁等重大事件及对公司的影响；⑥财务会计报告；⑦中国证监会规定的其他事项。

定期报告内容应当经上市公司董事会审议通过。未经董事会审议通过的定期报告不得披露。

三、临时报告

（一）股票

发生可能对上市公司、股票在国务院批准的其他全国性证券交易场所交易的公司的股票交易价格产生较大影响的重大事件，投资者尚未得知时，公司应当立即将有关该重大事件的情况向国务院证券监督管理机构和证券交易场所报送临时报告，并予公告，说明事件的起因、目前的状态和可能产生的法律后果。重大事件包括：

（1）公司的经营方针和经营范围的重大变化。

（2）公司的重大投资行为，公司在一年内购买、出售重大资产超过公司资产总额百分之三十，或者公司营业用主要资产的抵押、质押、出售或者报废一次超过该资产的百分之三十。

（3）公司订立重要合同、提供重大担保或者从事关联交易，可能对公司的资产、负债、权益和经营成果产生重要影响。

（4）公司发生重大债务和未能清偿到期重大债务的违约情况。

（5）公司发生重大亏损或者重大损失。

（6）公司生产经营的外部条件发生的重大变化。

（7）公司的董事、三分之一以上监事或者经理发生变动，董事长或者经理无法履行职责。

（8）持有公司百分之五以上股份的股东或者实际控制人持有股份或者控制公司的情况发生较大变化，公司的实际控制人及其控制的其他企业从事与公司相同或者相似业务的情况发生较大变化。

（9）公司分配股利、增资的计划，公司股权结构的重要变化，公司减资、合并、分立、解散及申请破产的决定，或者依法进入破产程序、被责令关闭。

（10）涉及公司的重大诉讼、仲裁，股东大会、董事会决议被依法撤销或者宣告无效。

（11）公司涉嫌犯罪被依法立案调查，公司的控股股东、实际控制人、董事、监事、高级管理人员涉嫌犯罪被依法采取强制措施。

（12）国务院证券监督管理机构规定的其他事项。

公司的控股股东或者实际控制人对重大事件的发生、进展产生较大影响的，应当及时将其知悉的有关情况书面告知公司，并配合公司履行信息披露义务。

（二）公司债券

发生可能对上市交易公司债券的交易价格产生较大影响的重大事件，投资者尚未得知时，公司应当立即将有关该重大事件的情况向国务院证券监督管理机构和证券交易场所报送临时报告，并予公告，说明事件的起因、目前的状态和可能产生的法律后果。重大事件包括：

（1）公司股权结构或者生产经营状况发生重大变化。

（2）公司债券信用评级发生变化。

（3）公司重大资产抵押、质押、出售、转让、报废。

（4）公司发生未能清偿到期债务的情况。

（5）公司新增借款或者对外提供担保超过上年末净资产的百分之二十。

（6）公司放弃债权或者财产超过上年末净资产的百分之十。

（7）公司发生超过上年末净资产百分之十的重大损失。

（8）公司分配股利，作出减资、合并、分立、解散及申请破产的决定，或者依法进入破产程序、被责令关闭。

（9）涉及公司的重大诉讼、仲裁。

（10）公司涉嫌犯罪被依法立案调查，公司的控股股东、实际控制人、董事、监事、高级管理人员涉嫌犯罪被依法采取强制措施。

（11）国务院证券监督管理机构规定的其他事项。

（三）上市公司特别规定

《上市公司信息披露管理办法》第二十二条规定，发生可能对上市公司证券及其衍生品种交易价格产生较大影响的重大事件，投资者尚未得知时，上市公司应当立即披露，说明事件的起因、目前的状态和可能产生的影响。前款所称重大事件包括：

（1）《证券法》第八十条第二款规定的重大事件。

（2）公司发生大额赔偿责任。

（3）公司计提大额资产减值准备。

（4）公司出现股东权益为负值。

（5）公司主要债务人出现资不抵债或者进入破产程序，公司对相应债权未提取足额坏账准备。

（6）新公布的法律、行政法规、规章、行业政策可能对公司产生重大影响。

（7）开展股权激励、回购股份、重大资产重组、资产分拆上市或者挂牌。

（8）法院裁决禁止控股股东转让其所持股份；任一股东所持公司百分之五以上股份被质押、冻结、司法拍卖、托管、设定信托或者被依法限制表决权等，或者出现被强制过户风险。

（9）主要资产被查封、扣押或者冻结；主要银行账户被冻结。

（10）上市公司预计经营业绩发生亏损或者发生大幅变动。

（11）主要或者全部业务陷入停顿。

（12）获得对当期损益产生重大影响的额外收益，可能对公司的资产、负债、权益或者经营成果产生重要影响。

（13）聘任或者解聘为公司审计的会计师事务所。

（14）会计政策、会计估计重大自主变更。

（15）因前期已披露的信息存在差错、未按规定披露或者虚假记载，被有关机关责令改正或者经董事会决定进行更正。

（16）公司或者其控股股东、实际控制人、董事、监事、高级管理人员受到刑事处罚，涉嫌违法违规被中国证监会立案调查或者受到中国证监会行政处罚，或者受到其他有权机关重大行政处罚。

（17）公司的控股股东、实际控制人、董事、监事、高级管理人员涉嫌严重违纪违法或者职务犯罪被纪检监察机关采取留置措施且影响其履行职责。

（18）除董事长或者经理外的公司其他董事、监事、高级管理人员因身体、工作安排等原因无法正常履行职责达到或者预计达到三个月以上，或者因涉嫌违法违规被有权机关采取强制措施且影响其履行职责。

（19）中国证监会规定的其他事项。

上市公司的控股股东或者实际控制人对重大事件的发生、进展产生较大影响的，应当及时将其知悉的有关情况书面告知上市公司，并配合上市公司履行信息披露义务。

上市公司变更公司名称、股票简称、公司章程、注册资本、注册地址、主要办公地址和联系电话等，应当立即披露。

上市公司应当在最先发生的以下任一时点，及时履行重大事件的信息披露义务：①董事会或者监事会就该重大事件形成决议时；②有关各方就该重大事件签署意向书或者协议时；③董事、监事或者高级管理人员知悉该重大事件发生时。

在前述规定的时点之前出现下列情形之一的，上市公司应当及时披露相关事项的现状、可能影响事件进展的风险因素：①该重大事件难以保密；②该重大事件已经泄露或者市场出现传闻；③公司证券及其衍生品种出现异常交易情况。

上市公司的股东、实际控制人发生以下事件时，应当主动告知上市公司董事会，并配合上市公司履行信息披露义务：

第一，持有公司百分之五以上股份的股东或者实际控制人持有股份或者控制公司的情况发生较大变化，公司的实际控制人及其控制的其他企业从事与公司相同或者相似业务的情况发生较大变化。

第二，法院裁决禁止控股股东转让其所持股份，任一股东所持公司百分之五以上股份被质押、冻结、司法拍卖、托管、设定信托或者被依法限制表决权等，或者出现被强制过户风险。

第三，拟对上市公司进行重大资产或者业务重组。

第四，中国证监会规定的其他情形。

应当披露的信息依法披露前，相关信息已在媒体上传播或者公司证券及其衍生品种出现交易异常情况的，股东或者实际控制人应当及时、准确地向上市公司作出书面报告，并配合上市公司及时、准确地公告。

四、董、监、高的责任

发行人的董事、高级管理人员应当对证券发行文件和定期报告签署书面确认意见。发行人的监事会应当对董事会编制的证券发行文件和定期报告进行审核并提出书面审核意见。监事应当签署书面确认意见。发行人的董事、监事和高级管理人员应当保证发行人及时、公平地披露信息，所披露的信息真实、准确、完整。

董事、监事和高级管理人员无法保证证券发行文件和定期报告内容的真实性、准确性、完整性或者有异议的，应当在书面确认意见中发表意见并陈述理由，发行人应当披露。发行人不予披露的，董事、监事和高级管理人员可以直接申请披露。

五、自愿披露

除依法需要披露的信息之外，信息披露义务人可以自愿披露与投资者作出价值判断和投资决策有关的信息，但不得与依法披露的信息相冲突，不得误导投资者。

发行人及其控股股东、实际控制人、董事、监事、高级管理人员等作出公开承诺的，应当披露。不履行承诺给投资者造成损失的，应当依法承担赔偿责任。

六、虚假陈述的民事责任承担

信息披露义务人未按照规定披露信息，或者公告的证券发行文件、定期报告、临时报告及其他信息披露资料存在虚假记载、误导性陈述或者重大遗漏，致使投资者在证券交易中遭受损失的，信息披露义务人应当承担赔偿责任；发行人的控股股东、实际控制人、董事、监事、高级管理人员和其他直接责任人员以及保荐人、承销的证券公司及其直接责任人员，应当与发行人承担连带赔偿责任，但是能够证明自己没有过错的除外。

《最高人民法院关于审理证券市场虚假陈述侵权民事赔偿案件的若干规定》对信息披露义务人在证券交易场所发行、交易证券过程中实施虚假陈述引发的侵权民事赔偿案件有关问题作出了规定。

（一）受理

原告提起证券虚假陈述侵权民事赔偿诉讼，符合民事诉讼法第一百二十二条规定，并提交以下证据或者证明材料的，人民法院应当受理：①证明原告身份的相关文件；②信息披露义务人实施虚假陈述的相关证据；③原告因虚假陈述进行交易的凭证及投资损失等相关证据。

人民法院不得仅以虚假陈述未经监管部门行政处罚或者人民法院生效刑事判决的认定为由裁定不予受理。

（二）管辖

证券虚假陈述侵权民事赔偿案件，由发行人住所地的省、自治区、直辖市人民政府所在的市、计划单列市和经济特区中级人民法院或者专门人民法院管辖。《最高人民法院关于证券纠纷代表人诉讼若干问题的规定》等对管辖另有规定的，从其规定。

省、自治区、直辖市高级人民法院可以根据本辖区的实际情况，确定管辖第一审证券虚假陈述侵权民事赔偿案件的其他中级人民法院，报最高人民法院备案。

（三）虚假陈述的认定

信息披露义务人违反法律、行政法规、监管部门制定的规章和规范性文件关于信息披露的规定，在披露的信息中存在虚假记载、误导性陈述或者重大遗漏的，人民法院应当认定为虚假陈述。

虚假记载，是指信息披露义务人披露的信息中对相关财务数据进行重大不实记载，或者对其他重要信息作出与真实情况不符的描述。

误导性陈述，是指信息披露义务人披露的信息隐瞒了与之相关的部分重要事实，或者未及时披露相关更正、确认信息，致使已经披露的信息因不完整、不准确而具有误导性。

重大遗漏，是指信息披露义务人违反关于信息披露的规定，对重大事件或者重要事项等应当披露的信息未予披露。

《证券法》第八十五条规定的“未按照规定披露信息”，是指信息披露义务人未按照规定的期限、方式等要求及时、公平披露信息。

信息披露义务人“未按照规定披露信息”构成虚假陈述的，承担民事责任；构成内幕交易的，依照《证券法》第五十三条的规定承担民事责任；构成《公司法》第一百五十二条规定的损害股东利益行为的，依照该法承担民事责任。

原告以信息披露文件中的盈利预测、发展规划等预测性信息与实际经营情况存在重大差异为由主张发行人实施虚假陈述的，人民法院不予支持，但有下列情形之一的除外：①信息披露文件未对影响该预测实现的重要因素进行充分风险提示的；②预测性信息所依据的基本假设、选用的会计政策等编制基础明显不合理的；③预测性信息所依据的前提发生重大变化时，未及时履行更正义务的。

（四）虚假陈述实施日、揭露日、更正日的认定

1.实施日

虚假陈述实施日，是指信息披露义务人作出虚假陈述或者发生虚假陈述之日。

信息披露义务人在证券交易场所的网站或者符合监管部门规定条件的媒体上公告发布具有虚假陈述内容的信息披露文件，以披露日为实施日；通过召开业绩说明会、接受新闻媒体采访等方式实施虚假陈述的，以该虚假陈述的内容在具有全国性影响的媒体上首次公布之日为实施日。信息披露文件或者相关报道内容在交易日收市后发布的，以其后的第一个交易日为实施日。

因未及时披露相关更正、确认信息构成误导性陈述，或者未及时披露重大事件或者重要事项等构成重大遗漏的，以应当披露相关信息期限届满后的第一个交易日为实施日。

2.揭露日

虚假陈述揭露日，是指虚假陈述在具有全国性影响的报刊、电台、电视台或监管部门网站、交易场所网站、主要门户网站、行业知名的自媒体等媒体上，首次被公开揭露并为证券市场知悉之日。

人民法院应当根据公开交易市场对相关信息的反应等证据，判断投资者是否知悉了虚假陈述。

除当事人有相反证据足以反驳外，下列日期应当认定为揭露日：

（1）监管部门以涉嫌信息披露违法为由对信息披露义务人立案调查的信息公开之日。

（2）证券交易场所等自律管理组织因虚假陈述对信息披露义务人等责任主体采取自律管理措施的信息公布之日。

信息披露义务人实施的虚假陈述呈连续状态的，以首次被公开揭露并为证券市场知悉之日为揭露日。信息披露义务人实施多个相互独立的虚假陈述的，人民法院应当分别认定其揭露日。

3.更正日

虚假陈述更正日，是指信息披露义务人在证券交易场所网站或者符合监管部门规定条件的媒体上，自行更正虚假陈述之日。

（五）重大性的认定

有下列情形之一的，人民法院应当认定虚假陈述的内容具有重大性：

（1）虚假陈述的内容属于证券法第八十条第二款、第八十一条第二款规定的重大事件。

（2）虚假陈述的内容属于监管部门制定的规章和规范性文件中要求披露的重大事件或者重要事项。

（3）虚假陈述的实施、揭露或者更正导致相关证券的交易价格或者交易量产生明显的变化。

第一项、第二项所列情形，被告提交证据足以证明虚假陈述并未导致相关证券交易价格或者交易量明显变化的，人民法院应当认定虚假陈述的内容不具有重大性。

被告能够证明虚假陈述不具有重大性，并以此抗辩不应当承担民事责任的，人民法院应当予以支持。

（六）因果关系的认定

原告能够证明下列情形的，人民法院应当认定原告的投资决定与虚假陈述之间的交易因果关系成立：

（1）信息披露义务人实施了虚假陈述。

（2）原告交易的是与虚假陈述直接关联的证券。

（3）原告在虚假陈述实施日之后、揭露日或更正日之前实施了相应的交易行为，即在诱多型虚假陈述中买入了相关证券，或者在诱空型虚假陈述中卖出了相关证券。

被告能够证明下列情形之一的，人民法院应当认定交易因果关系不成立：

（1）原告的交易行为发生在虚假陈述实施前，或者是在揭露或更正之后。

（2）原告在交易时知道或者应当知道存在虚假陈述，或者虚假陈述已经被证券市场广泛知悉。

（3）原告的交易行为是受到虚假陈述实施后发生的上市公司的收购、重大资产重组等其他重大事件的影响。

（4）原告的交易行为构成内幕交易、操纵证券市场等证券违法行为的。

（5）原告的交易行为与虚假陈述不具有交易因果关系的其他情形。

七、信息披露的方式

《中华人民共和国证券法》规定，依法披露的信息，应当在证券交易场所的网站和符合国务院证券监督管理机构规定条件的媒体发布，同时将其置备于公司住所、证券交易场所，供社会公众查阅。

依法披露的信息，应当在证券交易所的网站和符合中国证监会规定条件的媒体发布，同时将其置备于上市公司住所、证券交易所，供社会公众查阅。

《上市公司信息披露管理办法》则更明确要求，上市公司信息披露文件的全文应当在证券交易所的网站和符合中国证监会规定条件的报刊依法开办的网站上披露，定期报告、收购报告书等信息披露文件的摘要应当在证券交易所的网站和符合中国证监会规定条件的报刊上披露。

信息披露义务人不得以新闻发布或者答记者问等任何形式代替应当履行的报告、公告义务，不得以定期报告形式代替应当履行的临时报告义务。

第六节 投资者保护

一、证券公司的风险揭示义务及赔偿责任

根据《中华人民共和国证券法》，证券公司向投资者销售证券、提供服务时，应当按照规定充分了解投资者的基本情况、财产状况、金融资产状况、投资知识和经验、专业能力等相关信息；如实说明证券、服务的重要内容，充分揭示投资风险；销售、提供与投资者上述状况相匹配的证券、服务。投资者在购买证券或者接受服务时，应当按照证券公司明示的要求提供真实信息。拒绝提供或者未按照要求提供信息的，证券公司应当告知其后果，并按照规定拒绝向其销售证券、提供服务。证券公司违反上述规定导致投资者损失的，应当承担相应的赔偿责任。

根据财产状况、金融资产状况、投资知识和经验、专业能力等因素，投资者可以分为普通投资者和专业投资者。专业投资者的标准由国务院证券监督管理机构规定。

普通投资者与证券公司发生纠纷的，证券公司应当证明其行为符合法律、行政法规以及国务院证券监督管理机构的规定，不存在误导、欺诈等情形。证券公司不能证明的，应当承担相应的赔偿责任。

二、股东权利征集

上市公司董事会、独立董事、持有百分之一以上有表决权股份的股东或者依照法律、行政法规或者国务院证券监督管理机构的规定设立的投资者保护机构，可以作为征集人，自行或者委托证券公司、证券服务机构，公开请求上市公司股东委托其代为出席股东大会，并代为行使提案权、表决权等股东权利。依照规定征集股东权利的，征集人应当披露征集文件，上市公司应当予以配合。

禁止以有偿或者变相有偿的方式公开征集股东权利。

公开征集股东权利违反法律、行政法规或者国务院证券监督管理机构有关规定，导致上市公司或者其股东遭受损失的，应当依法承担赔偿责任。

三、股利分配

我国并无强制分红制度，但上市公司应当在章程中明确分配现金股利的具体安排和决策程序，依法保障股东的资产收益权。上市公司当年税后利润，在弥补亏损及提取法

定公积金后有盈余的，应当按照公司章程的规定分配现金股利。

四、先行赔付制度

发行人因欺诈发行、虚假陈述或者其他重大违法行为给投资者造成损失的，发行人的控股股东、实际控制人、相关的证券公司可以委托投资者保护机构，就赔偿事宜与受到损失的投资者达成协议，予以先行赔付。先行赔付后，可以依法向发行人以及其他连带责任人追偿。

同步测试

一、单项选择题

1.股票发行采用代销方式，代销期限届满，向投资者出售的股票数量未达到拟公开发行股票数量百分之（　　）的，为发行失败。

A.三十　　B.五十　　C.六十　　D.七十

2.下列说法错误的是（　　）。

A.为证券发行出具审计报告或者法律意见书等文件的证券服务机构和人员，在该证券承销期内和期满后六个月内，不得买卖该证券

B.通过证券交易所的证券交易，投资者持有或者通过协议、其他安排与他人共同持有一个上市公司已发行的有表决权股份达到百分之三十时，继续进行收购的，应当依法向该上市公司所有股东发出收购上市公司全部或者部分股份的要约

C.证券公司的自营业务必须以自己的名义进行，不得假借他人名义或者以个人名义进行

D.在证券交易所和国务院批准的其他全国性证券交易场所交易的证券的登记结算，应当采取各地分别运营的方式

3.证券投资咨询机构及其从业人员从事证券服务业务可以进行的行为是（　　）。

A.代理委托人从事证券投资

B.与委托人约定分享证券投资收益或者分担证券投资损失

C.买卖本证券投资咨询机构提供服务的证券

D.向投资者推荐个股

二、多项选择题

1.有下列情形之一的，为公开发行（　　）。

A.向不特定对象发行证券

B.向特定对象发行证券累计超过二百人，但依法实施员工持股计划的员工人数不计算在内

C.向200人特定对象发行

D.以非公开方式发行

2.公司首次公开发行新股，应当符合下列条件中的（　　）。

A.具备健全且运行良好的组织机构

B.具有持续经营能力

C.最近三年财务会计报告被出具无保留意见审计报告

D.发行人及其控股股东、实际控制人最近三年不存在贪污、贿赂、侵占财产、挪用财产或者破坏社会主义市场经济秩序的刑事犯罪

3.在收购要约确定的承诺期限内，收购人不得撤销其收购要约。收购人需要变更收购要约的，应当及时公告，载明具体变更事项，且不得存在（　　）情形。

A.降低收购价格

B.减少预定收购股份数额

C.缩短收购期限

D.国务院证券监督管理机构规定的其他情形

三、思考题

1.简述我国证券发行审核制度。

2.操纵市场行为的表现形式有哪些？

第七章

消费者权益保护法

学习目标

知识目标：

（1）了解和掌握消费者权利和经营者义务的内容；

（2）掌握消费争议的解决。

能力目标：

（1）培养学生依法维护消费权益的能力；

（2）培养对违法经营行为的辨识能力。

素养目标：

（1）依法维权，维护法治精神；

（2）守法经营，培育企业家精神。

引导案例

杨某以个人名义在某网络平台实名注册了账号，并在该平台领取了某餐厅的促销广告单。杨某随后发布体验视频对该餐厅进行宣传。体验视频的内容包括餐厅地点、餐品等内容，并在视频中附加了购买链接，进而获取了商家佣金，但是并未标明其为“广告”。2024年7月，当地市场监管部门针对杨某发布探店推广短视频仍未标识“广告”的行为作出了行政处罚。

第一节　消费者权益保护法概述

一、消费者的概念

一般认为，消费者是为了生活消费需要购买、使用商品或接受服务的自然人。当然，如果单位购买生活资料用于个人消费，也可视为消费者。

二、经营者的概念

经营者是以营利为目的，向消费者提供商品或服务的自然人、法人或非法人组织。

三、消费者权益保护法的概念与适用范围

在我国，广义来讲，消费者权益保护法是保护消费者权益的所有法律规范的总称。狭义的消费者权益保护法指的是《中华人民共和国消费者权益保护法》（以下简称《消费者权益保护法》）。另外，《中华人民共和国消费者权益保护法实施条例》（下简称《实施条例》）已于2024年2月23日国务院第26次常务会议通过，自2024年7月1日起施行，该条例也是消费者权益保护方面的重要规定。

《消费者权益保护法》规定了该法的适用范围："消费者为生活消费需要购买、使用商品或者接受服务，其权益受本法保护；本法未作规定的，受其他有关法律、法规保护。""经营者为消费者提供其生产、销售的商品或者提供服务，应当遵守本法；本法未作规定的，应当遵守其他有关法律、法规。"另外，根据该法第六十二条，农民购买、使用直接用于农业生产的生产资料，参照该法执行。

第二节 消费者的权利

根据《消费者权益保护法》，消费者的权利主要包括安全权、知情权、自主选择权、公平交易权、求偿权、结社权、受教育权、尊严权、监督权、后悔权等。

一、安全权

《消费者权益保护法》第七条规定了消费者的安全权：消费者在购买、使用商品和接受服务时享有人身、财产安全不受损害的权利。消费者有权要求经营者提供的商品和服务，符合保障人身、财产安全的要求。

《实施条例》对消费者安全权进行了细化，该条例第七条一是重申了消费者在购买商品、使用商品或者接受服务时，依法享有人身和财产安全不受损害的权利。二是规定了免费不免责规则：经营者向消费者提供商品或者服务（包括以奖励、赠送、试用等形式向消费者免费提供商品或者服务），应当保证商品或者服务符合保障人身、财产安全的要求。免费提供的商品或者服务存在瑕疵但不违反法律强制性规定且不影响正常使用性能的，经营者应当在提供商品或者服务前如实告知消费者。三是扩大了经营者安全保障的范围包括所有经营场所：经营者应当保证其经营场所及设施符合保障人身、财产安全的要求，采取必要的安全防护措施，并设置相应的警示标识。消费者在经营场所遇到危险或者受到侵害时，经营者应当给予及时、必要的救助。该条例第八条还规定消费者认为经营者提供的商品或者服务可能存在缺陷，有危及人身、财产安全危险的，可以向经营者或者有关行政部门反映情况或者提出建议。经营者发现其提供的商品或者服务可能存在缺陷，有危及人身、财产安全危险的，应当依照消费者权益保护法第十九条的规

定及时采取相关措施。采取召回措施的，生产或者进口商品的经营者应当制订召回计划，发布召回信息，明确告知消费者享有的相关权利，保存完整的召回记录，并承担消费者因商品被召回所支出的必要费用。商品销售、租赁、修理、零部件生产供应、受委托生产等相关经营者应当依法履行召回相关协助和配合义务。

二、知情权

消费者对经营者及其商品或服务的了解是进行消费行为的必要基础，有权知悉相关真实情况。《消费者权益保护法》第八条规定：消费者享有知悉其购买、使用的商品或者接受的服务的真实情况的权利。消费者有权根据商品或者服务的不同情况，要求经营者提供商品的价格、产地、生产者、用途、性能、规格、等级、主要成分、生产日期、有效期限、检验合格证明、使用方法说明书、售后服务，或者服务的内容、规格、费用等有关情况。

当然，消费者知情权涵盖范围是有限的，涉及经营者商业秘密的信息不在此限。

《实施条例》对消费者知情权进一步作出细化。条例第九条一是强化真实性、全面性的要求：经营者应当采用通俗易懂的方式，真实、全面地向消费者提供商品或者服务相关信息，不得通过虚构经营者资质、资格或者所获荣誉，虚构商品或者服务交易信息、经营数据，篡改、编造、隐匿用户评价等方式，进行虚假或者引人误解的宣传，欺骗、误导消费者。二是禁止大数据杀熟：经营者不得在消费者不知情的情况下，对同一商品或者服务在同等交易条件下设置不同的价格或者收费标准。

《实施条例》第十条强化了经营者的提醒义务：经营者应当按照国家有关规定，以显著方式标明商品的品名、价格和计价单位或者服务的项目、内容、价格和计价方法等信息，做到价签价目齐全、内容真实准确、标识清晰醒目。经营者采取自动展期、自动续费等方式提供服务的，应当在消费者接受服务前和自动展期、自动续费等日期前，以显著方式提请消费者注意。

三、自主选择权

《消费者权益保护法》第九条规定：消费者享有自主选择商品或者服务的权利。消费者有权自主选择提供商品或者服务的经营者，自主选择商品品种或者服务方式，自主决定购买或者不购买任何一种商品、接受或者不接受任何一项服务。消费者在自主选择商品或者服务时，有权进行比较、鉴别和挑选。

《实施条例》就消费者权利对应的经营者义务作出了规定：消费者享有自主选择商品或者服务的权利。经营者不得以暴力、胁迫、限制人身自由等方式或者利用技术手段，强制或者变相强制消费者购买商品或者接受服务，或者排除、限制消费者选择其他经营者提供的商品或者服务。经营者通过搭配、组合等方式提供商品或者服务的，应当以显著方式提请消费者注意。经营者以商业宣传、产品推荐、实物展示或者通知、声明、店堂告示等方式提供商品或者服务，对商品或者服务的数量、质量、价格、售后服务、责任承担等作出承诺的，应当向购买商品或者接受服务的消费者履行其所承诺的内容。

四、公平交易权

《消费者权益保护法》第十条对此作出规定：消费者享有公平交易的权利。消费者在购买商品或者接受服务时，有权获得质量保障、价格合理、计量正确等公平交易条件，有权拒绝经营者的强制交易行为。

五、求偿权

《消费者权益保护法》第十一条规定：消费者因购买、使用商品或者接受服务受到人身、财产损害的，享有依法获得赔偿的权利。

消费者因经营者违反有关义务导致的人身、财产损失，有权要求经营者进行赔偿。

六、结社权

《消费者权益保护法》第十二条赋予消费者该权利：消费者享有依法成立维护自身合法权益的社会组织的权利。

七、受教育权

《消费者权益保护法》第十三条规定：消费者享有获得有关消费和消费者权益保护方面的知识的权利。消费者应当努力掌握所需商品或者服务的知识和使用技能，正确使用商品，提高自我保护意识。

八、尊严权

《消费者权益保护法》第十四条规定：消费者在购买、使用商品和接受服务时，享有人格尊严、民族风俗习惯得到尊重的权利，享有个人信息依法得到保护的权利。

九、监督权

《消费者权益保护法》第十五条规定：消费者享有对商品和服务以及保护消费者权益工作进行监督的权利。消费者有权检举、控告侵害消费者权益的行为和国家机关及其工作人员在保护消费者权益工作中的违法失职行为，有权对保护消费者权益工作提出批评、建议。

十、反悔权

《消费者权益保护法》第二十五条根据网络发展导致的消费变化，赋予了消费者一定的反悔权：经营者采用网络、电视、电话、邮购等方式销售商品，消费者有权自收到商品之日起七日内退货，且无需说明理由，但下列商品除外：①消费者定做的；②鲜活易腐的；③在线下载或者消费者拆封的音像制品、计算机软件等数字化商品；④交付的报纸、期刊。除前款所列商品外，其他根据商品性质并经消费者在购买时确认不宜退货的商品，不适用无理由退货。消费者退货的商品应当完好。经营者应当自收到退回商品之日起七日内返还消费者支付的商品价款。退回商品的运费由消费者承担；经营者和消费者另有约定的，按照约定。

第三节　经营者的义务

一、依法和依约履行义务

根据《消费者权益保护法》第十六条，经营者向消费者提供商品或者服务，应当依照本法和其他有关法律、法规的规定履行义务。经营者和消费者有约定的，应当按照约定履行义务，但双方的约定不得违背法律、法规的规定。

经营者向消费者提供商品或者服务，应当恪守社会公德，诚信经营，保障消费者的合法权益；不得设定不公平、不合理的交易条件，不得强制交易。

《实施条例》特别对未成年人保护提出了要求：经营者提供网络游戏服务的，应当符合国家关于网络游戏服务相关时段、时长、功能和内容等方面的规定和标准，针对未成年人设置相应的时间管理、权限管理、消费管理等功能，在注册、登录等环节严格进行用户核验，依法保护未成年人身心健康。

关于押金，经营者提供商品或者服务时收取押金的，应当事先与消费者约定退还押金的方式、程序和时限，不得对退还押金设置不合理条件。消费者要求退还押金，符合押金退还条件的，经营者应当及时退还。

二、听取意见和接受监督

经营者应当听取消费者对其提供的商品或者服务的意见，接受消费者的监督。

三、安全保障义务

安全权是消费者最基本的权利，安全保障义务也是经营者最重要的义务，根据《消费者权益保护法》第十八条，经营者应当保证其提供的商品或者服务符合保障人身、财产安全的要求。对可能危及人身、财产安全的商品和服务，应当向消费者作出真实的说明和明确的警示，并说明和标明正确使用商品或者接受服务的方法以及防止危害发生的方法。宾馆、商场、餐馆、银行、机场、车站、港口、影剧院等经营场所的经营者，应当对消费者尽到安全保障义务。

第十九条规定：经营者发现其提供的商品或者服务存在缺陷，有危及人身、财产安全危险的，应当立即向有关行政部门报告和告知消费者，并采取停止销售、警示、召回、无害化处理、销毁、停止生产或者服务等措施。采取召回措施的，经营者应当承担消费者因商品被召回支出的必要费用。

四、告知真实情况义务

经营者向消费者提供有关商品或者服务的质量、性能、用途、有效期限等信息，应当真实、全面，不得作虚假或者引人误解的宣传。经营者对消费者就其提供的商品或者服务的质量和使用方法等问题提出的询问，应当作出真实、明确的答复。经营者提供商品或者服务应当明码标价。

经营者应当标明其真实名称和标记。租赁他人柜台或者场地的经营者，应当标明其真实名称和标记。

采用网络、电视、电话、邮购等方式提供商品或者服务的经营者，以及提供证券、保险、银行等金融服务的经营者，应当向消费者提供经营地址、联系方式、商品或者服务的数量和质量、价款或者费用、履行期限和方式、安全注意事项和风险警示、售后服务、民事责任等信息。

《实施条例》也有相关规定：经营者应当在其经营场所的显著位置标明其真实名称和标记。经营者通过网络、电视、电话、邮购等方式提供商品或者服务的，应当在其首页、视频画面、语音、商品目录等处以显著方式标明或者说明其真实名称和标记。由其他经营者实际提供商品或者服务的，还应当向消费者提供该经营者的名称、经营地址、联系方式等信息。经营者租赁他人柜台或者场地提供商品或者服务，或者通过宣讲、抽奖、集中式体验等方式提供商品或者服务的，应当以显著方式标明其真实名称和标记。柜台、场地的出租者应当建立场内经营管理制度，核验、更新、公示经营者的相关信息，供消费者查询。

经营者决定停业或者迁移服务场所的，应当提前30日在其经营场所、网站、网店首页等的醒目位置公告经营者的有效联系方式等信息。

经营者不得通过虚假或者引人误解的宣传，虚构或者夸大商品或者服务的治疗、保健、养生等功效，诱导老年人等消费者购买明显不符合其实际需求的商品或者服务。

对于网络直播，《实施条例》与时俱进地进行了规定：经营者通过网络直播等方式提供商品或者服务的，应当依法履行消费者权益保护相关义务。直播营销平台经营者应当建立健全消费者权益保护制度，明确消费争议解决机制。发生消费争议的，直播营销平台经营者应当根据消费者的要求提供直播间运营者、直播营销人员相关信息以及相关经营活动记录等必要信息。直播间运营者、直播营销人员发布的直播内容构成商业广告的，应当依照《中华人民共和国广告法》的有关规定履行广告发布者、广告经营者或者广告代言人的义务。

五、出具凭证和单据

为了保留消费者的消费证据，经营者提供商品或者服务，应当按照国家有关规定或者商业惯例向消费者出具发票等购货凭证或者服务单据。消费者索要发票等购货凭证或者服务单据的，经营者必须出具。

六、提供符合要求的商品及服务

经营者应当保证在正常使用商品或者接受服务的情况下其提供的商品或者服务应当具有的质量、性能、用途和有效期限；但消费者在购买该商品或者接受该服务前已经知道其存在瑕疵，且存在该瑕疵不违反法律强制性规定的除外。

经营者以广告、产品说明、实物样品或者其他方式表明商品或者服务的质量状况的，应当保证其提供的商品或者服务的实际质量与表明的质量状况相符。

经营者提供的机动车、计算机、电视机、电冰箱、空调器、洗衣机等耐用商品或者装饰装修等服务，消费者自接受商品或者服务之日起六个月内发现瑕疵，发生争议的，由经营者承担有关瑕疵的举证责任。

经营者提供的商品或者服务不符合质量要求的，消费者可以依照国家规定、当事人约定退货，或者要求经营者履行更换、修理等义务。没有国家规定和当事人约定的，消费者可以自收到商品之日起七日内退货；七日后符合法定解除合同条件的，消费者可以及时退货，不符合法定解除合同条件的，可以要求经营者履行更换、修理等义务。依照规定进行退货、更换、修理的，经营者应当承担运输等必要费用。

七、配合退货义务

经营者采用网络、电视、电话、邮购等方式销售商品，消费者有权自收到商品之日起七日内退货，且无须说明理由，但下列商品除外：①消费者定做的；②鲜活易腐的；③在线下载或者消费者拆封的音像制品、计算机软件等数字化商品；④交付的报纸、期刊。除前述所列商品外，其他根据商品性质并经消费者在购买时确认不宜退货的商品，不适用无理由退货。

消费者退货的商品应当完好。经营者应当自收到退回商品之日起七日内返还消费者支付的商品价款。退回商品的运费由消费者承担；经营者和消费者另有约定的，按照约定。

《实施条例》第十九条对此进行了强化：经营者与消费者约定承担退货、更换、修理等义务的有效期限不得低于国家有关规定的要求。有效期限自经营者向消费者交付商品或者提供服务完结之日起计算，需要经营者另行安装的商品，有效期限自商品安装完成之日起计算。经营者向消费者履行更换义务后，承担更换、修理等义务的有效期限自更换完成之日起重新计算。经营者修理的时间不计入上述有效期限。

经营者依照国家有关规定或者与消费者约定履行退货义务的，应当按照发票等购货凭证或者服务单据上显示的价格一次性退清相关款项。经营者能够证明消费者实际支付的价格与发票等购货凭证或者服务单据上显示的价格不一致的，按照消费者实际支付的价格退清相关款项。

经营者通过网络、电视、电话、邮购等方式销售商品的，应当遵守《消费者权益保护法》第二十五条规定，不得擅自扩大不适用无理由退货的商品范围。经营者应当以显著方式对不适用无理由退货的商品进行标注，提示消费者在购买时进行确认，不得将不适用无理由退货作为消费者默认同意的选项。未经消费者确认，经营者不得拒绝无理由退货。

消费者退货的商品应当完好。消费者基于查验需要打开商品包装，或者为确认商品的品质和功能进行合理调试而不影响商品原有品质、功能和外观的，经营者应当予以退货。

考虑到部分消费者滥用权利的可能，在强化消费者反悔权的同时，《实施条例》也对消费者提出了要求：消费者无理由退货应当遵循诚实信用原则，不得利用无理由退货规则损害经营者和其他消费者的合法权益。

八、公平交易义务

格式条款是为了重复使用，由乙方预先拟定，且在订立时未与对方协商的条款。格式条款有利于节约交易成本、提高交易效率，但容易出现格式条款提供方利用格式条款损害对方利益的情形。对此，《中华人民共和国消费者权益保护法》进行了必要规制。

经营者在经营活动中使用格式条款的，应当以显著方式提请消费者注意商品或者服务的数量和质量、价款或者费用、履行期限和方式、安全注意事项和风险警示、售后服务、民事责任等与消费者有重大利害关系的内容，并按照消费者的要求予以说明。

经营者不得以格式条款、通知、声明、店堂告示等方式，作出排除或者限制消费者权利、减轻或者免除经营者责任、加重消费者责任等对消费者不公平、不合理的规定，不得利用格式条款并借助技术手段强制交易。格式条款、通知、声明、店堂告示等含有前述所列内容的，其内容无效。

《实施条例》作出了规定，经营者使用格式条款的，应当遵守《消费者权益保护法》第二十六条的规定。经营者不得利用格式条款不合理地免除或者减轻其责任、加重消费者的责任或者限制消费者依法变更或者解除合同、选择诉讼或者仲裁解决消费争议、选择其他经营者的商品或者服务等权利。

另外，《最高人民法院关于适用〈中华人民共和国民法典〉合同编通则若干问题的解释》就格式条款也进行了规定。合同条款符合《民法典》第四百九十六条第一款规定的情形，当事人仅以合同系依据合同示范文本制作或者双方已经明确约定合同条款不属于格式条款为由主张该条款不是格式条款的，人民法院不予支持。从事经营活动的当事人一方仅以未实际重复使用为由主张其预先拟定且未与对方协商的合同条款不是格式条款的，人民法院不予支持。但是，有证据证明该条款不是为了重复使用而预先拟定的除外。

提供格式条款的一方在合同订立时采用通常足以引起对方注意的文字、符号、字体等明显标识，提示对方注意免除或者减轻其责任、排除或者限制对方权利等与对方有重大利害关系的异常条款的，人民法院可以认定其已经履行《民法典》第四百九十六条第二款规定的提示义务。

提供格式条款的一方按照对方的要求，就与对方有重大利害关系的异常条款的概念、内容及其法律后果以书面或者口头形式向对方作出通常能够理解的解释说明的，人民法院可以认定其已经履行《民法典》第四百九十六条第二款规定的说明义务。

提供格式条款的一方对其已经尽到提示义务或者说明义务承担举证责任。对于通过互联网等信息网络订立的电子合同，提供格式条款的一方仅以采取了设置勾选、弹窗等方式为由主张其已经履行提示义务或者说明义务的，人民法院不予支持，但是其举证符合规定的除外。

对于消费中经常出现的预付款处理，《实施条例》作出了规定：经营者以收取预付款方式提供商品或者服务的，应当与消费者订立书面合同，约定商品或者服务的具体内容、价款或者费用、预付款退还方式、违约责任等事项。经营者收取预付款后，应当按照与消费者的约定提供商品或者服务，不得降低商品或者服务质量，不得任意加价。经营者未按照约定提供商品或者服务的，应当按照消费者的要求履行约定或者退还预付款。经营者出现重大经营风险，有可能影响经营者按照合同约定或者交易习惯正常提供商品或者服务的，应当停止收取预付款。经营者决定停业或者迁移服务场所的，应当提前告知消费者，并履行条例规定的义务。消费者依照国家有关规定或者合同约定，有权要求经营者继续履行提供商品或者服务的义务，或者要求退还未消费的预付款余额。

九、尊重消费者尊严和保护消费者个人信息权

经营者不得对消费者进行侮辱、诽谤，不得搜查消费者的身体及其携带的物品，不得侵犯消费者的人身自由。

经营者收集、使用消费者个人信息，应当遵循合法、正当、必要的原则，明示收集、使用信息的目的、方式和范围，并经消费者同意。经营者收集、使用消费者个人信息，应当公开其收集、使用规则，不得违反法律、法规的规定和双方的约定收集、使用信息。

经营者及其工作人员对收集的消费者个人信息必须严格保密，不得泄露、出售或者非法向他人提供。经营者应当采取技术措施和其他必要措施，确保信息安全，防止消费者个人信息泄露、丢失。在发生或者可能发生信息泄露、丢失的情况时，应当立即采取补救措施。经营者未经消费者同意或者请求，或者消费者明确表示拒绝的，不得向其发送商业性信息。

《实施条例》对此进行了细化：经营者应当依法保护消费者的个人信息。经营者在提供商品或者服务时，不得过度收集消费者个人信息，不得采用一次概括授权、默认授权等方式，强制或者变相强制消费者同意收集、使用与经营活动无直接关系的个人信息。经营者处理包含消费者的生物识别、宗教信仰、特定身份、医疗健康、金融账户、行踪轨迹等信息以及不满十四周岁未成年人的个人信息等敏感个人信息的，应当符合有关法律、行政法规的规定。未经消费者同意，经营者不得向消费者发送商业性信息或者拨打商业性电话。消费者同意接收商业性信息或者商业性电话的，经营者应当提供明确、便捷的取消方式。消费者选择取消的，经营者应当立即停止发送商业性信息或者拨打商业性电话。

第四节　国家对消费者合法权益的保护

一、立法保护

国家制定有关消费者权益的法律、法规、规章和强制性标准，应当听取消费者和消费者协会等组织的意见。

二、行政保护

各级人民政府应当加强领导，组织、协调、督促有关行政部门做好保护消费者合法权益的工作，落实保护消费者合法权益的职责。

各级人民政府应当加强监督，预防危害消费者人身、财产安全行为的发生，及时制止危害消费者人身、财产安全的行为。

各级人民政府市场监督管理部门和其他有关行政部门应当依照法律、法规的规定，在各自的职责范围内采取措施，保护消费者的合法权益。

有关行政部门应当听取消费者和消费者协会等组织对经营者交易行为、商品和服务质量问题的意见，及时调查处理。

有关行政部门在各自的职责范围内，应当定期或者不定期对经营者提供的商品和服务进行抽查检验，并及时向社会公布抽查检验结果。

有关行政部门发现并认定经营者提供的商品或者服务存在缺陷，有危及人身、财产安全的，应当立即责令经营者采取停止销售、警示、召回、无害化处理、销毁、停止生产或者服务等措施。

三、刑事保护

有关国家机关应当依照法律、法规的规定，惩处经营者在提供商品和服务中侵害消费者合法权益的违法犯罪行为。

四、司法保护

人民法院应当采取措施，方便消费者提起诉讼。对符合《中华人民共和国民事诉讼法》起诉条件的消费者权益争议必须受理，及时审理。

《实施条例》根据现实发展变化，对消费者权益的国家保护提出了较为细致的要求。各级人民政府应当加强对消费者权益保护工作的指导，组织、协调、督促有关行政部门落实消费者权益保护工作职责，提升消费者权益保护工作的法治化水平。

消费者与经营者发生消费者权益争议的，可以向市场监督管理部门或者其他有关行政部门投诉。自然人、法人或者其他组织可以向市场监督管理部门或者其他有关行政部门举报，反映经营者涉嫌违法的线索。

市场监督管理部门或者其他有关行政部门应当畅通和规范消费者投诉、举报渠道，完善投诉、举报处理流程，依法及时受理和处理投诉、举报，加强对投诉、举报信息的分析应用，开展消费预警和风险提示。投诉、举报应当遵守法律、法规和有关规定，不得利用投诉、举报牟取不正当利益，侵害经营者的合法权益，扰乱市场经济秩序。

市场监督管理部门和其他有关行政部门应当加强消费者权益保护工作的协同配合和信息共享，依照法律、法规的规定，在各自的职责范围内，对经营者提供的商品和服务实施抽查检验等监管措施，及时查处侵害消费者合法权益的行为。

市场监督管理部门和其他有关行政部门应当加强消费领域信用体系建设，依法公示有关行政许可、行政处罚、抽查检验结果、消费投诉等信息，依法对违法失信经营者实施惩戒。

有关行政部门应当加强消费知识的宣传普及，倡导文明、健康、绿色消费，提高消费者依法、理性维权的意识和能力；加强对经营者的普法宣传、行政指导和合规指引，提高经营者依法经营的意识。

国家完善绿色消费的标准、认证和信息披露体系，鼓励经营者对商品和服务作出绿色消费方面的信息披露或者承诺，依法查处虚假信息披露和承诺的行为。

行业协会商会等组织应当加强行业自律，引导、督促经营者守法诚信经营，制定的行业规则、自律规则、示范合同和相关标准等应当有利于保护消费者合法权益。国家鼓励、支持一切组织和个人对损害消费者合法权益的行为进行社会监督。

大众传播媒介应当真实、客观、公正地报道涉及消费者权益的相关事项，加强消费者维权相关知识的宣传普及，对损害消费者合法权益的行为进行舆论监督。

第五节　消费者组织

一、消费者组织的概念

消费者组织，包括消费者协会和其他消费者组织，是依法成立的对商品和服务进行社会监督的保护消费者合法权益的社会组织。

在我国，消费者组织主要是指消费者协会。

二、消费者协会的职责

消费者协会履行下列公益性职责：①向消费者提供消费信息和咨询服务，提高消费者维护自身合法权益的能力，引导文明、健康、节约资源和保护环境的消费方式；②参与制定有关消费者权益的法律、法规、规章和强制性标准；③参与有关行政部门对商品和服务的监督、检查；④就有关消费者合法权益的问题，向有关部门反映、查询，提出建议；⑤受理消费者的投诉，并对投诉事项进行调查、调解；⑥投诉事项涉及商品和服务质量问题的，可以委托具备资格的鉴定人鉴定，鉴定人应当告知鉴定意见；⑦就损害消费者合法权益的行为，支持受损害的消费者提起诉讼或者依照《消费者权益保护法》提起诉讼；⑧对损害消费者合法权益的行为，通过大众传播媒介予以揭露、批评。

需要注意的是，消费者协会作为社会组织，不是行政机关，并无执法权。

各级人民政府对消费者协会履行职责应当予以必要的经费等支持。消费者协会应当认真履行保护消费者合法权益的职责，听取消费者的意见和建议，接受社会监督。依法成立的其他消费者组织依照法律、法规及其章程的规定，开展保护消费者合法权益的活动。

消费者组织不得从事商品经营和营利性服务，不得以收取费用或者其他牟取利益的方式向消费者推荐商品和服务。当然，并不是说消费者协会绝对不得向消费者推荐商品和服务，只是不能牟取利益。

《实施条例》对消费者协会的职责做了进一步规定。有关行政部门应当认真听取消费者协会的意见和建议。对于消费者协会向有关行政部门反映的侵害消费者合法权益的问题，有关行政部门应当及时调查处理并予以回复；对于立案查处的案件，有关行政部门应当将处理结果告知消费者协会。

消费者协会应当加强消费普法宣传和消费引导，向消费者提供消费维权服务与支持，提高消费者维护自身合法权益的能力。

消费者协会应当及时总结、推广保护消费者合法权益的典型案例和经验做法，引导、支持经营者依法合规开展经营活动。

消费者协会可以组织开展比较试验、消费调查、消费评议、投诉信息公示、对投诉商品提请鉴定、发布消费提示警示等，反映商品和服务状况、消费者意见和消费维权情况。

消费者协会可以就消费者权益保护事项向有关经营者、行业组织提出改进意见或者进行指导谈话，加强消费者、经营者、行业组织、专业机构、有关行政部门等各相关方的组织协调，推动解决涉及消费者合法权益保护的重要问题。

消费者协会可以就消费者投诉的损害消费者合法权益的行为开展调查，与有关经营者核实情况，约请有关经营者到场陈述事实意见、提供证据资料等。

第六节 争议的解决

一、消费者权益争议解决的方式

消费者和经营者发生消费者权益争议的，可以通过下列途径解决：①与经营者协商和解；②请求消费者协会或者依法成立的其他调解组织调解；③向有关行政部门投诉；④根据与经营者达成的仲裁协议提请仲裁机构仲裁；⑤向人民法院提起诉讼。

二、责任主体的确定

（一）生产者、销售者、服务者

1.生产者、销售者

消费者在购买、使用商品时，其合法权益受到损害的，可以向销售者要求赔偿。销售者赔偿后，属于生产者的责任或者属于向销售者提供商品的其他销售者的责任的，销售者有权向生产者或者其他销售者追偿。

消费者或者其他受害人因商品缺陷造成人身、财产损害的，可以向销售者要求赔偿，也可以向生产者要求赔偿。属于生产者责任的，销售者赔偿后，有权向生产者追偿。属于销售者责任的，生产者赔偿后，有权向销售者追偿。

需要指出的是，此处生产者、销售者的连带责任是不真正连带责任。

2.服务者

消费者在接受服务时，其合法权益受到损害的，可以向服务者要求赔偿。

（二）企业变更后的责任主体

消费者在购买、使用商品或者接受服务时，其合法权益受到损害，因原企业分立、合并的，可以向变更后承受其权利义务的企业要求赔偿。

（三）使用他人营业执照时的责任主体

使用他人营业执照的违法经营者提供商品或者服务，损害消费者合法权益的，消费者可以向其要求赔偿，也可以向营业执照的持有人要求赔偿。

（四）在展销会、租赁柜台消费的责任主体

消费者在展销会、租赁柜台购买商品或者接受服务，其合法权益受到损害的，可以向销售者或者服务者要求赔偿。展销会结束或者柜台租赁期满后，也可以向展销会的举办者、柜台的出租者要求赔偿。展销会的举办者、柜台的出租者赔偿后，有权向销售者或者服务者追偿。

（五）在网络交易平台消费的责任主体

消费者通过网络交易平台购买商品或者接受服务，其合法权益受到损害的，可以向销售者或者服务者要求赔偿。网络交易平台提供者不能提供销售者或者服务者的真实名称、地址和有效联系方式的，消费者也可以向网络交易平台提供者要求赔偿；网络交易平台提供者作出更有利于消费者的承诺的，应当履行承诺。网络交易平台提供者赔偿后，有权向销售者或者服务者追偿。

网络交易平台提供者明知或者应知销售者或者服务者利用其平台侵害消费者合法权益，未采取必要措施的，依法与该销售者或者服务者承担连带责任。

（六）基于虚假宣传消费的责任主体

消费者因经营者利用虚假广告或者其他虚假宣传方式提供商品或者服务，其合法权益受到损害的，可以向经营者要求赔偿。广告经营者、发布者发布虚假广告的，消费者可以请求行政主管部门予以惩处。广告经营者、发布者不能提供经营者的真实名称、地址和有效联系方式的，应当承担赔偿责任。

广告经营者、发布者设计、制作、发布关系消费者生命健康商品或者服务的虚假广告，造成消费者损害的，应当与提供该商品或者服务的经营者承担连带责任。

社会团体或者其他组织、个人在关系消费者生命健康商品或者服务的虚假广告或者其他虚假宣传中向消费者推荐商品或者服务，造成消费者损害的，应当与提供该商品或者服务的经营者承担连带责任。

三、消费者协会的公益诉讼职责

《消费者权益保护法》规定了消费者协会的公益诉讼职责，对侵害众多消费者合法权益的行为，中国消费者协会以及在省、自治区、直辖市设立的消费者协会，可以向人民法院提起诉讼。

《实施条例》就消费争议的解决进行了细化，也对消费者理性、合法维权提出了明确要求。

消费者应当文明、理性消费，提高自我保护意识，依法维护自身合法权益，在发生消费争议时依法维权。各级人民政府市场监督管理部门和其他有关行政部门应当推动、健全消费争议多元化解决机制，引导消费者依法通过协商、调解、投诉、仲裁、诉讼等方式维护自身合法权益。经营者应当建立便捷、高效的投诉处理机制，及时解决消费争议。应鼓励和引导经营者建立健全首问负责、先行赔付、在线争议解决等制度，及时预防和解决消费争议。

消费者和经营者发生消费争议，请求消费者协会或者依法成立的其他调解组织进行调解的，相关组织应当及时处理。

消费者和经营者发生消费争议向市场监督管理部门或者其他有关行政部门投诉的，应当提供真实身份信息，有明确的被投诉人、具体的投诉请求和事实依据。有关行政部门应当自收到投诉之日起7个工作日内，予以处理并告知消费者。对不符合规定的投诉决定不予受理的，应当告知消费者不予受理的理由和其他解决争议的途径。有关行政部门受理投诉后，消费者和经营者同意调解的，有关行政部门应当依据职责及时调解，并在受理之日起60日内调解完毕；调解不成的应当终止调解。调解过程中需要鉴定、检测的，鉴定、检测时间不计算在60日内。有关行政部门经消费者和经营者同意，可以依法将投诉委托消费者协会或者依法成立的其他调解组织调解。

因消费争议需要对商品或者服务质量进行鉴定、检测的，消费者和经营者可以协商确定鉴定、检测机构。无法协商一致的，受理消费者投诉的市场监督管理部门或者其他有关行政部门可以指定鉴定、检测机构。对于重大、复杂、涉及众多消费者合法权益的消费争议，可以由市场监督管理部门或者其他有关行政部门纳入抽查检验程序，委托具备相应资质的机构进行鉴定、检测。

第七节　法律责任

一、民事责任

（一）承担民事责任的情形

《消费者权益保护法》第四十八条规定了经营者承担民事责任的情形：经营者提供

商品或者服务有下列情形之一的，除本法另有规定外，应当依照其他有关法律、法规的规定，承担民事责任：①商品或者服务存在缺陷的；②不具备商品应当具备的使用性能而出售时未作说明的；③不符合在商品或者其包装上注明采用的商品标准的；④不符合商品说明、实物样品等方式表明的质量状况的；⑤生产国家明令淘汰的商品或者销售失效、变质的商品的；⑥销售的商品数量不足的；⑦服务的内容和费用违反约定的；⑧对消费者提出的修理、重作、更换、退货、补足商品数量、退还货款和服务费用或者赔偿损失的要求，故意拖延或者无理拒绝的；⑨法律、法规规定的其他损害消费者权益的情形。

经营者对消费者未尽到安全保障义务，造成消费者损害的，应当承担侵权责任。

《实施条例》规定了除外情形，经营者提供商品或者服务有欺诈行为的，消费者有权根据消费者权益保护法第五十五条第一款的规定要求经营者予以赔偿。但是，商品或者服务的标签标识、说明书、宣传材料等存在不影响商品或者服务质量且不会对消费者造成误导的瑕疵的除外。

另外，通过夹带、掉包、造假、篡改商品生产日期、捏造事实等方式骗取经营者的赔偿或者对经营者进行敲诈勒索的，不适用《消费者权益保护法》第五十五条第一款的规定，依照《中华人民共和国治安管理处罚法》等有关法律、法规处理；构成犯罪的，依法追究刑事责任。

（二）经营者的赔偿范围

经营者提供商品或者服务，造成消费者或者其他受害人人身伤害的，应当赔偿医疗费、护理费、交通费等为治疗和康复支出的合理费用，以及因误工减少的收入。造成残疾的，还应当赔偿残疾生活辅助具费和残疾赔偿金。造成死亡的，还应当赔偿丧葬费和死亡赔偿金。

（三）经营者承担责任的形式

经营者侵害消费者的人格尊严、侵犯消费者人身自由或者侵害消费者个人信息依法得到保护的权利的，应当停止侵害、恢复名誉、消除影响、赔礼道歉，并赔偿损失。

经营者有侮辱诽谤、搜查身体、侵犯人身自由等侵害消费者或者其他受害人人身权益的行为，造成严重精神损害的，受害人可以要求精神损害赔偿。

经营者提供商品或者服务，造成消费者财产损害的，应当依照法律规定或者当事人约定承担修理、重作、更换、退货、补足商品数量、退还货款和服务费用或者赔偿损失等民事责任。

经营者以预收款方式提供商品或者服务的，应当按照约定提供。未按照约定提供的，应当按照消费者的要求履行约定或者退回预付款；并应当承担预付款的利息、消费者必须支付的合理费用。

依法经有关行政部门认定为不合格的商品，消费者要求退货的，经营者应当负责退货。

（四）惩罚性赔偿

经营者提供商品或者服务有欺诈行为的，应当按照消费者的要求增加赔偿其受到的损失，增加赔偿的金额为消费者购买商品的价款或者接受服务的费用的三倍；增加赔偿的金额不足五百元的，为五百元。法律另有规定的，依照其规定。

经营者明知商品或者服务存在缺陷，仍然向消费者提供，造成消费者或者其他受害人死亡或者健康严重损害的，受害人有权要求经营者依照本法第四十九条、第五十一条等法律规定赔偿损失，并有权要求所受损失2倍以下的惩罚性赔偿。

二、行政责任

经营者有下列情形之一，除承担相应的民事责任外，其他有关法律、法规对处罚机关和处罚方式有规定的，依照法律、法规的规定执行；法律、法规未作规定的，由市场监督管理部门或者其他有关行政部门责令改正，可以根据情节单处或者并处警告、没收违法所得、处以违法所得一倍以上十倍以下的罚款，没有违法所得的，处以五十万元以下的罚款；情节严重的，责令停业整顿、吊销营业执照：①提供的商品或者服务不符合保障人身、财产安全要求的；②在商品中掺杂、掺假，以假充真，以次充好，或者以不合格商品冒充合格商品的；③生产国家明令淘汰的商品或者销售失效、变质的商品的；④伪造商品的产地，伪造或者冒用他人的厂名、厂址，篡改生产日期，伪造或者冒用认证标志等质量标志的；⑤销售的商品应当检验、检疫而未检验、检疫或者伪造检验、检疫结果的；⑥对商品或者服务作虚假或者引人误解的宣传的；⑦拒绝或者拖延有关行政部门责令对缺陷商品或者服务采取停止销售、警示、召回、无害化处理、销毁、停止生产或者服务等措施的；⑧对消费者提出的修理、重作、更换、退货、补足商品数量、退还货款和服务费用或者赔偿损失的要求，故意拖延或者无理拒绝的；⑨侵害消费者人格尊严、侵犯消费者人身自由或者侵害消费者个人信息依法得到保护的权利的；⑩法律、法规规定的对损害消费者权益应当予以处罚的其他情形。

经营者有上述规定情形的，除依照法律、法规规定予以处罚外，处罚机关应当记入信用档案，向社会公布。

三、刑事责任

经营者违反《消费者权益保护法》规定提供商品或者服务，侵害消费者合法权益，构成犯罪的，依法追究刑事责任。

经营者主动消除或者减轻违法行为危害后果的，违法行为轻微并及时改正且没有造成危害后果的，或者初次违法且危害后果轻微并及时改正的，依照《中华人民共和国行政处罚法》的规定从轻、减轻或者不予处罚。

经营者违反《消费者权益保护法》规定，应当承担民事赔偿责任和缴纳罚款、罚金，其财产不足以同时支付的，先承担民事赔偿责任。

经营者对行政处罚决定不服的，可以依法申请行政复议或者提起行政诉讼。以暴力、威胁等方法阻碍有关行政部门工作人员依法执行职务的，依法追究刑事责任；拒绝、阻碍有关行政部门工作人员依法执行职务，未使用暴力、威胁方法的，由公安机关依照《中华人民共和国治安管理处罚法》的规定处罚。

国家机关工作人员玩忽职守或者包庇经营者侵害消费者合法权益的行为的，由其所在单位或者上级机关给予行政处分；情节严重，构成犯罪的，依法追究刑事责任。

同步测试

一、单项选择题

1.消费者最基本的权利是（　　）。

A.安全权　　B.求偿权　　C.知情权　　D.结社权

2.经营者采用网络、电视、电话、邮购等方式销售商品，消费者有权自收到商品之日起（　　）日内退货，且无需说明理由。

A.3　　B.5　　C.7　　D.10

3.消费者协会和其他消费者组织是依法成立的对商品和服务进行社会监督的保护消费者合法权益的（　　）。

A.政府机构　　B.社会组织　　C.司法机关　　D.权力机构

二、多项选择题

1.消费者和经营者发生消费者权益争议的，可以通过（　　）解决。

A.与经营者协商和解

B.请求消费者协会或者依法成立的其他调解组织调解

C.向有关行政部门投诉

D.根据与经营者达成的仲裁协议提请仲裁机构仲裁

2.消费者协会履行下列职责中的（　　）。

A.向消费者提供消费信息和咨询服务，提高消费者维护自身合法权益的能力，引导文明、健康、节约资源和保护环境的消费方式

B.参与制定有关消费者权益的法律、法规、规章和强制性标准

C.对违法经营行为进行处罚

D.就有关消费者合法权益的问题，向有关部门反映、查询，提出建议

3.下列说法正确的有（　　）。

A.经营者决定停业或者迁移服务场所的，应当提前30日在其经营场所、网站、网店首页等的醒目位置公告经营者的有效联系方式等信息

B.经营者处理包含消费者的生物识别、宗教信仰、特定身份、医疗健康、金融账户、行踪轨迹等信息以及不满十四周岁未成年人的个人信息等敏感个人信息的，应当符合有关法律、行政法规的规定

C.因消费争议需要对商品或者服务质量进行鉴定、检测的，消费者和经营者可以协商确定鉴定、检测机构。无法协商一致的，受理消费者投诉的市场监督管理部门或者其他有关行政部门可以指定鉴定、检测机构

D.经营者主动消除或者减轻违法行为危害后果的，违法行为轻微并及时改正且没

有造成危害后果的，或者初次违法且危害后果轻微并及时改正的，依照《中华人民共和国行政处罚法》的规定从轻、减轻或者不予处罚

三、思考题

1.消费者的权利有哪些？

2.消费者消费过程中应注意哪些环节以保护自己的合法权益？

第八章

反不正当竞争法

学习目标

知识目标：

（1）了解和掌握不正当竞争的行为方式；

（2）掌握国家对不正当竞争的规制方式。

能力目标：

（1）培养学生对不正当竞争行为的辨识能力；

（2）培养遭遇不正当竞争损害时的维权能力。

素养目标：

（1）牢固树立合法、合规经营意识；

（2）树立维护社会主义市场经济秩序的自觉意识。

引导案例

根据乐清市市场监督管理局行政处罚决定书（乐市监处罚〔2024〕683号），2024年4月15日，乐清市市场监督管理局执法人员根据线索依法对位于乐清市虹桥镇新市街的某商行进行检查，现场发现该店的淘宝店宣传有“真实评价+全五分好评+晒图+10字以上文字，即可联系客服领取3元现金红包”等字眼。当事人好评返现的行为涉嫌违反了《中华人民共和国反不正当竞争法》第八条第一款“经营者不得对其商品的性能、功能、质量、销售状况、用户评价、曾获荣誉等作虚假或者引人误解的商业宣传，欺骗、误导消费者”的规定，该案于2024年4月18日经局领导批准立案调查。

第一节　反不正当竞争法概述

一、不正当竞争行为的概念与特点

（一）概念

《中华人民共和国反不正当竞争法》（以下简称《反不正当竞争法》）规定：不正当

竞争行为，是指经营者在生产经营活动中，违反《反不正当竞争法》规定，扰乱市场竞争秩序，损害其他经营者或者消费者的合法权益的行为。

（二）特点

根据概念可以看出，不正当竞争行为有以下特点：

1.行为主体的特定性

不正当竞争行为的主体是经营者。经营者，是指从事商品生产、经营或者提供服务（以下所称商品包括服务）的自然人、法人和非法人组织。《最高人民法院关于适用〈中华人民共和国反不正当竞争法〉若干问题的解释》规定，与经营者在生产经营活动中存在可能的争夺交易机会、损害竞争优势等关系的市场主体，人民法院可以认定为反不正当竞争法第二条规定的“其他经营者”。

2.违法性

不正当竞争行为违反了《反不正当竞争法》。经营者在生产经营活动中，应当遵循自愿、平等、公平、诚信的原则，遵守法律和商业道德。

根据司法解释，特定商业领域普遍遵循和认可的行为规范，人民法院可以认定为反不正当竞争法第二条规定的“商业道德”。人民法院应当结合案件具体情况，综合考虑行业规则或者商业惯例，经营者的主观状态，交易相对人的选择意愿，针对消费者权益、市场竞争秩序、社会公共利益的影响等因素，依法判断经营者是否违反商业道德。人民法院认定经营者是否违反商业道德时，可以参考行业主管部门、行业协会或者自律组织制定的从业规范、技术规范、自律公约等。

3.后果危害性

不正当竞争行为会扰乱市场竞争秩序，损害其他经营者或者消费者的合法权益。

二、反不正当竞争法的概念

反不正当竞争法是调整国家反对和规制不正当竞争行为的法律规范的总称。狭义的反不正当竞争法指的是《中华人民共和国反不正当竞争法》，广义的反不正当竞争法是所有调整国家反对和规制不正当竞争行为的法律规范的总称。

目前，比较重要的法律规范主要有：

（1）《中华人民共和国反不正当竞争法》，于1993年9月2日第八届全国人民代表大会常务委员会第三次会议通过，2017年11月4日第十二届全国人民代表大会常务委员会第三十次会议修订，根据2019年4月23日第十三届全国人民代表大会常务委员会第十次会议《关于修改〈中华人民共和国建筑法〉等八部法律的决定》修正。

（2）《最高人民法院关于适用〈中华人民共和国反不正当竞争法〉若干问题的解释》，于2022年1月29日由最高人民法院审判委员会第1862次会议通过，自2022年3月20日起施行。

（3）《网络反不正当竞争暂行规定》于2024年5月6日国家市场监督管理总局令第91号公布，自2024年9月1日起施行。

第二节 不正当竞争行为

《反不正当竞争法》列举了不正当竞争行为的以下表现形式。

一、混淆行为

《反不正当竞争法》第六条规定：经营者不得实施下列混淆行为，引人误认为是他人商品或者与他人存在特定联系：①擅自使用与他人有一定影响的商品名称、包装、装潢等相同或者近似的标识；②擅自使用他人有一定影响的企业名称（包括简称、字号等）、社会组织名称（包括简称等）、姓名（包括笔名、艺名、译名等）；③擅自使用他人有一定影响的域名主体部分、网站名称、网页等；④其他足以引人误认为是他人商品或者与他人存在特定联系的混淆行为。

《网络反不正当竞争暂行规定》对网络混淆行为作出了规定。经营者不得利用网络实施下列混淆行为，引人误以为是他人商品（本规定所称商品包括服务）或者与他人存在特定联系：①擅自使用与他人有一定影响的域名主体部分、网站名称、网页等相同或者近似的标识；②擅自将他人有一定影响的商品名称、企业名称（包括简称、字号等）、社会组织名称（包括简称等）、姓名（包括笔名、艺名、译名等）作为域名主体部分等网络经营活动标识；③擅自使用与他人有一定影响的应用软件、网店、客户端、小程序、公众号、游戏界面等的页面设计、名称、图标、形状等相同或者近似的标识；④擅自使用他人有一定影响的网络代称、网络符号、网络简称等标识；⑤生产销售足以引人误认为是他人商品或者与他人存在特定联系的商品；⑥通过提供网络经营场所等便利条件，与其他经营者共同实施混淆行为；⑦其他利用网络实施的足以引人误认为是他人商品或者与他人存在特定联系的混淆行为。擅自将他人有一定影响的商业标识设置为搜索关键词，足以引人误认为是他人商品或者与他人存在特定联系的，属于前述规定的混淆行为。

根据《最高人民法院关于适用〈中华人民共和国反不正当竞争法〉若干问题的解释》，具有一定的市场知名度并具有区别商品来源的显著特征的标识，人民法院可以认定为反不正当竞争法第六条规定的“有一定影响的”标识。人民法院认定反不正当竞争法第六条规定的标识是否具有一定的市场知名度时，应当综合考虑中国境内相关公众的知悉程度，商品销售的时间、区域、数额和对象，宣传的持续时间、程度和地域范围，标识受保护的情况等因素。

《反不正当竞争法》第六条规定的标识有下列情形之一的，人民法院应当认定其不具有区别商品来源的显著特征：①商品的通用名称、图形、型号；②仅直接表示商品的质量、主要原料、功能、用途、重量、数量及其他特点的标识；③仅由商品自身的性质产生的形状，为获得技术效果而需有的商品形状以及使商品具有实质性价值的形状；④其他缺乏显著特征的标识。上述第一项、第二项、第四项规定的标识经过使用取得显著特征，并具有一定的市场知名度，当事人请求依据反不正当竞争法第六条规定予以保护的，人民法院应予支持。

因客观描述、说明商品而正当使用下列标识，当事人主张属于反不正当竞争法第六条规定的情形的，人民法院不予支持：①含有本商品的通用名称、图形、型号；②直接表示商品的质量、主要原料、功能、用途、重量、数量以及其他特点；③含有地名。

《反不正当竞争法》第六条规定的标识或者其显著识别部分属于商标法第十条第一款规定的不得作为商标使用的标志，当事人请求依据反不正当竞争法第六条规定予以保护的，人民法院不予支持。

由经营者营业场所的装饰、营业用具的式样、营业人员的服饰等构成的具有独特风格的整体营业形象，人民法院可以认定为反不正当竞争法第六条第一项规定的"装潢"。

市场主体登记管理部门依法登记的企业名称，以及在中国境内进行商业使用的境外企业名称，人民法院可以认定为反不正当竞争法第六条第二项规定的"企业名称"。

有一定影响的个体工商户、农民专业合作社（联合社）以及法律、行政法规规定的其他市场主体的名称（包括简称、字号等），人民法院可以依照反不正当竞争法第六条第二项予以认定。

在中国境内将有一定影响的标识用于商品、商品包装或者容器以及商品交易文书上，或者广告宣传、展览以及其他商业活动中，用于识别商品来源的行为，人民法院可以认定为反不正当竞争法第六条规定的"使用"。

经营者擅自使用与他人有一定影响的企业名称（包括简称、字号等）、社会组织名称（包括简称等）、姓名（包括笔名、艺名、译名等）、域名主体部分、网站名称、网页等近似的标识，引人误认为是他人商品或者与他人存在特定联系，当事人主张属于反不正当竞争法第六条第二项、第三项规定的情形的，人民法院应予支持。人民法院认定与反不正当竞争法第六条规定的"有一定影响的"标识相同或者近似，可以参照商标相同或者近似的判断原则和方法。《反不正当竞争法》第六条规定的"引人误认为是他人商品或者与他人存在特定联系"，包括误认为与他人具有商业联合、许可使用、商业冠名、广告代言等特定联系。在相同商品上使用相同或者视觉上基本无差别的商品名称、包装、装潢等标识，应当视为足以造成与他人有一定影响的标识相混淆。

经营者实施下列混淆行为之一，足以引人误认为是他人商品或者与他人存在特定联系的，人民法院可以依照反不正当竞争法第六条第四项予以认定：①擅自使用反不正当竞争法第六条第一项、第二项、第三项规定以外"有一定影响的"标识；②将他人注册商标、未注册的驰名商标作为企业名称中的字号使用，误导公众。

经营者销售带有违反《反不正当竞争法》第六条规定的标识的商品，引人误认为是他人商品或者与他人存在特定联系，当事人主张构成反不正当竞争法第六条规定的情形的，人民法院应予支持。销售不知道是前述规定的侵权商品，能证明该商品是自己合法取得并说明提供者，经营者主张不承担赔偿责任的，人民法院应予支持。

故意为他人实施混淆行为提供仓储、运输、邮寄、印制、隐匿、经营场所等便利条件，当事人请求依据《民法典》第一千一百六十九条第一款予以认定的，人民法院应予支持。

二、商业贿赂行为

经营者不得采用财物或者其他手段贿赂下列单位或者个人，以谋取交易机会或者竞争优势：①交易相对方的工作人员；②受交易相对方委托办理相关事务的单位或者个人；③利用职权或者影响力影响交易的单位或者个人。

经营者在交易活动中，可以以明示方式向交易相对方支付折扣，或者向中间人支付佣金。经营者向交易相对方支付折扣、向中间人支付佣金的，应当如实入账。接受折扣、佣金的经营者也应当如实入账。经营者的工作人员进行贿赂的，应当认定为经营者的行为；但是，经营者有证据证明该工作人员的行为与为经营者谋取交易机会或者竞争优势无关的除外。

《网络反不正当竞争暂行规定》对网络商业贿赂行为进行了规定。经营者不得采用财物或者其他手段，贿赂平台工作人员、对交易有影响的单位或者个人，以谋取交易机会或者在流量、排名、跟帖服务等方面的竞争优势。财物，包括现金、物品、网络虚拟财产以及礼券、基金、股份、债务免除等其他财产权益。

三、虚假宣传行为

《反不正当竞争法》第八条规定：经营者不得对其商品的性能、功能、质量、销售状况、用户评价、曾获荣誉等作虚假或者引人误解的商业宣传，欺骗、误导消费者。经营者不得通过组织虚假交易等方式，帮助其他经营者进行虚假或者引人误解的商业宣传。

《网络反不正当竞争暂行规定》对网络虚假宣传行为作出了规定。经营者不得采取下列方式，对商品生产经营主体以及商品性能、功能、质量、来源、曾获荣誉、资格资质等作虚假或者引人误解的商业宣传，欺骗、误导消费者或者相关公众：①通过网站、客户端、小程序、公众号等进行展示、演示、说明、解释、推介或者文字标注；②通过直播、平台推荐、网络文案等方式，实施商业营销活动；③通过热搜、热评、热转、榜单等方式，实施商业营销活动；④其他虚假或者引人误解的商业宣传。经营者不得帮助其他经营者实施前述虚假或者引人误解的商业宣传行为。

经营者不得实施下列行为，对商品生产经营主体以及商品销售状况、交易信息、经营数据、用户评价等作虚假或者引人误解的商业宣传，欺骗、误导消费者或者相关公众：①虚假交易、虚假排名；②虚构交易额、成交量、预约量等与经营有关的数据信息；③采用谎称现货、虚构预订、虚假抢购等方式进行营销；④编造用户评价，或者采用误导性展示等方式隐匿差评、将好评前置、差评后置、不显著区分不同商品的评价等；⑤以返现、红包、卡券等方式利诱用户作出指定好评、点赞、定向投票等互动行为；⑥虚构收藏量、点击量、关注量、点赞量、阅读量、订阅量、转发量等流量数据；⑦虚构投票量、收听量、观看量、播放量、票房、收视率等互动数据；⑧虚构升学率、考试通过率、就业率等教育培训效果；⑨采用伪造口碑、炮制话题、制造虚假舆论热点、虚构网络就业者收入等方式进行营销；⑩其他虚假或者引人误解的商业宣传行为。经营者不得通过组织虚假交易、组织虚假排名等方式，帮助其他经营者实施前述虚假或者引人误解的商业宣传行为。

司法解释规定，经营者在商业宣传过程中，提供不真实的商品相关信息，欺骗、误导相关公众的，人民法院应当认定为《反不正当竞争法》第八条第一款规定的虚假的商业宣传。

经营者具有下列行为之一，欺骗、误导相关公众的，人民法院可以认定为《反不正当竞争法》第八条第一款规定的“引人误解的商业宣传”：①对商品作片面的宣传或者对比；②将科学上未定论的观点、现象等当作定论的事实用于商品宣传；③使用歧义性语言进行商业宣传；④其他足以引人误解的商业宣传行为。人民法院应当根据日常生活经验、相关公众一般注意力、发生误解的事实和被宣传对象的实际情况等因素，对引人误解的商业宣传行为进行认定。

当事人主张经营者违反《反不正当竞争法》第八条第一款的规定并请求赔偿损失的，应当举证证明其因虚假或者引人误解的商业宣传行为受到损失。

四、侵犯商业秘密行为

商业秘密，是指不为公众所知悉、具有商业价值并经权利人采取相应保密措施的技术信息、经营信息等商业信息。

经营者不得实施下列侵犯商业秘密的行为：①以盗窃、贿赂、欺诈、胁迫、电子侵入或者其他不正当手段获取权利人的商业秘密；②披露、使用或者允许他人使用以前项手段获取的权利人的商业秘密；③违反保密义务或者违反权利人有关保守商业秘密的要求，披露、使用或者允许他人使用其所掌握的商业秘密；④教唆、引诱、帮助他人违反保密义务或者违反权利人有关保守商业秘密的要求，获取、披露、使用或者允许他人使用权利人的商业秘密。

经营者以外的其他自然人、法人和非法人组织实施前述所列违法行为的，视为侵犯商业秘密。

第三人明知或者应知商业秘密权利人的员工、前员工或者其他单位、个人实施前述所列违法行为，仍获取、披露、使用或者允许他人使用该商业秘密的，视为侵犯商业秘密。

五、不正当有奖销售

经营者进行有奖销售不得存在下列情形：①所设奖的种类、兑奖条件、奖金金额或者奖品等有奖销售信息不明确，影响兑奖；②采用谎称有奖或者故意让内定人员中奖的欺骗方式进行有奖销售；③抽奖式的有奖销售，最高奖的金额超过五万元。

六、诋毁商誉行为

《反不正当竞争法》第十一条规定：经营者不得编造、传播虚假信息或者误导性信息，损害竞争对手的商业信誉、商品声誉。

《网络反不正当竞争暂行规定》对网络诋毁商誉行为进行了规定。经营者不得利用网络编造、传播虚假信息或者误导性信息，实施下列损害或者可能损害竞争对手的商业信誉、商品声誉的行为：①组织、指使他人对竞争对手的商品进行恶意评价；②利用或者组织、指使他人通过网络散布虚假或者误导性信息；③利用网络传播含有虚假或者误导性信息的风险提示、告客户书、警告函或者举报信等；④其他编造、传播虚假或者误导性信息，损害竞争对手商业信誉、商品声誉的行为。客户端、小程序、公众号运营者以及提供跟帖评论服务的组织或者个人，不得故意与经营者共同实施前述行为。商业信誉，是指经营者在商业活动中的信用和名誉，包括相关公众对该经营者的资信状况、商业道德、技术水平、经济实力等方面的评价。商品声誉，是指商品在质量、品牌等方面的美誉度和知名度。

根据司法解释，当事人主张经营者实施了《反不正当竞争法》第十一条规定的商业诋毁行为的，应当举证证明其为该商业诋毁行为的特定损害对象。经营者传播他人编造的虚假信息或者误导性信息，损害竞争对手的商业信誉、商品声誉的，人民法院应当依照《反不正当竞争法》第十一条予以认定。

七、网络干扰行为

《反不正当竞争法》第十二条规定：经营者利用网络从事生产经营活动，应当遵守本法的各项规定。经营者不得利用技术手段，通过影响用户选择或者其他方式，实施下列妨碍、破坏其他经营者合法提供的网络产品或者服务正常运行的行为：①未经其他经营者同意，在其合法提供的网络产品或者服务中，插入链接、强制进行目标跳转；②误导、欺骗、强迫用户修改、关闭、卸载其他经营者合法提供的网络产品或者服务；③恶意对其他经营者合法提供的网络产品或者服务实施不兼容；④其他妨碍、破坏其他经营者合法提供的网络产品或者服务正常运行的行为。

《网络反不正当竞争暂行规定》对网络干扰行为进行了更详细的规定。经营者不得利用互联网、大数据、算法等技术手段，通过影响用户选择或者其他方式，实施流量劫持、干扰、恶意不兼容等行为，妨碍、破坏其他经营者合法提供的网络产品或者服务正常运行。影响用户选择，包括违背用户意愿和选择权、增加操作复杂性、破坏使用连贯性等。

未经其他经营者同意，经营者不得利用技术手段，实施下列插入链接或者强制进行目标跳转等行为，妨碍、破坏其他经营者合法提供的网络产品或者服务正常运行：

①在其他经营者合法提供的网络产品或者服务中，插入跳转链接、嵌入自己或者他人的产品或者服务；②利用关键词联想、设置虚假操作选项等方式，设置指向自身产品或者服务的链接，欺骗或者误导用户点击；③其他插入链接或者强制进行目标跳转的行为。

经营者不得利用技术手段，误导、欺骗、强迫用户修改、关闭、卸载其他经营者合法提供的设备、功能或者其他程序等网络产品或者服务。

经营者不得利用技术手段，恶意对其他经营者合法提供的网络产品或者服务实施不兼容。判定经营者是否恶意对其他经营者合法提供的网络产品或者服务实施不兼容，可以综合考虑以下因素：①是否知道或者应当知道不兼容行为会妨碍、破坏其他经营者合法提供的网络产品或者服务正常运行；②不兼容行为是否影响其他经营者合法提供的网络产品或者服务正常运行，是否影响网络生态开放共享；③不兼容行为是否针对特定对象，是否违反公平、合理、无歧视原则；④不兼容行为对消费者、使用该网络产品或者服务的第三方经营者合法权益以及社会公共利益的影响；⑤不兼容行为是否符合行业惯例、从业规范、自律公约等；⑥不兼容行为是否导致其他经营者合法提供的网络产品或者服务成本不合理增加；⑦是否有正当理由。

经营者不得利用技术手段，直接、组织或者通过第三方实施以下行为，妨碍、破坏其他经营者合法提供的网络产品或者服务正常运行：①故意在短期内与其他经营者发生大规模、高频次交易，或者给予好评等，使其他经营者受到搜索降权、降低信用等级、商品下架、断开链接、停止服务等处置；②恶意在短期内批量拍下商品不付款；③恶意批量购买后退货或者拒绝收货等。

经营者不得针对特定经营者，拦截、屏蔽其合法提供的信息内容以及页面，妨碍、破坏其他经营者合法提供的网络产品或者服务正常运行，扰乱市场公平竞争秩序。拦截、屏蔽非法信息，频繁弹出干扰用户正常使用的信息以及不提供关闭方式的漂浮视窗等除外。

经营者不得利用技术手段，通过影响用户选择、限流、屏蔽、搜索降权、商品下架等方式，干扰其他经营者之间的正常交易，妨碍、破坏其他经营者合法提供的网络产品或者服务的正常运行，扰乱市场公平竞争秩序。经营者不得利用技术手段，通过限制交易对象、销售区域或者时间、参与促销推广活动等，影响其他经营者的经营选择，妨碍、破坏交易相对方合法提供的网络产品或者服务的正常运行，扰乱市场公平交易秩序。

经营者不得利用技术手段，非法获取、使用其他经营者合法持有的数据，妨碍、破坏其他经营者合法提供的网络产品或者服务的正常运行，扰乱市场公平竞争秩序。

经营者不得利用技术手段，对条件相同的交易相对方不合理地提供不同的交易条件，侵害交易相对方的选择权、公平交易权等，妨碍、破坏其他经营者合法提供的网络产品或者服务正常运行，扰乱市场公平交易秩序。以下情形不属于前述规定的不正当竞争行为：①根据交易相对人实际需求且符合正当的交易习惯和行业惯例，实行不同交易条件；②针对新用户在合理期限内开展的优惠活动；③基于公平、合理、无歧视的规则实施的随机性交易。

经营者不得利用技术手段，通过下列方式，实施妨碍、破坏其他经营者合法提供的网络产品或者服务正常运行的行为：①违背用户意愿下载、安装、运行应用程序；②无正当理由，对其他经营者合法提供的网络产品或者服务实施拦截、拖延审查、下架，以及其他干扰下载、安装、运行、更新、传播等行为；③对相关设备运行非必需的应用程序不提供卸载功能或者对应用程序卸载设置不合理障碍；④无正当理由，对其他经营者合法提供的网络产品或者服务，实施搜索降权、限制服务内容、调整搜索结果的自然排序等行为；⑤其他妨碍、破坏其他经营者合法提供的网络产品或者服务正常运行的行为。

具有竞争优势的平台经营者没有正当理由，不得利用技术手段，滥用后台交易数据、流量等信息优势以及管理规则，通过屏蔽第三方经营信息、不正当干扰商品展示顺序等方式，妨碍、破坏其他经营者合法提供的网络产品或者服务正常运行，扰乱市场公平竞争秩序。

平台经营者不得利用服务协议、交易规则等手段，对平台内经营者在平台内的交易、交易价格以及与其他经营者的交易等进行不合理限制或者附加不合理条件。其主要包括以下情形：①强制平台内经营者签订排他性协议；②对商品的价格、销售对象、销售区域或者销售时间进行不合理的限制；③不合理设定扣取保证金，削减补贴、优惠和流量资源等限制；④利用服务协议、交易规则对平台内经营者的交易进行其他不合理限制或者附加不合理条件。

判定构成妨碍、破坏其他经营者合法提供的网络产品或者服务正常运行，可以综合考虑下列因素：①其他经营者合法提供的网络产品或者服务是否无法正常使用；②其他经营者合法提供的网络产品或者服务是否无法正常下载、安装、更新或者卸载；③其他经营者合法提供的网络产品或者服务成本是否不合理增加；④其他经营者合法提供的网络产品或者服务的用户或者访问量是否不合理减少；⑤用户合法利益是否遭受损失，或者用户体验和满意度是否下降；⑥行为频次、持续时间；⑦行为影响的地域范围、时间范围等；⑧是否利用其他经营者的网络产品或者服务牟取不正当利益。

根据司法解释，未经其他经营者和用户同意而直接发生的目标跳转，人民法院应当认定为《反不正当竞争法》第十二条第二款第一项规定的“强制进行目标跳转”。仅插入链接，目标跳转由用户触发的，人民法院应当综合考虑插入链接的具体方式、是否具有合理理由以及对用户利益和其他经营者利益的影响等因素，认定该行为是否违反《反不正当竞争法》第十二条第二款第一项的规定。

经营者事前未明确提示并经用户同意，以误导、欺骗、强迫用户修改、关闭、卸载等方式，恶意干扰或者破坏其他经营者合法提供的网络产品或者服务，人民法院应当依照《反不正当竞争法》第十二条第二款第二项予以认定。

另外，对于执法主体，《网络反不正当竞争暂行规定》提出，国家市场监督管理总局负责监督指导全国网络反不正当竞争工作，组织查处全国范围内有重大影响的网络不正当竞争案件。县级以上地方市场监督管理部门依法对网络不正当竞争行为进行查处。平台经营者应当加强对平台内竞争行为的规范管理，发现平台内经营者采取不正当竞争方式，违法销售商品、提供服务，或者侵害消费者合法权益的行为，应当及时采取必要的处置措施，保存有关记录，并按规定向平台经营者住所地县级以上市场监督管理部门报告。记录保存时间自作出处置措施之日起计算，不少于三年。

第三节 对涉嫌不正当竞争行为的调查

一、监督检查部门有权采取的措施

《反不正当竞争法》第十三条规定，监督检查部门调查涉嫌不正当竞争行为，可以采取下列措施：①进入涉嫌不正当竞争行为的经营场所进行检查；②询问被调查的经营者、利害关系人及其他有关单位、个人，要求其说明有关情况或者提供与被调查行为有关的其他资料；③查询、复制与涉嫌不正当竞争行为有关的协议、账簿、单据、文件、记录、业务函电和其他资料；④查封、扣押与涉嫌不正当竞争行为有关的财物；⑤查询涉嫌不正当竞争行为的经营者的银行账户。采取前述规定的措施，应当向监督检查部门主要负责人书面报告，并经批准。采取第四项、第五项规定的措施，应当向设区的市级以上人民政府监督检查部门主要负责人书面报告，并经批准。

监督检查部门调查涉嫌不正当竞争行为，应当遵守《中华人民共和国行政强制法》和其他有关法律、行政法规的规定，并应当将查处结果及时向社会公开。

二、相关主体的配合义务

监督检查部门调查涉嫌不正当竞争行为，被调查的经营者、利害关系人及其他有关单位、个人应当如实提供有关资料或者情况。

三、监督检查部门的保密义务

监督检查部门及其工作人员对调查过程中知悉的商业秘密负有保密义务。

四、监督检查部门及时处理职责

对涉嫌不正当竞争行为，任何单位和个人有权向监督检查部门举报，监督检查部门接到举报后应当依法及时处理。

监督检查部门应当向社会公开受理举报的电话、信箱或者电子邮件地址，并为举报人保密。对实名举报并提供相关事实和证据的，监督检查部门应当将处理结果告知举报人。

第四节　法律责任

一、责任承担的计算依据

经营者违反《反不正当竞争法》的规定，给他人造成损害的，应当依法承担民事责任。经营者的合法权益受到不正当竞争行为损害的，可以向人民法院提起诉讼。

因不正当竞争行为受到损害的经营者的赔偿数额，按照其因被侵权所受到的实际损失确定；实际损失难以计算的，按照侵权人因侵权所获得的利益确定。经营者恶意实施侵犯商业秘密行为，情节严重的，可以在按照上述方法确定数额的一倍以上五倍以下确定赔偿数额。赔偿数额还应当包括经营者为制止侵权行为所支付的合理开支。经营者违反《反不正当竞争法》第六条、第九条规定，权利人因被侵权所受到的实际损失、侵权人因侵权所获得的利益难以确定的，由人民法院根据侵权行为的情节判决给予权利人五百万元以下的赔偿。

二、各种不正当竞争行为的具体法律责任

（一）实施混淆行为的责任

经营者违反《反不正当竞争法》第六条规定实施混淆行为的，由监督检查部门责令停止违法行为，没收违法商品。违法经营额五万元以上的，可以并处违法经营额五倍以下的罚款；没有违法经营额或者违法经营额不足五万元的，可以并处二十五万元以下的罚款。情节严重的，吊销营业执照。

经营者登记的企业名称违反《反不正当竞争法》第六条规定的，应当及时办理名称变更登记；名称变更前，由原企业登记机关以统一社会信用代码代替其名称。

（二）实施商业贿赂行为的责任

经营者违反《反不正当竞争法》第七条规定贿赂他人的，由监督检查部门没收违法所得，处十万元以上三百万元以下的罚款。情节严重的，吊销营业执照。

（三）实施虚假宣传行为的责任

经营者违反《反不正当竞争法》第八条规定对其商品作虚假或者引人误解的商业宣传，或者通过组织虚假交易等方式帮助其他经营者进行虚假或者引人误解的商业宣传的，由监督检查部门责令停止违法行为，处二十万元以上一百万元以下的罚款；情节严重的，处一百万元以上二百万元以下的罚款，可以吊销营业执照。经营者违反《反不正当竞争法》第八条规定，属于发布虚假广告的，依照《中华人民共和国广告法》的规定处罚。

（四）侵犯商业秘密的责任

经营者以及其他自然人、法人和非法人组织违反《反不正当竞争法》第九条规定侵犯商业秘密的，由监督检查部门责令停止违法行为，没收违法所得，处十万元以上一百万元以下的罚款；情节严重的，处五十万元以上五百万元以下的罚款。

（五）实施不正当有奖销售的责任

经营者违反《反不正当竞争法》第十条规定进行有奖销售的，由监督检查部门责令停止违法行为，处五万元以上五十万元以下的罚款。

（六）实施诋毁商誉行为的责任

经营者违反《反不正当竞争法》第十一条规定损害竞争对手商业信誉、商品声誉的，由监督检查部门责令停止违法行为、消除影响，处十万元以上五十万元以下的罚款；情节严重的，处五十万元以上三百万元以下的罚款。

（七）实施网络干扰行为的责任

经营者违反《反不正当竞争法》第十二条规定妨碍、破坏其他经营者合法提供的网络产品或者服务正常运行的，由监督检查部门责令停止违法行为，处十万元以上五十万元以下的罚款；情节严重的，处五十万元以上三百万元以下的罚款。

三、从轻、减轻、不予处罚的情形

经营者违反《反不正当竞争法》规定从事不正当竞争，有主动消除或者减轻违法行为危害后果等法定情形的，依法从轻或者减轻行政处罚；违法行为轻微并及时纠正，没有造成危害后果的，不予行政处罚。

四、信用记录

经营者违反《反不正当竞争法》规定从事不正当竞争，受到行政处罚的，由监督检查部门记入信用记录，并依照有关法律、行政法规的规定予以公示。

五、民事责任优先承担

经营者违反《反不正当竞争法》规定，应当承担民事责任、行政责任和刑事责任，其财产不足以支付的，优先用于承担民事责任。

六、不配合调查的责任

妨害监督检查部门依照《反不正当竞争法》履行职责，拒绝、阻碍调查的，由监督检查部门责令改正，对个人可以处五千元以下的罚款，对单位可以处五万元以下的罚款，并可以由公安机关依法给予治安管理处罚。

七、当事人的权利救济

当事人对监督检查部门作出的决定不服的，可以依法申请行政复议或者提起行政诉讼。

八、关于商业秘密的特别规定

在侵犯商业秘密的民事审判程序中，商业秘密权利人提供初步证据，证明其已经对所主张的商业秘密采取保密措施，且合理表明商业秘密被侵犯，涉嫌侵权人应当证明权利人所主张的商业秘密不属于《反不正当竞争法》规定的商业秘密。

商业秘密权利人提供初步证据合理表明商业秘密被侵犯，且提供以下证据之一的，涉嫌侵权人应当证明其不存在侵犯商业秘密的行为：①有证据表明涉嫌侵权人有渠道或者机会获取商业秘密，且其使用的信息与该商业秘密实质上相同；②有证据表明商业秘密已经被涉嫌侵权人披露、使用或者有被披露、使用的风险；③有其他证据表明商业秘密被涉嫌侵权人侵犯。

同步测试

一、单项选择题

1.抽奖式的有奖销售，最高奖的金额不得超过（　　）元。

A.5 000　　B.10 000　　C.30 000　　D.50 000

2.（　　）以上人民政府履行市场监管职责的部门对不正当竞争行为进行查处。

A.乡级　　B.县级　　C.市级　　D.省级

二、多项选择题

1.经营者不得利用技术手段，通过影响用户选择或者其他方式，实施下列妨碍、破坏其他经营者合法提供的网络产品或者服务正常运行的行为：（　　）。

A.未经其他经营者同意，在其合法提供的网络产品或者服务中，插入链接、强制进行目标跳转

B.误导、欺骗、强迫用户修改、关闭、卸载其他经营者合法提供的网络产品或者服务

C.恶意对其他经营者合法提供的网络产品或者服务实施不兼容

D.其他妨碍、破坏其他经营者合法提供的网络产品或者服务正常运行的行为

2.监督检查部门调查涉嫌不正当竞争行为，可以采取的措施有（　　）。

A.进入涉嫌不正当竞争行为的经营场所进行检查

B.询问被调查的经营者、利害关系人及其他有关单位、个人，要求其说明有关情况或者提供与被调查行为有关的其他资料

C.查询、复制与涉嫌不正当竞争行为有关的协议、账簿、单据、文件、记录、业务函电和其他资料

D.查封、扣押与涉嫌不正当竞争行为有关的财物

3.下列说法正确的有（　　）。

A.经营者在交易活动中，可以以明示方式向交易相对方支付折扣，或者向中间人支付佣金。经营者向交易相对方支付折扣、向中间人支付佣金的，应当如实入账。接受折扣、佣金的经营者也应当如实入账

B.经营者的工作人员进行贿赂的，应当认定为经营者的行为；但是，经营者有证据证明该工作人员的行为与为经营者谋取交易机会或者竞争优势无关的除外

C.经营者不得对其商品的性能、功能、质量、销售状况、用户评价、曾获荣誉等作虚假或者引人误解的商业宣传，欺骗、误导消费者

D. 商业秘密，是指不为公众所知悉、具有商业价值并经权利人采取相应保密措施的技术信息、经营信息等商业信息

三、思考题

1. 不正当竞争行为方式有哪些？

2. 如果你是经营者，遭遇不正当竞争时应如何应对？

第九章

反垄断法

学习目标

知识目标：

（1）了解和掌握垄断行为的主要类型；

（2）掌握国家对垄断行为的规制手段。

能力目标：

培养学生对垄断行为的识别能力。

素养目标：

（1）坚定守法守规经营、依法依规维权信念；

（2）强化依法行政的基本理念。

引导案例

2018年5月，根据举报，海南省市场监督管理局对当事人海南某燃气有限公司的管道燃气经营行为进行核查，发现当事人在受理房地产开发企业新建住宅小区申报安装管道燃气时，限定开发商只能将管道燃气安装工程交由其承建，在与管道燃气安装工程施工企业签订的年度合同中，限定施工企业采购材料只能与其指定的经营者（生产厂商或供应商）进行交易。经国家市场监督管理总局授权，该机关于2018年12月21日对当事人涉嫌滥用市场支配地位行为立案调查。最终认定当事人的行为违反修改前的《反垄断法》第十七条“禁止具有市场支配地位的经营者从事下列滥用市场支配地位的行为：④没有正当理由，限定交易相对人只能与其进行交易或者只能与其指定的经营者进行交易”的规定，构成滥用市场支配地位行为，依法作出了行政处罚决定。

第一节　反垄断法概述

一、我国反垄断立法概况

目前，我国比较重要的反垄断立法主要有：

1.《中华人民共和国反垄断法》

2007年8月30日第十届全国人民代表大会常务委员会第二十九次会议通过《中华人民共和国反垄断法》（以下简称《反垄断法》），根据2022年6月24日第十三届全国人民代表大会常务委员会第三十五次会议通过全国人民代表大会常务委员会关于修改《中华人民共和国反垄断法》的决定第一次修正。

2.《最高人民法院关于审理垄断民事纠纷案件适用法律若干问题的解释》

2024年2月4日最高人民法院审判委员会第1915次会议通过《最高人民法院关于审理垄断民事纠纷案件适用法律若干问题的解释》，自2024年7月1日起施行。

二、反垄断的立法目的

制定反垄断法，目的在于预防和制止垄断行为，保护市场公平竞争，鼓励创新，提高经济运行效率，维护消费者利益和社会公共利益，促进社会主义市场经济健康发展。

三、《反垄断法》的适用范围

中华人民共和国境内经济活动中的垄断行为以及中华人民共和国境外的垄断行为，对境内市场竞争产生排除、限制影响的，均适用《反垄断法》。

另外，根据《反垄断法》的相关规定，经营者依照有关知识产权的法律、行政法规规定行使知识产权的行为，不适用本法；但是，经营者滥用知识产权，排除、限制竞争的行为，适用本法。农业生产者及农村经济组织在农产品生产、加工、销售、运输、储存等经营活动中实施的联合或者协同行为，不适用本法。

经营者，是指从事商品生产、经营或者提供服务的自然人、法人和非法人组织。相关市场，是指经营者在一定时期内就特定商品或者服务进行竞争的商品范围和地域范围。

四、《反垄断法》规定的垄断行为种类

《反垄断法》规定的垄断行为种类包括：①经营者达成垄断协议；②经营者滥用市场支配地位；③具有或者可能具有排除、限制竞争效果的经营者集中。

五、反垄断委员会与反垄断执法机构

（一）反垄断委员会

国务院设立反垄断委员会，负责组织、协调、指导反垄断工作，履行下列职责：

①研究拟定有关竞争政策；②组织调查、评估市场总体竞争状况，发布评估报告；③制定、发布反垄断指南；④协调反垄断行政执法工作；⑤国务院规定的其他职责。国务院反垄断委员会的组成和工作规则由国务院规定。

（二）反垄断执法机构

国务院反垄断执法机构负责反垄断统一执法工作。国务院规定的承担反垄断执法职责的机构依照规定，负责反垄断执法工作。国务院反垄断执法机构根据工作需要，可以授权省、自治区、直辖市人民政府相应的机构，依照规定负责有关反垄断执法工作。

第二节 垄断协议

一、垄断协议的概念

垄断协议，是指排除、限制竞争的协议、决定或者其他协同行为。垄断协议分为横向垄断协议和纵向垄断协议。横向垄断协议是处于同一经济阶段不具有上下游关系的经营者为了限制竞争而达成的垄断协议；纵向垄断协议则是处于不同经济阶段具有上下游关系的经营者为了限制竞争而达成的垄断协议。

二、横向垄断协议

《反垄断法》第十七条规定了横向垄断协议的情形，禁止具有竞争关系的经营者达成下列垄断协议：①固定或者变更商品价格；②限制商品的生产数量或者销售数量；③分割销售市场或者原材料采购市场；④限制购买新技术、新设备或者限制开发新技术、新产品；⑤联合抵制交易；⑥国务院反垄断执法机构认定的其他垄断协议。

三、纵向垄断协议

《反垄断法》第十八条规定了纵向垄断协议的情形，禁止经营者与交易相对人达成下列垄断协议：①固定向第三人转售商品的价格；②限定向第三人转售商品的最低价格；③国务院反垄断执法机构认定的其他垄断协议。对①和②规定的协议，经营者能够证明其不具有排除、限制竞争效果的，不予禁止。经营者能够证明其在相关市场的市场份额低于国务院反垄断执法机构规定的标准，并符合国务院反垄断执法机构规定的其他条件的，不予禁止。

其第十九条规定：经营者不得组织其他经营者达成垄断协议或者为其他经营者达成垄断协议提供实质性帮助。

四、不适用禁止性规定的情形

《反垄断法》第二十条规定，经营者能够证明所达成的协议属于下列情形之一的，不适用本法第十七条、第十八条第一款、第十九条的规定：①为改进技术、研究开发新产品的；②为提高产品质量、降低成本、增进效率，统一产品规格、标准或者实行专业化分工的；③为提高中小经营者经营效率，增强中小经营者竞争力的；④为实现节约能源、保护环境、救灾救助等社会公共利益的；⑤因经济不景气，为缓解销售量严重下降或者生产明显过剩的；⑥为保障对外贸易和对外经济合作中的正当利益的；⑦法律和国务院规定的其他情形。属于第一项至第五项情形，不适用本法第十七条、第十八条第一款、第十九条规定的，经营者还应当证明所达成的协议不会严重限制相关市场的竞争，并且能够使消费者分享由此产生的利益。

第三节　滥用市场支配地位

一、市场支配地位

市场支配地位，是指经营者在相关市场内具有能够控制商品价格、数量或者其他交易条件，或者具有阻碍、影响其他经营者进入相关市场能力的市场地位。

二、滥用市场支配地位的行为表现

《反垄断法》第二十二条规定了滥用市场支配地位的行为表现，禁止具有市场支配地位的经营者从事下列滥用市场支配地位的行为：①以不公平的高价销售商品或者以不公平的低价购买商品；②没有正当理由，以低于成本的价格销售商品；③没有正当理由，拒绝与交易相对人进行交易；④没有正当理由，限定交易相对人只能与其进行交易或者只能与其指定的经营者进行交易；⑤没有正当理由搭售商品，或者在交易时附加其他不合理的交易条件；⑥没有正当理由，对条件相同的交易相对人在交易价格等交易条件上实行差别待遇；⑦国务院反垄断执法机构认定的其他滥用市场支配地位的行为。具有市场支配地位的经营者不得利用数据和算法、技术以及平台规则等从事前述规定的滥用市场支配地位的行为。

三、认定经营者具有市场支配地位应当依据的因素

《反垄断法》第二十三条规定了认定经营者具有市场支配地位应当依据的因素：①该经营者在相关市场的市场份额，以及相关市场的竞争状况；②该经营者控制销售市场或者原材料采购市场的能力；③该经营者的财力和技术条件；④其他经营者对该经营者在交易上的依赖程度；⑤其他经营者进入相关市场的难易程度；⑥与认定该经营者市场支配地位有关的其他因素。

四、可以推定经营者具有市场支配地位

有下列情形之一的，可以推定经营者具有市场支配地位：①一个经营者在相关市场的市场份额达到二分之一的；②两个经营者在相关市场的市场份额合计达到三分之二的；③三个经营者在相关市场的市场份额合计达到四分之三的。有第二项、第三项规定的情形，其中有的经营者市场份额不足十分之一的，不应当推定该经营者具有市场支配

地位。被推定具有市场支配地位的经营者，有证据证明不具有市场支配地位的，不应当认定其具有市场支配地位。

第四节　经营者集中

一、属于经营者集中的情形

经营者集中是指下列情形：①经营者合并；②经营者通过取得股权或者资产的方式取得对其他经营者的控制权；③经营者通过合同等方式取得对其他经营者的控制权或者能够对其他经营者施加决定性影响。

二、经营者的申报义务

根据《反垄断法》，经营者集中达到国务院规定的申报标准的，经营者应当事先向国务院反垄断执法机构申报，未申报的不得实施集中。

经营者集中未达到国务院规定的申报标准，但有证据证明该经营者集中具有或者可能具有排除、限制竞争效果的，国务院反垄断执法机构可以要求经营者申报。

经营者未依照规定进行申报的，国务院反垄断执法机构应当依法进行调查。

三、免于申报的情形

经营者集中有下列情形之一的，可以不向国务院反垄断执法机构申报：

（1）参与集中的一个经营者拥有其他每个经营者百分之五十以上有表决权的股份或者资产的。

（2）参与集中的每个经营者百分之五十以上有表决权的股份或者资产被同一个未参与集中的经营者拥有的。

四、对经营者集中的审查

（一）审查期限

国务院反垄断执法机构应当自收到经营者提交的符合《反垄断法》第二十八条规定的文件、资料之日起三十日内，对申报的经营者集中进行初步审查，作出是否实施进一步审查的决定，并书面通知经营者。国务院反垄断执法机构作出决定前，经营者不得实施集中。国务院反垄断执法机构作出不实施进一步审查的决定或者逾期未作出决定的，经营者可以实施集中。

国务院反垄断执法机构决定实施进一步审查的，应当自决定之日起九十日内审查完毕，作出是否禁止经营者集中的决定，并书面通知经营者。作出禁止经营者集中的决定，应当说明理由。审查期间，经营者不得实施集中。

有下列情形之一的，国务院反垄断执法机构经书面通知经营者，可以延长前款规定的审查期限，但最长不得超过六十日：①经营者同意延长审查期限的；②经营者提交的文件、资料不准确，需要进一步核实的；③经营者申报后有关情况发生重大变化的。

国务院反垄断执法机构逾期未作出决定的，经营者可以实施集中。

有下列情形之一的，国务院反垄断执法机构可以决定中止计算经营者集中的审查期限，并书面通知经营者：①经营者未按照规定提交文件、资料，导致审查工作无法进行；②出现对经营者集中审查具有重大影响的新情况、新事实，不经核实将导致审查工作无法进行；③需要对经营者集中附加的限制性条件进一步评估，且经营者提出中止请求。自中止计算审查期限的情形消除之日起，审查期限继续计算，国务院反垄断执法机构应当书面通知经营者。

（二）审查经营者集中应当考虑的因素

审查经营者集中，应当考虑下列因素：①参与集中的经营者在相关市场的市场份额及其对市场的控制力；②相关市场的市场集中度；③经营者集中对市场进入、技术进步的影响；④经营者集中对消费者和其他有关经营者的影响；⑤经营者集中对国民经济发展的影响；⑥国务院反垄断执法机构认为应当考虑的影响市场竞争的其他因素。

（三）处理决定

经营者集中具有或者可能具有排除、限制竞争效果的，国务院反垄断执法机构应当作出禁止经营者集中的决定。但是，经营者能够证明该集中对竞争产生的有利影响明显大于不利影响，或者符合社会公共利益的，国务院反垄断执法机构可以作出对经营者集中不予禁止的决定。

对不予禁止的经营者集中，国务院反垄断执法机构可以决定附加减少集中对竞争产生不利影响的限制性条件。

国务院反垄断执法机构应当将禁止经营者集中的决定或者对经营者集中附加限制性条件的决定，及时向社会公布。

对外资并购境内企业或者以其他方式参与经营者集中，涉及国家安全的，除依照规定进行经营者集中审查外，还应当按照国家有关规定进行国家安全审查。

第五节 滥用行政权力排除、限制竞争

根据《反垄断法》，行政机关和法律、法规授权的具有管理公共事务职能的组织不得滥用行政权力，实施如下行为：

（1）限定或者变相限定单位或者个人经营、购买、使用其指定的经营者提供的商品。

（2）通过与经营者签订合作协议、备忘录等方式，妨碍其他经营者进入相关市场或者对其他经营者实行不平等待遇，排除、限制竞争。

（3）妨碍商品在地区之间的自由流通。

第一，对外地商品设定歧视性收费项目、实行歧视性收费标准，或者规定歧视性价格。

第二，对外地商品规定与本地同类商品不同的技术要求、检验标准，或者对外地商

品采取重复检验、重复认证等歧视性技术措施，限制外地商品进入本地市场。

第三，采取专门针对外地商品的行政许可，限制外地商品进入本地市场。

第四，设置关卡或者采取其他手段，阻碍外地商品进入或者本地商品运出。

第五，妨碍商品在地区之间自由流通的其他行为。

(4) 以设定歧视性资质要求、评审标准或者不依法发布信息等方式，排斥或者限制经营者参加招标投标以及其他经营活动。

(5) 采取与本地经营者不平等待遇等方式，排斥、限制、强制或者变相强制外地经营者在本地投资或者设立分支机构。

行政机关和法律、法规授权的具有管理公共事务职能的组织不得滥用行政权力，强制或者变相强制经营者从事《反垄断法》规定的垄断行为。

行政机关和法律、法规授权的具有管理公共事务职能的组织不得滥用行政权力，制定含有排除、限制竞争内容的规定。

第六节　对涉嫌垄断行为的调查

一、反垄断执法机构可以采取的措施

反垄断执法机构调查涉嫌垄断行为，可以采取下列措施：①进入被调查的经营者的营业场所或者其他有关场所进行检查；②询问被调查的经营者、利害关系人或者其他有关单位或者个人，要求其说明有关情况；③查阅、复制被调查的经营者、利害关系人或者其他有关单位或者个人的有关单证、协议、会计账簿、业务函电、电子数据等文件、资料；④查封、扣押相关证据；⑤查询经营者的银行账户。采取前述规定的措施，应当向反垄断执法机构主要负责人书面报告，并经批准。

二、反垄断执法机构调查应履行的义务

反垄断执法机构调查涉嫌垄断行为，执法人员不得少于2人，并应当出示执法证件。执法人员进行询问和调查，应当制作笔录，并由被询问人或者被调查人签字。

反垄断执法机构及其工作人员对执法过程中知悉的商业秘密、个人隐私和个人信息，依法负有保密义务。

三、反垄断调查的结果

（一）构成垄断行为

反垄断执法机构对涉嫌垄断行为调查核实后，认为构成垄断行为的，应当依法作出处理决定，并可以向社会公布。

（二）中止、终止调查及恢复调查

对反垄断执法机构调查的涉嫌垄断行为，被调查的经营者承诺在反垄断执法机构认可的期限内采取具体措施消除该行为后果的，反垄断执法机构可以决定中止调查。中止

调查的决定应当载明被调查的经营者承诺的具体内容。

反垄断执法机构决定中止调查的，应当对经营者履行承诺的情况进行监督。经营者履行承诺的，反垄断执法机构可以决定终止调查。

有下列情形之一的，反垄断执法机构应当恢复调查：①经营者未履行承诺的；②作出中止调查决定所依据的事实发生重大变化的；③中止调查的决定是基于经营者提供的不完整或者不真实的信息作出的。

经营者、行政机关和法律、法规授权的具有管理公共事务职能的组织，涉嫌违反《反垄断法》规定的，反垄断执法机构可以对其法定代表人或者负责人进行约谈，要求其提出改进措施。

同步测试

一、单项选择题

1.国务院反垄断委员会的工作职责包括（　　）。

A.组织调查市场总体竞争状况

B.询问被调查的经营者，要求其说明有关情况

C.查封、扣押与垄断相关的证据

D.承担反垄断的执法工作

2.某厂商占据市场较大份额、知名度高，其要求经销商不得低于限价销售，否则将减少销售配额甚至取消销售资格，该厂商的行为构成（　　）。

A.固定商品价格协议　　B.联合抵制交易

C.维持转售价格协议　　D.价格同盟

3.根据《反垄断法》的相关规定，垄断协议符合特定情形时，可以得到豁免。下列情形中，不需要“经营者证明所达成协议不会严重限制相关市场的竞争，并且能够使消费者分享由此产生的利益”的是（　　）。

A.为统一产品规格而达成的协议

B.为研究开发新产品而达成的协议

C.为保障对外贸易和对外经济合作中的正当利益而达成的协议

D.为实现节约能源等社会公共利益而达成的协议

二、多项选择题

1.下列属于禁止具有市场支配地位的经营者从事的滥用市场支配地位行为的有（　　）。

A.以不公平的高价销售商品或者以不公平的低价购买商品

B.以低于成本的价格销售商品

C.没有正当理由，拒绝与交易相对人进行交易

D.没有正当理由，限定交易相对人只能与其进行交易或者只能与其指定的经营者进行交易

2.审查经营者集中，应当考虑的因素包括（　　）。

A.参与集中的经营者在相关市场的市场份额及其对市场的控制力

B.相关市场的市场集中度

C.经营者集中对市场进入、技术进步的影响

D.经营者集中对消费者和其他有关经营者的影响

3.行政机关和法律、法规授权的具有管理公共事务职能的组织不得滥用行政权力，(　　)，妨碍商品在地区之间的自由流通。

A.对外地商品设定歧视性收费项目、实行歧视性收费标准，或者规定歧视性价格

B.对外地商品规定与本地同类商品不同的技术要求、检验标准，或者对外地商品采取重复检验、重复认证等歧视性技术措施，限制外地商品进入本地市场

C.采取专门针对外地商品的行政许可，限制外地商品进入本地市场

D.设置关卡或者采取其他手段，阻碍外地商品进入或者本地商品运出

三、思考题

1.垄断行为的种类有哪些？

2.滥用市场支配地位的表现形式有哪些？

参考文献

[1] 刘映春，缪树蕾. 经济法概论［M］. 北京：中国人民大学出版社，2023.
[2] 王晓红，张秋华. 经济法概论［M］. 北京：中国人民大学出版社，2021.
[3] 中国注册会计师协会. 经济法［M］. 北京：中国财政经济出版社，2024.
[4] 赵威. 经济法［M］. 北京：中国人民大学出版社，2022.
[5] 刘文华. 经济法［M］. 北京：中国人民大学出版社，2019.
[6] 殷洁. 经济法［M］. 北京：法律出版社，2019.
[7] 财政部会计财务评价中心. 经济法［M］. 北京：经济科学出版社，2024.
[8] 张守文. 经济法学［M］. 北京：北京大学出版社，2024.
[9] 刘泽海. 经济法教程［M］. 北京：清华大学出版社，2020.
[10] 马瑄. 经济法［M］. 3版. 大连：东北财经大学出版社，2019.

参考文献

[illegible]
[illegible]
[illegible]
[illegible]
[illegible]
[illegible]
[illegible]
[illegible]
[illegible]
[illegible]